칸트 그리고 헤겔

Kant und Hegel

칸트 그리고 헤겔

윤병태 지음

용의 숲

머리말

우리가 고전을 공부하는 이유는 그것이 시대와 역사를 초월한 나침반 역할을 한다는 인식에 토대를 두고 있다. 동양에서 석가와 공자를, 퇴계와 율곡을 배우는 것이나 서양에서 플라톤, 아리스토텔레스와 칸트, 헤겔을 배우는 것은 그들의 시대로 돌아가 사유의 유적지를 되돌아 회고하기 위한 것이 아니다. 우리가 그들의 사상에서 현재와 미래의 분석 좌표와 방향타를 볼 수 있기 때문이다. 고전이 결코 과거의 유물이 아니라 시대를 초월한, 따라서 모든 시대에 내재한 인간과 문화의 본질의 탈시간적 텍스트라는 것은 이를 일컫는 말이다.

고전은 인류사의 영원한 과거이며 동시에 영원한 현재요 영원한 미래이며 그 항해도라는 배움을 간직하고 칸트와 헤겔을 공부하기 시작한 지도 꽤 오랜 시간이 흘렀다. 필자가 이들을 탐구하게 된 것은 단순한 지적 호기심 때문이 아니라, 그 시기가 서양사에서 가장 격동의 시기였으며 그때 형성된 사회구성체인 자본주의 체제와 그 모순이 지금은 물론 상당한 미래에 이르기까지 지속될 것이라는 예측과 그 체제와 모순의 내면적 본질에 대한 통찰이 이 시기에 완결된다는 확신 때문이었다. 물론 이 확신은 헤겔에서 이어지는 마르크스나 니체의 사유를 고려한다면 지금은 하나의 확고한 신념으로 자리 잡고 있다.

흔히 칸트에서 헤겔까지의 한 세기에 걸친 사유를 독일 관념론 철학이라 일컫는다. 칸트에게서 철학은 고대 그리스처럼 모든 학문의 기초학의 지위를 되찾고 존재 전체를 궁극의 통일적 토대로서 철학 체계 안에서 파악해야 하는 것이다. 이러한 철학적 노력은 피히테, 셸링을 거쳐 헤겔로 이어진다. 특히 헤겔은 철학의 거대 체계의 완성자로 평가되며 이 점에서 그의 철학을 '마지막 철학'이라 부르기도 한다. 독일 관념론 철학의 전모를 이해하는 것은 서양철학의 전모를 이해하는 것과 같은 말로 보아도 무방하다

이 책은 근대 독일 관념론의 철학적 사유 체계 전체를 이해하기 위한 것이 아니라, 독일 관념론의 창시자인 칸트와 그 완성자인 헤겔의 사상 중 가장 중요하다고 여겨지는 몇 가지 문제들을 엄선하여 그 본질을 해명하려는 시도에서 씌어진 글들을 정리한 것이다.

이 책의 서론인 제1부에서는 칸트 철학이 어디에서 어떻게 전개되는지를 살펴보기 위해 **데카르트에서 이성의 힘과 철학한다는 것의 의미**(I-1)와 **근대철학의 뿌리로서 테카르트와 베이컨**(I-2)의 두 주제를 설정하였다. 르네상스 이후 서양철학의 중심을 이루는 계몽이성과 경험론의 근본이념이 어떤 방식으로 정초되는지를 살펴보려 한 것이다. 데카르트의 방법적 회의와 베이컨의 우상 파괴론은 더 이상 권위와 독단을 받아들일 수 없는 근대적 반성의 확립임을 여기서 밝히려 하였다.

제II부는 칸트 철학의 반성개념과 방법적 이념을 살펴봄으로써 관념론 철학이 어떤 문제의식 속에서 정초되는지를 밝힌 글이다. II-1에서 다룬 **칸트의 반성(Reflexion)개념**은 개념과 이상, 오성과 감성, 현상과 초현상이 서로 연관하면서 반응하는 필연성의 범주로서 인식과 존재 양쪽의 관계 체계를 결정하는 철학적 개념이다. 필자는 여기서 칸트가 라이프니츠 비판을 통해 반성개념을 정초하고 이 토대 위에서 자신의 선험적 조망론을 수립한다는 점을 밝히면서 특히 이 반성개념이 '편유편무율(Der Satz des Nichtzuunterscheidenden)'과 어떤 인식론적 논리적 연

관관계를 갖는지를, 그리고 헤겔의 반성개념론과는 어떤 문맥을 구성하는지를 심도 있게 재조명하였다. 후에 헤겔이 관념론 전체를 반성의 체계로 이해한 것은 결코 우연이 아니다. 칸트의 반성개념과 더불어 **『순수이성비판』의 근본이념**을 해명하는 것을 II부 둘째 글(II-2)의 중심 과제로 설정하였다. 주지하다시피 『순수이성비판』의 근본이념은 "어떻게 하면 선험적 종합판단이 아프리오리하게 가능한가" 하는 물음과 그 답에 함축되어 있다. 이 물음과 답은 경험론과 이성론의 종합을 목적으로 하고 있다. 경험론은 우리의 경험을 인식의 초석으로 삼으므로 경험과 경험 명제 및 귀납법을 중시한다. 이 인식의 장점은 인간의 지식을 무한하게 확장시킬 수 있다는 것이고 단점은 이 무한한 경험지의 확산과 집적으로는 진리의 확실성에 도달할 수 없다는 것에 있다. 이성론은 이성과 오성을 인식의 초석으로 삼으므로 오성과 분석 명제 및 연역법을 중시한다. 경험론과 달리 이 인식의 장점은 지식의 진리 확실성을 얻을 수 있다는 것이고, 단점은 단순한 분석 명제와 그 매개 연결인 연역추리만으로는 주어 개념에 포함된 술어적 의미나 분석적 매개지에 의한 결론의 의미가 전혀 새로울 것이 없다는 점에 있다. 필자는 칸트가 선험적 종합판단이라는 지식의 고유한 개념으로 이성론과 경험론을 조화시키는 방법과 새로운 철학 이념을 되새기는 과정을 추적한다.

제III부는 『대논리학』을 방법론의 관점에서 헤겔 철학의 완결로 보고 동시에 칸트에서 시작되고 설정된 독일 관념론 철학의 이론적 완성으로 해석하는 관점에서 정리된 것이다. **헤겔 논리학의 이념**(III-1)은 아리스토텔레스 이래의 전통적 일반 논리학과 칸트에서 제기된 초월론적 논리학(또는 선험 논리학)의 결함과 문제점을 비판적으로 인식하고 그 토대 위에서 새로운 논리학을 정초하려는 헤겔의 근본 사상을 밝혀 정리한 것이다. 전통 논리학이 사유의 방법과 그 규칙들을 해명하고 이에 입각하여 진술들의 일정한 형식적 질서를 확립하려 한다면, 선험 논리학은 이 질서의 인식론적 기원과 근원을 해명함으로써 단순한 사유의 형식만이 아니라 인식 내용의 확실성을 확립하려 한다. 헤겔은 이 둘을 비판적으로 종합해야 한다고 생각한다. 이 종합은 존재와 그 변화를 사유와 그 형식들로 완전하게 번역해내고 사유와 그 형식들을 존재와 그 변화 속에서 남김없이 발견해낼 때 비로소 완성된다. 이 글은 헤겔 논리학의 기본 의도 중 다음의 세 가지 관점에 초점을 맞추어 탐구하고 분석한 것이다. 논리학(로고스의 학)의 근본 전제는 첫째, 존재의 실존적 본질이 '변화이다'라는 것이다. 변화는 사실과 존재 세계뿐 아니라 의미와 실천 세계의 기본 범주로 이해되며, 논리학은 바로 이 기본 범주의 구조와 그것을 구성하는 계기들의 논리적 결합 규칙들을 가르치고 보여주어야 한다. 둘째, 논리학은 단지 존재와 변화 세계를 사실적으로 복사해내는 존재론이나 인식론인 것만이 아니라 말과 언어의 학이며 또한 그 규칙의 학이다. 이때 중요한 것은 말이나 언어의 실존에 보편 언어는 없으며 언제나 그 특수한 국적이 있고 또 각 언어들 간에는 우열이 있을 수밖에 없다는 점이다. 셋째, 논리학은 생(生)과 그 원리에 도달함을 궁극 목표로 한다. 이것은 논리학이 단순한 이론학이 아니라 그 이론적 틀에 내재한 실천학이라는 의미를 함축한다.

헤겔 논리학의 가상개념(III-2)은 논리학의 방법론에 관한 글이다. 헤겔철학은 방법적으로 '변증법'에 기초해 있다. 헤겔 이전까지의 철학사에서 '변증법'은 궤변이나 허위 혹은 거짓 논리로 이해되어 왔다. '변증법'이 '논리학'의 중요한 일부일 수 있다고 본 칸트에게조차 이 이해는 변함없이 지속되며 이에 기초하여 그는 '변증법'을 '가상(假象)의 논리'로 정의한다. 이와 달리 헤겔은 변증법을 '진리(眞理)의 논리'로 간주하고 이 논리 자체가 의식과 존재의 '전개 방식'에 기초한다고 주장한다. 이것은 '존재(存在)'와 '의식(意識)'의 상관관계가 상호 삼투와 '비추임(Reflexion: 반영 또는 반성)'으로 이루어지고 이 비추임이 곧 '가상'이라는 해석에 토대를 둔 것이다. '가상'이 더 이상 거짓이나 허위가 아니라 '있는 것(存在者)'들의 배후이며 따라서 '있음의 근거'라는 가설이 정립되면 '존재'와 '본질' 사이의 질적 괴리인 형이상학적 간격(모순)을 메울 수 있을 것이다. 이로부터 '절대불변의 있음(存在)'이 아니라 '흐름과 운동으로서의 있음'이 생각될 수 있는데 이 '흐름(過程: Prozess)으로서 있음'은 '불변적 있음'의 세계를 '가상의 세계'로 바꾸어버린다. 이 두 가지 있음의 역동적 상관관계가 헤겔의 논리학과 형이상학의 기저를 이루고 있다. 특히 논리학에서 헤겔은 '본질'을 '있음'에 대한 '근거'로 규정한다. 어떤 것이 있으려면 그 '있음'의 '근거'가 먼저 있어야 하므로 '본질'은 언제나 '존재'에 앞서 있다. 그러나 '있음이 없는' 곳에, 다시 말해 '아무것도 없는 (無)' 곳에 본질 또한 있을 수 없다. 있음이 있고 나서야 그 '있음의 근거와 이유'를 생각해볼 수 있기 때문이다. 이 점에서 '본질'은 '존재'로부터 파생된 것이며 직접적으로 있는 것이 아니라 '매개적'으로 있는 것이요, 존재 운동의 원인이 아니라 그 결과인 것이다. 헤겔이 '본질'을 '존재에 대한 반성'이라고 강조한 데가 바로 여기이다. 그러나 '존재의 근거'로서 '본질'은 이와는 다른 특징을 가진다. 이 '근거'는 '본질의 직접성'을 결정하며 동시에 '본질' 자신의 '지금 여기에 있음'으로 '현존재(Dasein)'를 결정하는 것이다. 만일 이 직접성이 본질 자체의 현존이라면 그 대립자로서의 '비본질'이 당연히 있어야 한다. '본질'과 '비본질'이 본질의 현존을 구성한다는 데에서 본질은 더 이상 존재의 단순한 이유나 그 원인이 아니라 존재 자체의 현존으로 '비추어'진다. 이 '비추임'의 본질이 헤겔 논리학에서 뜻하는 '가상'의 본래적 의미인 것이다

헤겔의 구별개념(III-3)은 『대논리학』을 중심으로 구별개념의 구조와 그 특징을 다루었다. 헤겔 논리학에서 반성규정 아래 동일성, 구별, 모순이 다루어지는데 이 개념들은 존재 세계를 정합적으로 설명하기 위한

사유의 논리적 원칙들이다. 바로 이 사유의 규칙들에 의해 개념과 판단이 가능하게 된다. 이것은 오성이 오성일 수 있는 근거이고 대상 존재가 대상 존재일 수 있는 근거이다. 요컨대 오성은 반성의 주관적 틀이고 대상 존재는 반성의 객관적 실재이다. 따라서 반성은 이 둘이 서로 관계하고 비추인다는 의미의 가상(Schein)을 그 내면적 본질로 하는 것이다. 이 글에서는 모든 존재자는 예외 없이 그 자신과 동일하며 타자(다른 것)와는 다르다는 라이프니츠의 명제를 헤겔이 어떻게 비판적으로 해석하며 자신의 변증법에 수용하고 있는지를 규명하였다.

반성규정으로서 헤겔의 모순(III-4)은 앞의 '구별'개념에 이어지는 문제이다. '구별'이 양극화 되어 더 이상 형식적 매개를 수용할 수 없는 대립의 경우 이 두 구별자들을 일컬어 모순관계에 있다 하는데 이에 대한 논리철학적 분석이 이 글의 탐구 내용이다. 특히 이 글에서는 일반적 이해와 달리 필자는 감성적 존재 세계 자체에는 모순도 동일성도 구별도 없다는 것, 즉자적 존재자의 이면으로서 무(無)가 가능성으로 있기 때문에 존재계가 아니라 반성계에서 다루어진다는 것, 또 '같다' '다르다' '모순된다'는 것은 존재계의 실존에 대한 진술이 아니라 두 개의 사태나 사항의 '비교'에서 생겨나는 반성적 진술이라는 점을 논증한다.

삶의 이념과 현실(III-5)은 헤겔 『대논리학』에 나타난 삶의 의미에 관한 글이다. 헤겔 이전의 전통 철학에서 '삶(生)'은 존재론이나 형이상학의 문제가 아니었고 논리학의 범주는 더더욱 아니었다. 삶의 개념과 그 원칙의 문제는 실천철학과 윤리학의 영역에 배치하는 것이 철학의 일반적 관습이며 또한 불문율로 되어 있었다. 헤겔은 이 같은 전통을 단호히 거부하고 삶의 구조와 그 과정에 대한 분석이 모든 학문의 출발이 되어야 한다고 생각한다. 학문이 로고스(Logos)의 내용이요 결과이듯이 삶 또한 로고스의 내용이요 결과라는 것, 게다가 학문이란 삶과 더불어 시작하고 끝나며 따라서 삶의 과정과 본질을 제대로 파악하면 학문의 방향과 목표가 옳게 설정된다는 것, 그리고 삶의 궁극이념은 세속적 · 인간적인 것이 아니라 초월적 신적인 것임을 그는 논리학의 도처에서 강조한다. 이 글에서 특히 『대논리학』은 왜 '삶'을 논리적 범주로 다루며, 어떻게 이것이 로고스에 의해 개념화되는지, 또 생의 기원과 끝 그리고 그 과정을 지배하는 원리는 무엇인지의 문제 해명을 주요 과제로 한다.

헤겔의 소유개념(IV-1)은 헤겔 『법철학』의 토대이기도 하고 근대국가와 시민사회를 가능케 하는 초석으로 소유개념을 분석한다. 헤겔 법철학은 한편으로는 아리스토텔레스에서 영국 고전 경제학까지의 서양의 정치경제 이론의 비판적 종합이며, 다른 편으로는 17, 18세기 근대 자연법 이론의 체계적 완성이다. 전자의 의미에서 법철학은 '국가학'이며, 사회적 인간의 경제생활의 범위가 여기에 속하게 되고, 후자의 의미에서 법철학은 근대 시민사회의 출현과 더불어 강조된 인간의 생존권에 이성의 권리 부여로서의 근원법이며, 노동권과 직업 선택의 자유, 그리고 이를 위한 사회와 국가의 인륜적 법칙성 등이 이에 속한다. 헤겔이 전통적 정치학과 근대 자연권 사상의 종합에 성공할 수 있었던 것은 시대적 변화와 문화적 차이의 현실적 주체인 '인간의 개념' 자체에 주목하고 인간의 삶을 구성하는 다양한 계기들 사이의 관계를 논리적으로 적절히 연결할 수 있었기 때문이다. 그는 '인간의 개념'의 본질을 '자유' 속에서 보고 있다. 물론 헤겔의 자유개념이 관념의 추상성만을 뜻하는 것은 아니다. 이미 그는 학창 시절 봉건주의의 신분적 예속 고리들의 종말을 고하는 역사적 흐름의 절정을 누구보다 주의 깊게 통찰하고 있었고 프랑스혁명의 뼈대가 인간의 '개념'의 현실적 정의임을 다양한 상징들로 나타내고 있었다. 봉건적 신분제도의 와해는 새로운 세계 질서로의 개편을 위한 자유의 이념을 준비하게 된다. 예속에서 해방된 자유인들은 그들이 자유롭다는 형식적 조건에서 평등하다. 이 같은 역사적 상황으로부터 헤겔은 본질적으로 인간은 자유이며 누구나 이 자유 앞에 평등하다는 근대 시민사회의 자연권 사상을 재정립한다.

인륜의 기본원리로서 가정(IV-2)은 헤겔이 『법철학』에서 다룬 시민사회 가정론을 분석한 것이다. 아리스토텔레스 이래 가정과 가정의 본질을 법철학은 물론 실천철학 전반의 이념적 모형으로 설정한 최초의 대표적 철학자는 아마도 헤겔일 것이다. 그는 가정이 인간의 생리적 탄생지일 뿐만 아니라 존재론적 고향임을 강조한다. 특히 법철학은 '인륜'의 시작도 끝도 가정이라는 것, 그리고 가정을 지속시키는 내적 원리가 '사랑'이며 그 외적 원리는 '소유(Eigentum)'라는 점을 강조한다. 다시 말해 가정의 성립과 지속을 내면적으로 담보하는 것이 사랑이라면 사회적으로 그 가정의 존재와 지속을 외면적으로 인정받고 인정하는 것이 소유라는 것이다. 건전한 가정이나 사회란 이 두 권리가 인간의 기본권으로 설정되고 보호되는 국가에서만 가능하다. 따라서 그러한 국가를 지향하고 건설하는 것이 헤겔의 사유에서 실천철학의 중심 과제라면 그러한 국가의 이념적 본질과 그 구조를 예지적으로 드러내고 보여주는 것은 전형적 이론철학인 논리학의 중심 과제인 것이다. 철학의 진정한 대상은 '삶'의 문제이고 그 문제의 시작은 '가정'이며 이성적 동물로서 인간과 사회적 동물로서 인간의 통일점 또한 가정이라는 문제의식 속에서 이 글은 다음의 과제를 규명하는 데 주의를 집중한다. 첫째, 남녀의 진정하고도 이성적인 사랑은 결혼이라는 제도를 통해 둘을 하나로 결합시켜 가정을 창설한다. 이때 결혼은 단순한 남녀 결합이 아니라 아이를 낳고 땀 흘려 노동하여 가족과 자녀를 양육하고 교육하는 인륜의 과제를 내포한 사회적 인간 정의의 개념적 고향이다. 둘째, 남녀의 결혼에 대해서는 전통적으로 두 가지 관점이 있다. 하나는 결혼을 계약의 한 형태로 보는 것이고 다른 하나는 인륜의 근원적 형태로 보는 것이 그것이다. 칸트가 전자의 이론을 전개하는 대표자라면, 헤겔은 후자를 대표하는 전형적 철학자이다. 이 둘의 간략한 비교를 통해 헤겔이 칸트를 어떻게 비판하고 자기의 입론을 정당화하는지를 밝힌다. 셋째, 인륜적 의미의 가정의 와해는 가정의 해체를 의미하고 가정의 해체는 가정의 본질적 기능인 자녀의 성인화로 인한 자녀 양육의 의무로부터 부모의 해방이며 이 해방을 헤겔은 '부모의 죽음'이라고 부른다. 부모의 죽음은 동시에 한 사적(私的) 개인이 사회적 인간으로 성장함을 뜻하며 인륜의 중심인 시민사회의 개념적 시원이 시작되는 곳이 여기이다.

필자는 강의와 연구가 언제나 하나의 통일된 학문적 체계를 이룰 수 있도록 계획하고 그 계획을 실현하기 위해 노력했다. 이미 오래전에 '칸트와 헤겔 철학 탐구'라는 큰 주제를 설정하고 이에 맞는 글을 쓰기 시작했지만 이제야 하나로 묶어 완성된 책으로 내게 되었다. 세속적 필요에 따라 학술지 여기저기에 실었던 소절 제목이나 각주, 문헌 목록 등의 미비점을 고치고 보완하고 보충했지만 글의 내용은 크게 손대지 않았다. 책을 내면서 철학의 고전은 결코 지나간 사유 유물이 아니라 인류 정신문화의 영원한 현재요 미래라는 말을 다시 한 번 되새기고 싶다. 이 분야에 관심이 있거나 연구하려는 이들에게 다소나마 도움이 될 수 있기를 바랄 뿐이다.

2007년 12월
윤병태

차례

I 부

관념론 철학의 뿌리

— 데카르트, 베이컨

제1장

데카르트에서 이성의 힘과 철학한다는 것의 의미

1
데카르트와 철학한다는 것의 의미

철학을 제외한 다른 학문들은 자기 자신이 누구이고 무엇인지를 근원적으로 묻자마자 스스로의 본성을 잃어버리는 묘한 습성이 있다. 가령 누가 '수학이란 무엇인가'를 묻거나 '경영학이란 무엇인가'에 대해 진지하게 묻고 답하려고 하면 할수록 수학이나 경영학의 본성에서 멀어지고 만다. 이 같은 사정은 일정한 직업을 가지고 살아가는 일상인들에게서도 마찬가지다. 만일 목수가 '목수란 무엇인가'를 묻거나 경찰이 '경찰이란 무엇인가' 하는 문제에 전적으로 몰두하면 그는 목수나 경찰의 본성에서 멀어질 뿐 아니라 이것은 오히려 자신들의 업무 수행에 방해가 될 수도 있다. 어떤 개인에게서나 또는 학문에서나 그 스스로에 대해 묻고 해답을 추구하기 위해 고민하고 노력하는 태도야말로 철학의 전형적인 습성일 것이다. 다시 말해 철학은 끊임없이 자신의 본질에 대해 묻고 또 그에 대한 답의 보편성과 타당성의 검색에 몰입하는 '태도' 그 자체인 것이다. 이 때문에 서양에서는 철학이나 철학자라는 말보다 '철학한

다(philosophein)'는 말이 먼저 생긴 것이다.[1)]

'철학이란 무엇인가'에 대해 그리고 '철학자는 누구인가'에 대해 가장 먼저 심각하게 물음을 제기한 이는 소크라테스이며, 또 이 때문에 그를 지금까지도 최초의 진정한 철학자로 일컫는 것이다. 그에 의해 궤변과 말장난이나 일삼던 소피스트가 지혜를 사랑하는 이들의 대열에서 쫓겨나고 또 그에 의해 지혜를 사랑하는 철학적 방법이 의심과 회의로 확립된다. 그는 지혜가 진리를 배워나가는 것이고 진리를 배우는 태도를 철학, 즉 지혜를 사랑하고 갈망하는 것으로 정의한다.[2)] 진리와 지혜를 사랑하는 자만이 진리와 지혜가 무엇인지 그 토대에서 물을 수 있으며 또 그들만이 일상과 세속 속에서 생각 없이 진리와 지혜라 일컬어지는 모든 것을 그 근원에서부터 의심할 수 있다. 지혜를 사랑하기 위한 최선의 근원적 물음은 '나는 누구며 무엇인가'이며 이 물음은 자아의 인식적 구도를 밝혀내려는 태도와 더불어 그 해명이 준비된다. 이와 같은 소크라테스의 철학적 문제의식을 의식적으로 넘겨받아 그것을 시대적 상황에서 재조명한 근대의 대표적인 철학자가 데카르트다.

"철학이란 말은 지혜를 탐구한다는 뜻이다. 지혜는 세상살이에서 처세를 잘하는 것뿐만 아니라 생활이나 건강은 물론 모든 기술의 발견을 위해서, 그리고 우리가 알 수 있는 사물에 대한 완전한 지식을 모두 포함하는 것이다. 지식이 완전한 것이 되려면 제1원인에서 연역되어야 한다. 본시 철학이란 이처럼 사물에 대한 완전한 지식을 얻는 것인데 이러한 지식을 획득하려면 제1원인인 원리들에 대한 탐구로부터 시작해야 한다. 이 원리들에는 두 가지 조건이 있는데, 하나는 이 원리들이 분명하고

1) 이 말이 최초로 나타난 곳은 헤로도토스(Herodotos)의 『역사』(*Historiae*)이다. Herodotus, *Historien*, hrsg./bearg./übers. von J. Felix, Düsseldorf 2004.

2) Platon, *Politeia*, in *Platons Werke*, Deutsche Übersetzung von F. Schleiermacher, Darmstadt 1971, 376b 참조. 407e, 473c, 475b 참조.

변증적이어서 우리의 정신이 주의 깊게 그것들을 고찰할 때 진리성을 의심할 수 없어야 하는 것이다. 다른 하나는 사물들의 인식이 이 원리에 의존하며 따라서 다른 사물들 없이도 이 원리들은 인식될 수 있지만 반대로 이 원리들 없이는 다른 사물들이 인식될 수 없다고 하는 것이다."[3] 이것은 데카르트가 『철학의 원리』라는 책의 서문에서 한 말이다. 먼저 지혜와 지식을 사랑한다는 것은 '철학(Philosophie)' 자체의 말뜻이며 소크라테스 이래 철학에 대한 정의로 확립된 것이다. 데카르트는 지혜에 대한 사랑을 '지혜의 탐구'로 바꿈으로써 학문적 능동성과 활동성을 철학하는 행위에 부여하고 그렇게 함으로써 철학에 새로운 과제와 방향을 설정한다. 말하자면 이제 더 이상 지혜에 대한 관조적 사랑이 아니라 보다 적극적인 탐구 행위를 철학의 본질로 본 것이다. 그렇다면 지혜란 무엇인가?

지혜는 상식적으로 살아가는 데 최선의 방식이다. 세상살이의 처세를 잘하는 것이 무엇을 말하는지 확실치 않으나 자기 편리한 대로 사는 것을 뜻하지 않는 것은 분명하다. 제멋대로 사는 이는 자신에게도 남에게도 도움이 되지 않으며 그렇게 사는 이는 처세술이 있는 자라는 말을 들을 수 없다. 진짜 처세술이 있는 이는 가장 올바른 길을 따라 살고 원칙에 위배되지 않으며 남과 만날 때 언제나 기쁨을 주는 사람이다. 지혜 있다는 말의 일상적 의미가 여기에 있는 것이다. 그러나 지혜란 눈치껏 상황을 파악하고 상대방에게 환심을 살 것이나 생각하는 교활한 생활 속에 있지 않고 처한 상황이나 사태의 본질을 완전하게 파악하는 인식적 행위를 본질로 한다. 인식한다는 것은 안다는 말이요 안다는 말은 진리

3) R. Descartes, Principes de la philosophie, in: *Oeuvres de Descarres*, ed. by Ch. Adam & P. Tannery, Paris 1973ff, IX-2, 2쪽. 이하에서는 AT로 약기하고 권수를 표시함.

를 이해하고 포착한다는 말이다. 건강을 보존하기 위해 무엇이 몸에 좋고 나쁜지를 완전히 알기 위해서는 훌륭한 의사가 되어야 하고 또 아는 것을 실천하기 위해서는 훌륭한 교사요 지도자가 되어야 한다.

인식은 구체적이고 경험적인 사태들에 대한 지식을 함축하지만 동시에 그 지식의 원리에 대한 탐구를 근원적으로 요구한다. 경험적 사태들이란 우리의 감각기관에 의해 잡히는 상들이며 이 상들이 우리의 마음에 각인되고 재구성될 때 지식이 된다. 이것은 경험적 지식 자체가 대상적 측면으로만 되어 있는 것이 아니고 그 대상을 대상으로 규정하는 주관적 측면을 언제나 가지고 있음을 뜻한다. 이 주관적 측면은 경험 대상적 사태와 무관한 것이 아니라 그것과의 관계 속에서만 인식적 의미가 있는 것이다. 또 이 주객 관계는 임의적이고 우연적인 것이 아니라 일정한 어떤 규칙과 원칙에 의해 짜여 있다. 이 같은 점들을 모두 고려하여 탐구할 때 비로소 사물에 대한 완전한 지식에 도달할 수 있다.

완전한 지식에 도달하기 위해 데카르트는 제1원인들의 탐구에서 시작해야 한다고 강조하는데 이 제1원인은 건물 건축에서 주춧돌 같은 것이다. 주춧돌이 튼튼하고 견실해야 건물이 무너지거나 흔들리지 않는다. 모래땅이나 물 위에 높은 건물을 지을 수 없듯이 임의의 원리들 위에 진리와 지식의 체계를 쌓아올릴 수 없다. 그래서 데카르트는 제1원인의 두 가지 조건으로 확실하고 분명할 것과 근원적이고 시원적일 것을 내세운 것이다. '확실하고 분명하다'는 것은 애매하거나 모호하지 않고 누가 어디서 언제 보아도 명약관화한 것을, '근원적이고 시원적이다'라는 것은 모든 구체적이고 경험적인 인식들이 바로 그것에서 시작되고 출발하고 그것 위에 쌓아올려지므로 그것 없이는 지식 자체가 불가능한 최초의 원리라는 뜻이다.

데카르트에게서 인식이 이론적으로 실천보다 앞서는 것은 이처럼 무엇에 대해 완전하게 알고 난 이후에 그 안 것을 행할 수 있다는 데 제일 큰 원인이 있다. 그러나 인식한다는 것, 지혜를 추구한다는 것은 그 자체가 정신의 활동이요 실천이다. 이 활동과 실천은 잘못이나 허위가 아니라 진리를 목표로 삼으며 이 같은 태도가 일상 생활에서도 실천의 제1덕목으로 설정된다면 인식과 실천을 떼어놓고 보는 것은 잘못된 것이다. 데카르트가 이 같은 태도를 취하고 있는 것은 물론이다.

철학이 넓은 의미에서 지혜를 탐구하고 사물에 대한 완전한 지식을 얻으며 그러기 위해 제1원리를 찾아내는 노력이라면 그것은 인식의 기초 형이상학이다. "모든 철학은 한 그루의 나무와 같다. 뿌리는 형이상학이며, 줄기는 물리학이요, 가지는 다른 모든 과학들이다. 그리고 이 모든 다른 과학들은 세 가지 주요 과학인 의학과 역학, 그리고 도덕에 귀결된다."[4] 학문의 최일선은 언제나 구체적 대상들에 대한 지식을 체계화하는 개별 과학들이고 또 이 개별 과학들이 직접적으로 우리의 생활에 도움을 준다. 데카르트는 이 다양한 개별 과학을 크게 셋으로 분류하고 그 첫 번째로 의학을 꼽는다. 의학이란 인간의 건강과 질병을 다루는 것으로 학문의 역사에서 가장 오래된 것 중의 하나지만 기초학은 아니며 종합적 응용학이다. 역학 또한 개별적 자연물들과 그 운동에 관한 학으로 그 열매는 기술이라는 점에서 응용학이요, 도덕은 인간의 사회적 삶의 구체적 상황들을 고려한 실천적 규범학이라는 점에서 요즘 식으로 말하자면 일종의 사회과학이다. 의학이든 역학이든 도덕이든 그것이 학일 수 있기 위해서는 물리학에 토대를 두고 있어야 한다. 물리적 자연의 세계를 벗어나 있는 것은 적어도 물리적 자연계에는 없다. 인간의 정신과 영혼이 비록 특수하다고는 하나 물리적 자연으로서의 육체를 떠나 생의 본질로 확립될 수 없으며 이 점은 특히 구체적 개별 과학과의 관계

---

4) R. Descartes, Principes de la philosophie, in: *Ouevres philosophiques de Descartes*, III, ed. by F. Alquié, Paris 1963ff, 779쪽.

에서 더욱 분명하다. 그러나 자연과 세계 본질에 대한 물음과 더불어 물리학은 기초 학문이며 물리학은 보다 근원학인 형이상학의 뿌리라는 고향을 되새겨야 한다. 형이상학은 물리학의 기초 학문이며 물리학은 다른 개별 과학의 기초 학문이다. 이 셋을 체계적으로 합쳐놓으면 철학이라는 하나의 전체 나무요, 각각을 헤쳐보면 형이상학의 뿌리를 가진 물리학이 그 가지로서 개별 과학을 거느린 것으로 그려진다. 물론 개별 과학의 열매들은 인간의 구체적 삶에 어떤 방식으로든 유용한 역할을 하는 것이다.

만일 이상의 데카르트의 주장을 곧이곧대로 받아들이면 순전히 형이상학만 탐구하거나 물리학만 탐구하거나 개별 과학들에만 몰두하는 것은 제대로 철학을 탐구하는 태도는 아니다. 같은 말이긴 하지만 개별 과학과 그 성과를 무시하거나 그에 무지한 자는 비록 그가 심오한 주장을 한다 해도 철학자는 아니며, 물리학의 근본 법칙들을 고려하지 않는 이론은 비록 그럴듯해도 시나 문학은 될 수 있어도 철학은 아니다. 뿌리만 있거나 줄기나 가지만 있는 나무는 죽은 나무이지 산 나무는 아니며, 데카르트가 철학에 비유한 나무는 살아 있는 나무이지 죽은 나무는 아니다. 이것은 진짜 철학이란 어떤 개별적 사태를 뿌리에서부터 본질적으로 탐구하는 것이고 어떤 본질적 문제들도 그것이 세상과 자연에서 어떤 방식으로 현상하고 나타나며 어떤 궤적을 그리고 또 어떤 방식으로 우리와 세계 모두에게 영향을 끼치는지를 입체적으로 탐구하는 태도라는 뜻일 것이다.

어떤 이는 데카르트가 철학을 과학과 동일시했고 과학은 자연에 대한 단순한 인식이 아니라 정복에 그 목적이 있다고 단언한다. 그래서 데카르트는 베이컨과 마찬가지로 나무 그 자체가 아니라 그 나무의 가지에서 딸 수 있는 열매와 과일을 얻기 위해 나무를 심고 이용하려 했으며 그리하여 자연에 대한 정확한 이해를 통해 자연 정복의 가능성을 열기 위해 나무를 예로 들었다고 생각한다.[5] 그러나 과학이 자연과학 특히 물리학을 의미하는 한, 그리고 과학과 철학의 동일시가 나무에 대한 비유에서 얻은 이해인 한 이 같은 해석은 잘못된 것이다. 비록 개별 학문이 삶에 대한 유용성을 포기하는 한, 개별 학문의 존재 값을 상실하는 것이 예나 지금이나 마찬가지이긴 하지만, 철학은 곧바로 개별 과학도 물리학도 아니며 따라서, 단순하게 철학을 과학과 동일시하거나 과학이 자연 정복의 목적이라고 단언하는 것은 지나치다. 그보다 선행하는 철학의 궁극 목적은 진리의 탐구요, 진리의 탐구가 반드시 유용성을 함축하는 것은 아니다.

어쨌거나 데카르트는 지식을 다섯 단계로 나누고 그 정점이 지혜의 봉우리라고 이해한다.[6] 첫 번째 단계는 별다른 성찰을 거치지 않고도 가질 수 있는 분명하고 명석한 개념들(notions)에 대한 지식이다. 이것은 가령 삼각형이 세 변으로 되어 있다든가 원이 둥글다는 관념에 대한 지식이 될 것이다. 두 번째 단계는 우리의 감각에 들어오는 것들을 아는 지식이다. 일반적으로 이 지식을 주도하는 직접적인 것은 눈, 코, 귀, 입, 살갗과 같은 감각기관이다. 이 감각기관을 통해 성립된 지식을 우리는 상식적으로 가장 확실하다고 믿는다. 세 번째 단계는 사람들과의 대화와 담론에서 얻는 지식으로 일상생활에서 사회 문화적 교류와 더불어 얻어지는 앎이다. 네 번째 단계는 우리의 스승들, 역사적으로 지혜 있는 이들이 우리에게 좋은 교훈을 주기 위해 쓴 책들과 가르침을 통해 배운 지식이다. 다섯 번째는 앞의 네 가지와 본질적으로 다른 지식으로 제1원인들과 원리에 대한 지식이다. 좁은 의미의 철학이란 이 다섯 번째의 지식과

5) E. M. Curley, 『데카르트와 회의주의』, 문성학 옮김, 고려원, 1993, 24쪽 참조.
6) AT, IX-2, 4쪽 아래. 최명관, 「데카르트의 중심사상」, 『방법서설, 성찰, 데카르트 연구』, 서광사, 1987, 141쪽.

지혜이다. 넷째 단계까지의 지식이 살아가는 데 수단으로 필요한 상식으로서 지식이요, 구체적 실존체로서 개인들이 자연적 조건과 문화 사회적 조건 아래서 전수받고 구성하는 지식이라면 이 다섯 번째 지식은 그것을 뛰어넘어 근원적 원인과 존재에 대한 물음에서 얻은 지식이요 지혜이며, 보통 철학자라 불리는 이들은 이 지혜를 갖기 위해 몰두한 이들이다.[7] 이 지혜를 가진 이들만이 '최고선'에 도달할 수 있으며 최고선에 도달할 수 있는 자만이 진정한 철학자인 것이다.

그렇다면 철학의 본질로 간주되는 '제1원리'란 무엇인가? 데카르트는 이렇게 주장한다. "이 세상의 모든 것에 대해 의심하는 자라 할지라도 자기가 의심하고 있는 동안에는 그 자기가 있다는 것을 의심할 수는 없다. 자기 자신에 의해 의심할 수 없으면서 그 밖의 다른 모든 것에 대해 의심하는 이 같은 추리는 우리의 실체가 아니라 우리의 정신, 다시 말해 우리의 생각(Pensée)이 그렇게 하는 것이다. 이 생각의 존재를 제1원리로 삼아 이로부터 명약관화하게 다음을 연역할 수 있었다. 즉, 하나의 신이 있고 그가 세계에 존재하는 모든 것을 만들었다는 것, 그는 모든 진리의 원천이므로 우리의 오성이 명석판명하게 지각하는 것들에 대한 판단을 내림에 오판할 수 있도록 창조하지 않았으리라는 것이다. 또 이것들은 비물질적 형이상학적 사물들에 대해 내가 사용하는 원리들의 전부이며 이로부터 나는 물체와 사물들의 원리, 요컨대 길이, 넓이 및 깊이를 가지는 연장된 물체들과 그 모양 및 운동에 대해 연역하였다. 말하자면 이것이야말로 내가 거기서 다른 사물들의 진리를 연역해내는 진리의 전부이다."[8] 데카르트 철학의 핵심에 담긴 말은 '내가 존재한다는 것'과 이때 존재하는 나는 '정신이요 생각'이라는 것이며 이것이 그가 말하는

7) AT, IX–2, 5쪽. 최명관, 앞의 글, 142쪽.
8) AT, IX–2, 9쪽 이하.

철학의 제1원리인 것이다. 아마도 신이 존재한다는 것과 그가 진리의 원천이라는 것은 비록 그의 철학의 두 번째 원리이기는 하나 제1원리를 위해 반드시 필요한 것인지는 여전히 의심스럽다. 또한 최고선이란 이 제1원리 위에 쌓아올려진 진리와 지혜를 이성에 의해 찾아내는 것 이외에 다른 것이 아니다.[9)]

데카르트에 의하면 제1원리를 찾아가는 힘도 또 그 위에 진리의 체계를 구축하고 최고선에 도달하는 힘도 모두 다 이성의 힘이다. 이성은 중세 스콜라철학에서 신앙의 도움을 받지 않고도 그것이 비추고 가리키는 대로 찾아가기만 하면 신의 영역에 도달할 수 있는 '자연의 빛'으로 이해되었는데 데카르트 역시 이 같은 이해를 그대로 받아들인다. 형이상학은 물론 물리학이나 도덕학, 그리고 그 밖의 모든 개별 과학들은 이성에 의해 짜여지고 축조되어 있으므로 이성에 의해 밝혀진다. 이 이성은 곧 정신의 본질이다. 철학은 인간 이성이 비추는 모든 것이며 그 자체 이성의 활동이다. 철학은 인간과 동물을 가르는 기점일 뿐 아니라 현명한 자와 미련하고 몽매한 자를 가르는 징표이기도 하다. 이것은 국가와 민족에서도 마찬가지이다. "어떤 나라든 그 국민이 깊이 철학하면 할수록 더 발전하고 세련되는 것이다. 훌륭하고 참된 철학자를 어떤 나라가 가지고 있다는 것은 그 나라 최고의 축복이라는 것을 믿어야 한다. 개인에게서도 마찬가지이다. 철학자들과 함께 생활하는 것은 누구에게나 유익하며 그 스스로 철학하는 것은 무엇보다 좋은 일이다. 스스로 철학하는 것은 마치 자기 자신의 눈으로 직접 보면서 길을 걷는 것과 같다. 이것은 여러 가지 색채와 빛의 아름다움을 즐기는 것이 눈을 감고 남의 안내를 받는 것보다 훨씬 더 근사한 것과 같은 이치인 것이다. 물론 장님이 혼자 더듬거리며 길을 가는 것보다는 남의 안내를 받는 것이 더 좋기는 하다.

9) AT, IX-2, 4쪽.

여하간에 철학하지 않고 산다는 것은 눈을 감고 한 번도 떠보려고 하지 않는 것과 같다. 그리고 우리 시야에 펼쳐지는 사물들을 보는 즐거움은 철학함으로써 알게 되는 세상 인식의 즐거움에 비할 바 아니다. 마지막으로 말할 것은 우리가 길을 가는 데서 보는 눈이 중요한 것 이상으로 철학함은 우리의 행동이 제대로 된 것인지, 또 인생에 있어 어느 길이 가장 훌륭한 것인지를 제대로 판단할 수 있도록 우리를 이끌어간다. 야생 짐승들은 제 육체만 보존하면 되므로 먹을 것을 구하는 데만 급급하지만 인간은 정신이 본질이므로 정신의 참된 양식인 지혜의 탐구를 그 본성으로 해야 한다."[10)]

10) AT, IX–2, 3쪽 이하.

2

방법적 회의

방법은 희랍어로 '길을 따라(meta+hodos)' 간다는 뜻이다. 우리가 어떤 목적지를 가려면 가장 효과적인 길을 택해야 만족스럽게 될 수 있다. 세상에는 무수한 종류의 길이 있어서 길을 잘못 접어들면 엉뚱한 곳이 나타나는 것은 일상생활에서 늘 있는 일이다. 일상의 물리적이고 경험적인 세계에서뿐 아니라 인간의 내면 세계에서도 사정은 마찬가지이다. 사람은 누구나 사람으로 태어나는 것이 아니라 사람으로 되어가는 것이다. 세상에는 허울만 사람 가면을 쓴 이들이 얼마든지 있는데 그들은 잘못된 길을 걸어온 사람들이다. 그들은 사람이라는 목적지에 도달하지 못하고 짐승처럼 어슬렁거리다 사라지게 된다. 철이 들면서 진정한 인간이 되어야 한다는 목적의식을 가지고 거기에 가장 알맞은 길을 찾기 위해 노력하는 것은 생각하는 인간이 갖추어야 할 가장 초보적인 조건이다. '길을 따라 간다'는 것은 먼저 목적이 무엇인지를 설정하고 그 목적과 관계되는 다양한 길들을 비교 분석해보고 가장 적합한 길을 찾아내는 인식적 작업과 한눈팔지 않고 그 길을 가겠다는 실천적 의지의 종합으로써만 가능한 것이다.

방법은 목적이 무엇인가에 따라 달라진다. 다시 말해 어디를 갈 것인지 무엇을 할 것인지에 따라 어떤 방법을 취할 것인지를 정하게 된다. 일반적으로 목적이 좋으면 수단도 좋은 것이 되고 목적이 나쁘면 수단 또한 나쁜 것이 된다. 우리가 언젠가 좋은 지향점을 가져야 한다는 것은 이 같은 이유 때문이다. 강도를 목적으로 하는 살인과 선량한 다수 국민을 살리기 위해 독재자를 죽이는 것에는 비록 같은 수단인 살인이라는 방법을 사용함에도 근본적으로 다른 의미가 있다.

어쨌거나 데카르트에서는 철학이 진리라는 목적에 도달하기 위한 탐구 활동으로 규정되며 따라서 진리 추구의 방법이요 탐구 활동의 방법이 되는 셈이다. 그는 진리와 지혜를 찾아가기 위해서는 먼저 스스로의 생활과 행동을 규제할 수 있는 도덕을 배워야 한다고 생각한다.[11)]

도덕이란 복잡한 이론 체계로 되어 있는 윤리학이 아니라 어떻게 해야 할 것인지에 대한 가장 자명하고도 분명한 사회적 · 인륜적 덕목을 습득하고 그것을 실천하는 것을 말한다. 도덕적으로 삐뚤어진 행위나 삶으로는 진리나 지혜는커녕 사회적 상식의 수준에 도달하는 것조차 불가능하기 때문이다. 데카르트 자신이 직접 말하지는 않았지만 도덕적 최고의 삶은 자신뿐 아니라 인간 모두의 행복을 증대하는 인격적 생활일 것이다. 하여간 자신의 삶과 생활에 대한 도덕적 훈련이 어느 정도 완수된 뒤에 논리학을 공부해야 한다. 논리학은 진리와 상관없이 말이나 잘하도록 가르치는 '변증법'이나 '스콜라철학의 논리학'이 아니라 우리의 지식을 증대하고 알지 못하는 진리의 세계를 발견하기 위해 '이성을 올바르게 인도하는 것을 가르쳐주는 논리학'이어야 한다.[12)] 이 논리학을

11) AT, IX–2, 13쪽 이하 참조.

배우는 데 무엇보다도 중요한 것은 사유의 논리적 연습으로서 수학 문제를 끊임없이 풀어보는 훈련이 필요하다.[13] 이렇게 해서 논리학을 충분히 배운 뒤에 비로소 진리 탐구, 다시 말해 진정한 철학적 탐구로 이행할 수 있는 것이다.

한 그루의 나무를 관찰하는 데 제일 먼저 눈에 들어오는 것은 가지와 잎, 그리고 줄기이다. 이것들의 일반적 특징에 대한 경험적 분석이 끝나면 그 뿌리가 어떻게 되어 있는지를 살펴야 하고 또 그렇게 함으로써 한 그루의 나무를 종합적으로 탐구한 것이 될 것이다. 자연학과 물리학의 탐구가 철학의 시작임은 이런 이유 때문이며 형이상학으로써 뿌리에 대한 탐구와 더불어 진리 탐구가 완결되는 것 또한 이런 이유 때문이다. 방법적 회의란 자연학에서부터 그 뿌리인 형이상학의 실체에 이르는 과정 전체에 대한, 다시 말해 진리 체제 전반에 걸친 데카르트적 회의를 말한다. '합법칙적인 것이' 진리 체계 전체를 목적지로 하는 '길(道)'이라면 '회의'란 이 길의 반성적 특징으로서 의심이라는 뜻이다.

의심이나 회의는 철학의 근본 태도이다. 탈레스 이래, 특히 소크라테스가 사태와 개념의 본질에 도달하기 위해 끊임없이 묻고 또 물음에 대한 답에 의문점을 제기한 이래 철학의 근본 태도는 의심하는 사유 행위로 확립된다. 데카르트는 이것을 확인하고 강조함으로써 소크라테스가 행했던 철학의 혁명, 사유의 혁명을 수행하려 한다. 소크라테스와 다른 점이 있다면 데카르트는 인간 본성 자체에 대해 재점검하기를 요구하고 그로부터 학문의 체계를 수립하려고 시도한다는 것이다. "무슨 문제든 의심스러운 점들을 찾아 그것을 잘 생각해 살펴봄으로써 전에 내 마음속에 스며들어 온 오류를 깨끗하게 제거할 수 있었다. 그러나 나는 의심

12) 최명관, 앞의 글, 144쪽 이하.
13) 같은 글, 145쪽.

하기 위해 의심하는, 그래서 늘 아무것도 결정하지 못하는 회의주의자들을 흉내내지 않는다. 이와 반대로 나는 흙과 모래를 걷어내고 바위를 찾아내려고 늘 노력했다."[14] 이것은 데카르트가 자신의 회의의 성격에 대해 한 말이다. 그는 회의가 결코 진리를 파괴하거나 모든 주장을 쓸데없는 것으로 만들어버리는 무책임하고도 대책 없는 파괴가 아니라 진리를 뒤덮고 있는 더러운 오류들을 닦아내는 방법이라고 강조한다.

데카르트는 인간이 자연적으로나 사회적으로 제약되어 있어서 그대로는 진리를 찾아낼 수 없다고 생각한다. 게다가 인간은 어른이 되기 전에는 이성이 없거나 있다고 해도 사용할 수 없는 아이로 있어서 자기가 보고 느끼고 판단한 것들이 옳은지 어떤지 판별조차 할 수 없다. 또 어른이 된다 해도 철학적으로 진리를 탐구하겠다는 문제의식이 없이 사는 한 끝없이 자신의 주관적 성향이나 경향에 따라 세상을 판단하므로 오류에서 벗어날 길이 없다. 이 오류에서 벗어나는 것은 의심하는 것이다. "이러한 잘못된 판단에서 해방되려면 조금이라도 불확실하다고 생각되는 모든 것에 대해 일생에 한 번은 근원적으로 의심해보는 길밖에 다른 도리가 없다. …… 확실하고 분명한 것이 무엇인지를 찾아내기 위해서는 조금이라도 의심스러운 것은 거짓된 것으로 보고 그것을 버리는 것이 현명하다."[15] 이것은 방법적 회의의 근본 특징이 의심할 수 있는 모든 것을 의심하여 조금도 의심할 수 없는 어떤 확실한 지점을 찾아내는 데 있다는 것을 의미한다.

데카르트는 지식의 세 가지 형태를 순서적으로 의심하는 것이 회의의 순서라고 생각한다. 그 첫 번째가 감각적 경험지에 대한 의심이다. 감각적 경험지는 상식에서 가장 확실하고 중요하다고 여겨지는 지식이지만

14) AT, VI. 28쪽 이하.
15) AT, IX-2, 25쪽 이하.

곰곰이 따져보면 그것보다 더 불확실한 것은 없다. "지금까지 내가 가장 참되다고 보아온 모든 것을 나는 감각을 통해서 받아들였다. 그런데 나는 감각이 가끔 우리를 속인다는 것을 경험한다. 그리고 단 한 번이라도 우리를 속인 것을 전적으로 믿지 않는 것이 현명하다."[16] 감각적 경험지에 대해 인식적으로 의문을 제기하는 것은 고대 그리스철학, 특히 플라톤 철학의 중요한 특징 중의 하나다. 내 감각이든 남의 감각이든 그것은 상황이나 조건에 따라 얼마든지 달라질 수 있으며 또 주체의 건강 상태나 처한 위치에 따라서도 다른 지각을 만들어내는 것을 우리는 쉽게 발견할 수 있다. 물론 내가 지금 난롯가에 앉아 있고 책을 보거나 글을 쓰고 있다는 것을 나는 나 자신의 감각으로 보고 있고 이것을 의심하는 것은 부질없는 일인 것처럼 보일 수 있다. 게다가 내 몸과 내 손이 내 것이라는 것을 내 눈으로 직접 보고 있는데 이것을 어찌 의심할 수 있으며 이것을 의심하면 미친 이 취급을 받아도 당연한 것 아닌가?[17] 그러나 본시 인간이란 잠을 자고 꿈을 꾸며 "꿈속에서 미친 이가 깨어 있을 때 머릿속에 그리는 것과 같은 것을 그리기도 하고 그보다 훨씬 더 엉뚱한 것을 그려내기도 한다. 밤에 옷을 벗고 침대에 누워 잠들어 있음에도 불구하고 내가 옷을 입고 난롯가에 앉아 있다고 믿은 적이 한두 번이 아니다. …… 허나 지금 나는 깨어 있고 내 머리는 잠자지 않는다. …… 그러나 주의 깊게 생각해보면 잠들어 있을 때도 그런 착각에 가끔 속은 적이 있고 따라서 깨어 있는 것과 잠들어 있는 것을 확실히 구별할 수 있는 표적이 전혀 없음에 나는 매우 놀라고 있다. 그리고 그 놀라움이 어찌나 큰지 나는 지금 꿈꾸고 있다고 믿을 정도이다."[18] 꿈과 현실을 가르는 기준

16) AT, IX-1, 14쪽.
17) AT, VII, 제1성찰.
18) 같은 곳.

이 무엇인지 깨어 있음과 잠들어 있음의 분명한 구분점은 적어도 감각과 그 지식으로는 찾아낼 수 없는 것이다.

감각과 경험지에 이어 두 번째로 그가 의심한 것은 일반적인 것 또는 보편적인 것에 관한 지식이다. 본시 일반적으로 존재하는 것의 모양이나 형태는 의심의 대상이라기보다 확실한 대상으로 여겨온 것들이다. 감각이나 경험으로 알 수 있는 것이 불확실하고 의심스럽다 해도 확실한 것으로 보이는 것은 난로의 모양이나 나무의 모습 또는 짐승의 형태 등이다. 우리가 깨어 있든 꿈을 꾸든, 난로의 모습이나 나무의 모양 또는 짐승의 형태 등은 마찬가지로 같은 것들이다. 현실의 빨간색은 꿈속에서도 빨간색이지 노랑색은 아니다. 비록 우리가 꿈이나 환상 속에서 이상한 동물, 가령 용이나 인어를 그린다 해도 그것은 전적으로 새로운 어떤 것이라기보다 여러 가지 동물들의 각 부분을 이리저리 뒤섞어놓은 것일 뿐이다. 말하자면 현실적이냐 아니냐에 상관없이 일반적이고 개념적인 지식은 결코 의심할 수 없는 것처럼 보이며 이런 종류에 속하는 것으로 '물질적 본성 일반 내지 그 연장(延長), 또 연장을 가지고 있는 것들의 모양과 양, 크기와 수, 그리고 그것들이 있는 장소와 지속하는 시간 등' 이 있다.[19)]

보편적 개념지에 이어 세 번째로 의심의 대상으로 삼은 것은 수학적 지식이다. 수학은 대수학이든 기하학이든 그 대상이 현실적이냐 어떠냐는 전혀 문제 삼지 않는다는 점에서 두 번째의 보편적 개념지와 같은 성질을 가지고 있지만 동어 반복적이라는 점에서 분석지라고도 할 수 있다. 수학은 일반적 원리의 논리성만을 대상으로 하고 따라서 예로부터 가장 확실한 지식으로 간주되어온 것이다. 내가 있든 없든, 깨어 있든 잠을 자든 둘에 셋을 더하면 다섯이 되며 사각형의 변이 네 개라는 것은 자

19) 같은 곳.

명하다.[20] 일상생활에서 그것을 의심하면 저능아라는 소리를 듣기 십상이지만 데카르트는 정말 무조건적으로 자명하고 확실한지 어떤지 의심해보아야 한다고 생각한다. 여기서 주의할 점은 두 번째의 개념지와 세 번째의 수학지를 의심할 수 있는 근원적 존재자에 대한 의혹에서 찾을 수 있다는 점이다. "…… 나는 모든 것을 할 수 있는 신에 대한 관념을 가지며 그가 지금의 나를 창조했다고 생각한다. 그가 할 수 없는 일이 없으므로 신은 땅과 하늘은 물론 연장을 가진 모든 것조차도, 그리고 모습과 크기와 장소 등이 실제로는 없는데 내가 그런 것들이 있다고 생각하도록 했는지도 모른다. …… 마찬가지로 둘에 셋을 더할 때마다, 또는 사각형의 변을 셀 때마다 혹은 더 쉬운 것을 상상할 경우에조차 신이 나로 하여금 잘못하도록 처음부터 만들었다고 할 수도 있을 것이다."[21] 말하자면 신은 전지전능하므로 인간이 생각하고 합리화할 수 있는 모든 것이 잘못되도록 할 수도 있고 이런 추정이 맞다면 보편적 개념지는 물론 수학적 지식도 모두 거짓이 된다. 물론 데카르트는 악령이 아니고서야 신이 그럴 리 없다는 것을 곧바로 강조하지만, 그는 우리가 습관적으로 옳다고 믿었던 모든 것에 대해 뿌리에서부터 의심해보아야 한다는 것을 가르친다.

그러나 모든 것을 의심스러운 것으로 결론을 내리고 폐기해버리면 진리를 찾는 길은 사라진다. 회의와 의심 그 자체는 확고부동한 어떤 것을 찾지 못하는 한 방황이요 포기이며 절망이다. 회의가 방법적일 수 있으려면 적어도 의심을 위한 의심이어서는 안 되며 흔들리지 않는 확실성의 반석(盤石)을 찾아내야 한다. 이 흔들리지 않는 확실성의 반석은 아르키메데스의 기점과 같아서 그것 위에 모든 학문과 진리의 체계를 쌓아

20) 같은 곳.
21) 같은 곳.

올릴 수 있는 초석이며 또한 지렛대인 것이다. 데카르트는 이 기점을 '나는 생각한다 그러므로 나는 존재한다'는 명제로 확립한다. 이 명제는 중세와 근대를 경계 짓는 이성철학의 깃발이며 또한 현대적 합리주의의 원천으로 평가된다.

제2장

데카르트와 베이컨의 철학함의 이념

1
현대적 위기에 대한 반성에서

역사학을 배우는 궁극 목적은 우리가 과거로 되돌아가거나 지나간 과거를 '지금' 속에 복원하는 데 있지 않고, 현재의 시대 상황을 분석하고 측정하는 잣대가 역사 속에 감춰져 있기 때문에 이를 찾아 현재화하는 데 있다. 철학사를 배우는 이유 또한 이와 같다. 현재 우리 앞에 벌어지는 다양한 사회적 현상들을 묶고 정리하고 이를 통해 다가올 미래의 상황들을 예측하고 그것에 대비하기 위해 우리는 과거를 돌아보고 과거의 철학을 되새겨보고 현재화하는 것이다.

시간의 단순한 흐름과 그 분기점으로서 과거와 현재와 미래를 구분하고 그 관계를 규명하는 것은 그것이 철학의 중요한 과제이기도 하지만, 시대 상황에 대한 반성을 고려하는 역사철학의 중심 주제이기도 하다. 어쨌거나 분명한 것은 시간이든 시대든 역사든 철학이든 모두가 다 '하나의 흘러가는 거대한 강'으로 그려질 수 있다는 점이다. 이 흐름의 과정을 구분하는 데 가장 편리한 지점은 우리가 경험적으로 직접 보고 들을 수 있는 '지금 여기'로서 현재적 상황이다. 나 자신이 직접 숨쉬고 있는 지금 여기의 현재적 상황은 시간을 살아가는 개인이 자신의 삶을 그려가는 실존적 토대이며 자신의 철학을 구체화하는 초석이며 그 출발점이다. 이 점에서만 보면 철학은 결코 과거에 대한 역사학도, 그렇다고 과거를 음미하는 역사철학도 아니니다. 그러나 문제는 현재 상황에 대한 분석을 시도하자마자 이 현재의 유래처에 대한 물음이 아울러 시작된다는 데 있다. 이 물음에 대한 답을 담지하고 있는 곳은 지나간 과거이며 이 답에 대한 고려를 유보하거나 포기한 어떤 철학도 유치할 수밖에 없는 것은 어쩌면 당연한 일일지도 모른다. 현재에만 시각을 고정할 경우 얻는 것은 다양한 사태와 상황의 번잡스런 경험 이외에 아무것도 없을 것이기 때문이다.

흔히들 현대를 위기의 시대라 부른다. 우리가 혼신의 힘을 들여 보존할 이념도 이상도 없는 시대, 물질만능주의가 판을 치는 시대, 생존경쟁에서 도태되는 것을 기분 좋은 눈으로 바라보는 시대, 순간순간의 환락속을 헤매면서 삶의 의미를 무의미하게 찾는 시대, 사라지는 환영과 환상에 매여 초점 없이 중독자로 사는 시대, '아줌마 아저씨'가 부모의 위치를 대신하고 익명의 '저 애들'이 없어도 그만인 자식의 자리를 대신한 시대, 과학이라는 이름으로 포장된 재미와 장난에 의해 생명과 생명체가 농락당하는 시대, 온갖 철탑이 나무대신 숲과 산을 지배하고 조약돌대신 발목지뢰가 계곡과 강변을 지배하는 시대, 실재가 아닌 가상공간 앞에서만 안심이 되는 시대, 이러한 시대는 분명 위기의 시대임이 틀림없다. 이 위기에서 탈출하기 위해서 먼저 위기의 근원에 대한 반성적 탐구를 수행하는 것은 당연하고도 자연스런 철학의 태도이다.

근대가 낳은 괴물 자본주의는 인간을 보이지 않는 정신과 이념에서 해방시키는 순기능이 있지만 그보다 훨씬 큰 역기능인 물질과 기술에 예속되게 하고 감각적 쾌락만을 추구하는 천박한 방랑자로 인간을 전락시킨 셈이다. 이것은 자본주의의 출현과 더불어 '매일 먹는 빵도 이제 증기와 터빈으로 굽고…… 이번에는 구어낸 빵을 기계로 꺼내므로' 얻는 육체의 편안함이나, '죽은 자 묻히는 묘지에조차 가진 자와 못 가진 자가 두 패로 갈라져 묻히게 되었다'는 계급적 소외와 모순 이상을 의미한다.[1] 오히려 자본의 위력과 그 메커니즘 속에서 계급이 아니라 인간 자신의 인간성의 와해가, 기계노동을 통한 육체노동의 해방이라는 위안을 압도하는 상황에 도달하게 된 것이다. 그렇다면 도대체 '근대'란 무엇인가? 근대의 어떤 요소가 우리를 이곳까지 이끌어왔는가?

이 글은 이러한 문제들에 대한 구체적 대답이나 자본주의 발생의 역사적 기원을 탐구하려는 의도에서가 아니라, 현대의 어두운 그림자를 걷어내는 인본주의적 희망의 원리를 근대에서 찾을 수 있다는 기대에서 기획된 것이다. 비록 자본주의가 근대의 시작을 알리는 결정적 징표임에도 불구하고 그것은 이성적 합리주의의 본래 구도는 아니다. 근대 철학의 본질은 경험적 합리주의요 합리적 이성주의이며, 그 특징은 이론적으로는 보편적 진리를 인간의 경험과 이성에 의해 찾아낼 수 있고 또 구성할 수 있다는 희망에 있으며, 실천적으로는 보편적 선을 물질적 쾌락과 인격적 완성에 의해 실현할 수 있다는 믿음에 있다. 이 믿음은 근대뿐 아니라 현대의 희망의 원리이기도 하다. 따라서 이 원리의 확립은 현대의 방향 없는 항해에 나침반 역할을 할 것으로 생각된다. 이 점을 염두에 두고 이 글에서는 근대 철학의 확립에 결정적으로 기여한 프랜시스

1) J. Purs, *The working Class Movement in the Czechlands*, Historica X, 1965, 70쪽, 1869년의 『트란테나우』(*Trantenau*) 주보에 실린 시를 필자가 약간 고친 것임.

베이컨과 르네 데카르트의 사상을 그 철학 탄생의 사회 · 역사적 배경을 고려하면서 간추려 소개하려고 한다.

2

근대의 역사적 배경들

서양사에서 중세가 끝난 지 벌써 500년이 지났지만 오늘날의 유럽인들은 아직도 중세 조상들이 회의하던 그 시청에서 회의하고 중세 조상들이 사용하던 광장에서 집회하고, 중세 조상들이 미사 드리던 그 교회에서 예배를 보고, 중세 조상들이 먹던 소시지와 포도주를 마시며, 중세 조상들이 살던 집에 살면서 그들과 같은 대학을 다닌다. 겉으로만 보면 달라진 게 별로 없다. 겉뿐만 아니라 속에도 그들은 중세 조상들처럼 의회 위원을 선거로 뽑고, 배심원을 두고 재판하며, 중세와 거의 같은 식으로 결혼식과 장례식을 치른다. 이 점에서 보면 중세가 완전히 사라지고 근대가 시작되며 근대가 사라지고 나서 현대가 있는 것은 결코 아니다. 지금 중세적인 것이 남아 있다면 그것은 근대에도 있었던 것이다. 다시 말해 지금의 시청과 교회, 광장과 장터, 대학과 가옥은 물론 의회제도나 사법제도, 그리고 문화 행사의 대부분이 근대에서 물려받은 것들이다. 그렇다면 현대 역사학자들이 구분하는 시대 구분은 그렇게 정확한 것도 아니고 설득력 있게 받아들여지는 것도 아니다.

시대 구분이 획일적 잣대가 없듯이 인간의 본성 또한 시대에 따라 분명하게 변하는 것이 아니다. 중세인이든 근대인이든 현대인이든 사람은 누구나 슬픈 일을 보고 슬퍼하고 기쁜 일을 보고 기뻐하며 흰 것을 보고 희다 하고 검은 것을 보고 검다 한다. 어느 시대 사람이든 성장하고 철이 들면 가정을 꾸리고 생계를 책임지며 자기에게 주어진 일을 완수하면서 성취감과 희열을 느낀다. 태곳적부터 남녀의 역할도 구분되어 있었고 그들의 관계에도 일정한 원칙과 규칙이 지배해왔다. 이 관점에서만 보면 시대에 따라 인간의 본성이 근원에서부터 달라진다는 생각은 잘못된 것이 틀림없다. 더욱이 근대와 현대에 대한 시대 구분이나 근대인과 현대인의 세계관이나 인생관을 구분하는 것이, 고대와 중세의 시대 구분이나 고대인과 중세인의 세계관이나 인생관을 구분하는 것보다 어려운 이유는, 시대와 인간의 본질에 대한 철학적이고 역사적인 탐구를 하면 할수록 더욱더 선명해진다. 필자가 시대를 구분하는 데 고대(Alte Zeit), 중세(Mittelalterzeit), 근대(Neuzeit), 현대(Neueste Zeit)로 나누던 일반적인 방식에 의문을 제기하고 차라리 고대, 중세, 현대(Moderne Zeit)로 나누고 현대를 다시 근대와 최근 현대로 나눌 것을 제안하는 간접적인 이유도 또한 시대적 흐름의 맥을 중시하려는 앞서의 철학적 고려와 관련 있다.[2] 이렇게 시대를 나눌 경우 적어도 현대를 보다 입체적으로 다룰 수 있는 지평이 마련되지만 반대로 중세 이후 지금까지 500년을 현대라는 범주로 다루어야 하는 결함도 생긴다. 그러나 고대든 중세든 각기 1,000년을 담는 시대 범주이고 보면, 이러한 결함은 쉽게 제거될 수 있을 듯하며, 근대를 현대의 하위 범주로 사용하는 한 이 결함은 크게 문제 되

2) 러셀(B. Russell)은 *A History of Western Philosophy*, London 1975에서 사상사 구분을 필자와 같은 관점에서 하고 있다.

지 않을 수도 있다.

근세는 중세의 몰락에서 시작되고 중세는 동로마제국의 몰락과 더불어 끝난다. 기독교가 지배하던 동로마제국이 이슬람교도들인 오스만 튀르크에 의해 멸망한 것(서기 1453년)은 서구사에서 대단한 사건이었다. 교회의 권위는 땅에 떨어지고 무기 제조술이나 과학적 전략과 용병술은 전투에서 승패를 결정하는 관건임이 입증되면서 과학의 권위는 서서히 상승하기 시작한다. 그러나 동로마제국의 멸망보다 한 세기 앞서 유럽에 찾아온 흑사병은 기독교의 근본 교리인 종교적 구원이 미신일 수 있다는 강박관념마저 암암리에 그들에게 심어놓게 된다. 마찬가지로 무소불위의 위력을 행사하던 교황의 권위가 도전받고 이성의 위력이 그들을 지배하게 되는 것은 제국의 멸망 훨씬 전부터 준비되고 있었다. 역사에서 르네상스 시기가 중세를 실질적으로 마무리하고 근대로 진입하는 새로운 시기로 평가되는 것은 이 때문이다. 중세에 '암흑시대'라는 도장을 찍은 이들은 르네상스 시대의 이탈리아 사람들이다. 그들은 서 로마제국이 야만의 손에 떨어진 시기를 '장막에 가려진 시대'로, 또 그 후 천 년을 '잠자는 시대'라고 불렀다.

이제 장막을 걷어내고 위대한 로마의 유적과 그리스 문화, 그리고 그 밖의 고전적 가치들에 생명과 정신을 불어넣는 것이 그들의 임무라 선언되었고, 이것이 르네상스의 근본이념으로 정립된다. 화가들은 어두운 색조에 추상의 하늘과 땅, 그리고 애매한 늙은 신 대신 사진으로 찍듯이 감각에 들어오는 세계와 남녀와 자연을 그리기 시작하고, 작가들 또한 세속적 인간과 그 사랑을 조각하고 찬미하기 시작한다. 중세에 '학문'이라면 으레 신학이었던 것이 이제는 고전 문학과 그리스철학을 일컫게 되고, 끝내는 플라톤과 아리스토텔레스의 연구를 의미하게 된다. 르네상스를 휴머니즘의 부활이라 한다면 이를 두고 하는 말이다.

유럽은 이 시기 다양한 나라로 갈라져 어지러이 권력 다툼과 패권 쟁

투에 몰두하면서 서서히 민족국가의 형태를 취하고 있었고 그 와중에서 이탈리아 르네상스의 근본이념이 확산되어간다. 그리하여 사람들은 담론과 토론의 중요성을 인식하고 아직 기독교의 설교를 반대하지는 않지만 그렇다고 그것을 인생의 지표로 삼지도 않는 근대인이 서서히 늘어나게 된다. 14세기에 들어오면서 대학에서 신학부는 빛을 잃고 그 당시 가장 실용적인 법학의 인기가 상승한다. 라틴어가 아니라 제 나라 말로 읽고 쓰는 것은 농사를 짓든 장사를 하든 필수적이 되었지만, 그것만으로는 복잡 다양해지는 경제활동에 적극적이고 능동적으로 참여할 수가 없었다. 물건 양도와 계약, 공동 경영에서 지분 분배의 문제, 유언과 그 절차 등은 주먹구구로 되는 일이 아니라 일정한 형식과 양식으로 되어 있어서 이것을 알 필요가 있었고, 따라서 법학은 최고 인기 있는 과목이었다. 국가의 발달과 각 국가 간의 관계 정상화를 위해 전문적 정치가와 외교관이 필요하고 이들을 위한 정치외교학 또한 법학 못지않은 인기를 누리게 된다. 이와 아울러 신의 존재를 경건하게 인정하면서 전문적 재능과 함께 삶의 지혜가 사회 엘리트들에게 요구되었고, 이 요구를 위해 고전학, 수사학 및 역사학, 도덕학이 귀족학 대접을 받게 된다. 이 같은 분위기에서 종교개혁은 이미 예고된 것이나 다름없었다. 그것은 르네상스적 인문주의의 새로운 표현 양식이었다.

근대 인문주의는 철학적 논리로 진실을 추구하려는 중세 후기 스콜라철학의 비판 정신이며, 이 비판 정신은 신앙과 이성, 계시와 진리의 관련성에 대해 전통과는 다른 사고 틀을 말한다. 13세기 스콜라철학은 신에 대한 인식은 이성에 의해 얻어진다는 신념을 가지고 있었고, 당시 철학자들은 인간에게 신의 인식에 이르는 이성의 힘이 있다고 믿었다. 두 세기가 지난 후 이 같은 생각이 일반 대중에게 확산되는 데 결정적인 기여를 한 것이 인쇄기의 발명이고 루터에 의한 성서의 번역 보급이었다. 루터 시대의 교회는 하나의 거대한 국가처럼 교황이라는 군주와 고위 성

직자라는 제후가 있고, 입법부에 해당하는 종교회의와 헌법에 해당하는 교회법이 있었고, 교황청은 법원과 재무부를 겸하고 있었으며 전쟁도 하고 조약도 체결하고 세금도 징수하였다. 교회의 막강한 권력은 전통과 법에 의해 보호되면서 서서히 썩기 시작하고 구원이 아니라 압제의 기구로 전락하게 되었다. 루터는 신의 '정의(justitia)'가 징벌이 아니라 구원이라는 확신을 가지고 '신은 줄 뿐 사고팔지 않는다. 따라서 신의 은총은 돈으로는 얻을 수 없다'고 믿게 되었고, 이를 통해 면죄부를 사고파는 자들을 공격한 것이다. 정치적 국가의 제후가 교회를 장악하게 한 종교개혁은 이렇게 시작된 것이다.

세속적 국가가 교회로부터 독립될 뿐 아니라 오히려 그것을 지배함으로써, 사고파는 상행위의 경제적 정당성이 교회가 아니라 시장의 자연스런 율법으로 자리 잡으면서, 현재의 세속적 · 물질적 생활의 풍요를 위한 덕목인 정직과 부지런함이 강조된다. 상거래가 팽창하면서 농업경제나 물물교환은 상업 자본의 확대로, 그리하여 새로운 화폐경제로 전환하게 된다. 화폐를 많이 모은 장사꾼은 부는 물론 명예와 권력, 지위까지도 손에 넣을 수 있게 되었고, 은행신용장, 증권, 어음 등이 생겨나면서 경제는 새로운 국면을 맞게 된다. 상인과 은행가는 능률과 이익을 높이기 위해 회사를 만들고, 회사는 부기장, 비밀 장부, 재산목록부를 갖출 뿐 아니라 외국인들과 거래하기 위해 외국어에 능통한 자, 물건의 대차대조를 체계적으로 할 수 있는 상업학교 수료자, 금고 관리인과 경리 등을 고용하게 되었고 사회에서는 좀 더 쉽게 돈을 벌기 위해 투전판, 복권, 도박, 매춘 등이 횡행하게 되었다. 이때가 16세기 중반인데, 어느덧 우리는 자본주의의 문전 안에 있는 셈이다. 여기까지 오는 데 조용하지만 가장 강력한 역할을 한 것이 과학이다.

과학의 본질은 세계를 이해하려는 노력이고 이 점에서 이론적이지만, 세계에 대한 과학적 이해는 세계 변혁을 유도하고 이 점에서 실천적 응용의 측면도 동시에 가지고 있다. 근세적 세계관을 결정짓는 가장 중요한 과학적 사건은 1543년 코페르니쿠스의 『천체 궤도의 회전에 관하여』에서 나타난 지동설과 그 뒤 반세기 후 그에 대한 케플러와 갈릴레이의 증명과 옹호일 것이다. 과학의 권위가 새로운 힘을 얻으면서 엄밀한 수학적 논증과 물리적 관찰의 결합은 세계에 대한 전혀 새로운 이해를 제공하였고, 이 이해는 교회의 권위를 부정할 뿐 아니라 세계 자체의 개혁을 예고하였다. 세계 개혁에 직접적이면서도 확실하게 기여한 것은 파괴와 살상의 무기들이었고, 갈릴레이나 레오나르도 다빈치 같은 과학자들은 포병 기술과 방어술의 개선을 정부에 건의하고 그 사업의 청부를 맡아 한몫 잡으려 할 정도였다.[3)]

과학은 이처럼 응용을 목표로 하지 않아도 언제나 그쪽과 내통하는 특성을 가지며, 따라서 기술은 과학의 단순한 응용적 부산물이 아니라 과학 자체의 또 다른 본성인 것이다. 신기술에 힘입은 대포의 위력은 가공할 만큼 커졌고, 이것은 몇 분만으로도 몇천 년 전통의 문화대국을 간단히 굴복시킬 수 있었으며, 이 힘을 등에 업고 새로운 세계와 이방 문화를 하나하나 점령해 들어갈 수 있었다. 이 같은 사정이 점점 심화되는 시기인 17세기 근세 철학의 정신적 지주인 프랜시스 베이컨과 데카르트가 나타난다. 물론 중세 멸망 이후 철학이 없었던 것은 아니나 스콜라적 그늘에 가려지거나 아리스토텔레스와 플라톤 철학의 재발견에 주력하여 근대적 특징을 반영하고 있지는 못했다.

3) B. Russell, 같은 책, 480쪽.

3

근대의 철학적 배경인 회의주의와 근대성 원리

1. 베이컨의 사상

프랜시스 베이컨(1561~1626)은 과학적 발전과 발명이 인류의 새로운 복음이라고 갈파한 대표적 근대 철학자이다. 그는 자연을 이해하는 힘, 다시 말해, 아는 것이 자연을 지배하는 위력임을 강조하고 철학은 신학과 함께해서는 안 된다고 생각한다. 태생이 정치적인 그는[4] 전통적인 종교인 기독교를 부정하지는 않았고, 또 이성으로 신의 존재를 깨달을 수 있다고 했지만, 신학의 여러 가지 문제들은 종교적 계시의 문제이지 철학이나 이성의 문제가 아니라고 생각한다. 철학은 철저하게 이성만을 사용해야 하며 신학은 계시만을 사용해야 한다는 이중적 진리관은 그 시기에 크게 새로운 것은 아니었지만, 학자들에게는 물론 대중들에게도

4) 정치인 가문에서 출생하였고, 대법관에 오르나 뇌물 수수죄로 파직당했다.

설득력 있게 확산되고 있었다.

그는 먼저 인간이기 때문에 가지는 선입관은 누구에게나 있다는 점을 경고하며 이 선입관을 일컬어 '종족의 우상'이라 부른다. 가령 신은 인간과 유사한 모습과 생각을 하고 따라서 우리가 애원하면 들어줄 것이라는 등의 선입관이 여기에 속할 것이다. 이처럼 인류가 보편적으로 가지고 있는 선입관이 종족의 우상이라면 개인적으로 가지고 있는 개별적 선입관이 '동굴의 우상'이다. 인간은 누구나 자기 자신이라는 깊은 동굴 속에 갇혀 있고 바로 그 때문에 자기만의 안경, 자기만의 실존적 굴레를 가지고 있다. 그가 보는 것은 기껏해야 그의 눈으로 본 것일 뿐이며 따라서 이것을 개인적 편견이라 할 수 있고 특정 분야를 연구하는 전문가들에게도 쉽게 나타나고 자기 나름대로 사는 개인들에게도 흔히 보이는 선입관이다. '시장의 우상'은 언어 속에 감춰진 횡포와 속임수를 뜻하며 이는 사람들의 말을 믿고 아무 생각 없이 그에 따르게 되는 경향성에서 나타난다. 이와 달리 '극장의 우상'은 기성 사상 체계에 몰입하여 그것만을 고집하는 편견으로, 특히 스콜라철학자들이 아리스토텔레스를 맹목적으로 신뢰하는 태도에서 잘 나타난다고 할 수 있다. 그 밖에도 연역법처럼 진리 추구에 아무 생각 없이 맹목적으로 이용하는 원칙이나 법칙 등에 기대는 습성을 일컬어 '학교의 우상'이라 한다.

베이컨의 우상파괴론은 한편으로는 지금까지 우리가 무비판적으로 믿고 따랐던 학문적 · 사회적 · 문화적 · 실존적 조건들에 대해 의심하고 반성함으로써 진리를 찾아가는 데 선입관 없는 주체의 확립이라는 점에서 퓌론 이래의 전통적인 회의주의의 관점을 취하지만, 다른 편으로는 진리를 적극적으로 찾으려는 능동적 방법인 귀납법을 도입함으로써 근대적 관점으로 전환을 도모한다. 이 점에서 베이컨은 데카르트의 선구로 보아도 무방할 것이다.

과학과 과학적 사유를 중시한 베이컨의 가장 큰 공적 중의 하나는 연역법보다 귀납법을 더욱 중시한 점일 것이다. 본시 귀납법은 아리스토텔레스 이래 보편타당한 진리의 추구에는 적합하지 않은 것으로 간주되어왔는데, 그 이유는 단순히 경험적 사례를 긁어모으는 것만으로는 보편적 법칙에 도달할 수 없기 때문이다. 베이컨은 개개의 경험적 사례를 집적하는 소위 전통적인 '단순 예거 귀납법'의 이와 같은 결함을 알고 있었고 그래서 그는 이보다 훨씬 정교한 논리적 기관(Organon)으로서 귀납법을 발견하려고 하였다. 그 대표적인 예가 열의 보편적 성질에 관한 그의 관찰과 실험과 그에 대한 정리이다. 그는 먼저 더운 물체의 특징들의 목록과 찬 물체의 특징들의 목록, 그리고 찬 물체에는 없는 특징과 반대로 찬 물체에는 있지만 더운 물체에는 없는 특징들을 찾아내어, 낮은 단계의 보편적 원리를 찾아내고 이를 토대로 열의 등급에 따르는 물체 변화의 보다 높은 보편원리를 찾아낼 수 있다고 생각한다. 그리하여 어떤 보편적 원리를 찾아내어 이것을 새로운 여러 상황과 환경에 적용해서 맞아떨어지면 그만큼 보편성의 정도가 확장되고 높아지는 것이다.[5] 현대적 관점에서 볼 때, 베이컨의 귀납법 정립은 유치한 것일 수도 있고, 미완의 시도일 수도 있지만, 전통 철학에서 낮게 평가하던 경험과 실험을 철학의 중요한 방법적 도구로 끌어올린 공헌을 잊어서는 안 된다.

베이컨의 우상파괴론은 진리 추구의 부정적 소극적 방법이다. 그가 말하는 우상은 인간이 진리를 추구하는 데에 방해가 되는 나쁜 습성과 선입관 혹은 제약 조건들을 말한다.

5) B. Russell, 앞의 책.

2. 데카르트의 방법적 회의

철학의 방법에서나 내용에서나 근대 철학의 정초에 미친 위대한 공헌에도 불구하고 베이컨은 데카르트에 비교될 만한 위치에 있지 않다. 베이컨은 직업적 전문 철학자도 아니고 그 당시의 자연과학의 발전 수준에 대해서도 별로 아는 바가 없었다. 연역법은 베이컨이 경멸할 만큼 결코 쓸모없는 것도 아니었고 실험과 관찰의 정리에 수학의 용도 또한 그가 평가한 것처럼 그렇게 낮은 것도 아니었다. 그가 강조한 과학은 그 당시의 일반화된 학계의 동향에 대한 직관적이고 상식적인 수준을 넘어선 것도 아니었다.

그는 과학에 지대한 관심을 가지고 있었지만 자신의 활동 시기에 진행되던 일련의 중요한 과학적 발견들, 가령 코페르니쿠스와 케플러의 새로운 천문학에 대해서도, 근대 해부학의 선구자인 베살리우스(Vesalius)의 연구나 자기(磁氣) 탐구에서 길버트(Gilbert)가 보여준 귀납법의 모범적 전형에 대해서도, 또 하비(Harvey)의 혈액순환에 대한 연구에 대해서도 모르고 있었다. 그는 당시의 근세 정신을 선도하고 전파한 모범적 근세인이요 계몽주의자였다.

데카르트는 당시의 과학은 물론 시대상과 시대정신을 두루 꿰뚫고 있던 천재적이고 전문적인 철학자이며 사상가요, 따라서 지금 그를 '근세 철학의 아버지'라 부르는 것도 '프랑스 유일의 철학자'라 부르는 것도 옳은 일이다. 데카르트의 목표는 신학을 철학에서부터 떼어내고 철학을 이성으로 무장시켜 진리의 확실성의 건물을 세우는 것이었다. 이성의 최고 학문이 수학이며 수학의 응용학이 과학이라고 단언한다. 이 단언은 당시 눈부시게 발전하는 과학과 기술문명, 그리고 그를 통한 새로운 세계의 발견과 확보에서 얻은 결론이기도 하고 신념이기도 한 것이다. 철학이 진리의 체계이기 위해서는 수학과 기하학의 진리와 같은 구조를 가지고 있어야 하며 명석판명한 토대 위에서 일관성 있게 발전되어야 한다. 그래서 그는 '우리 정신을 가장 완전하게 해주는 하나의 보편적 학문에 관한 구상'을 하게 되었고 이것이 뒤에 『방법서설』이라는 글로 나타나게 된다.[6] 그는 여기서 일체의 불확실한 것들의 껍질을 벗겨내는 데서부터 철학을 시작해야 한다고 강조한다.

철학이 보편적 진리의 추구라는 그리스적 목표에서 끊임없이 벗어나는 이유는 무엇인가? 그것은 더 이상 환원할 수 없는 확실한 궁극적 명제에서 시작 못하기 때문은 아닌가? 이 같은 물음을 고려하면서 그는 기하학 또는 수학적 방법을 연상시키는 아래의 네 가지 방법적 준칙들을 제시한다.[7] 이 준칙의 첫째는 자신이 명증적으로 참되다고 알고 있는 것 이외에는 어떤 것도 피할 것, 다시 말해 속단과 편견을 피하는 것은 물론 명석판명해서 더 이상 의심의 여지가 없는 것 이외에는 어떤 것도 받아들이지 않을 것, 둘째는 내가 검토하는 난제들 하나하나에 대해 가장 잘 해결될 수 있도록 필요한 만큼 작은 부분으로 분해 분석하여 나눌 것, 셋째는 자신의 생각들을 가장 단순하고 알기 쉬운 것에서부터 계단을 올라가듯 점진적으로 조금씩 위로 올라가 가장 복잡한 것들의 인식에 이르기까지 순서에 따라 이끌어갈 것, 그리고 넷째는 하나도 빠뜨린 문제가 없다고 확신할 수 있을 정도로 남김없이 문제의 각 요소들을 매거(枚擧)하고 전체적 · 종합적 통일을 이룰 것이다. 이 준칙은 방법적 회의에 도달하기 위한 예비적 전제이기도 하고 또 그 조건이기도 하다. 왜냐하면 이 준칙은 처음부터 명석판명한 지각과 그 명제에서 시작하고 그로부터 불확실하고 명석판명하지 않은 사안 및 사실들로의 확대가 아니라

6) 1636년 메르센에게 보낸 편지.

7) R. Descartes, *Discours de la Methode*, Französisch-deutsche Parallelausgabe, übers. und hrsg. von L. Gäbe, Hamburg 1964, 2부.

그 명석판명성의 근원으로 퇴행할 것을 요구하고 조건 짓기 때문이다.

'의심할 수 있는 모든 것을 거짓으로 간주한다'는 말은 분명한 것에 대한 논증에서 참인 것으로 증명되기 전에는 어떤 것도 옳은 것으로 인정해서는 안 된다는 뜻이다. 그리하여 조금이라도 의심의 여지가 있다고 생각되는 모든 것을 거짓으로 거부하고 부정한 뒤에 완전히 확실한 어떤 것이 나의 신념 안에 남아 있는지 그렇지 않은지를 검토해야 한다. 방법적 회의의 체계는 이처럼 의심에서 시작하고 확신에서 끝이 난다.

그렇다면 최초의 회의의 대상은 무엇일까? 데카르트는 먼저 '감각으로부터 알려진 것이나 감각을 통해 알려진 모든 것'을 그 대상으로 꼽는다.[8] 이유는 간단하다. 우리는 일상적으로 우리의 감각을 가장 손쉽게 믿고 거기에 의존하지만 누구나 적어도 한 번쯤 자신의 감각에 속은 적이 있음을 알 수 있기 때문이다. 감각이란 무상해서 처음에 보았던 것이 다음에도 똑같이 보이란 법도 없고 또 어떤 것을 보고 있을 때조차 착각이나 환각이 끼어들 여지는 얼마든지 있다. 단 한 번이라도 믿을 수 없는 경우가 있던 것은 확실성에서 제외해야 다음에 실수를 하지 않는다. 다시 말해 진짜 확실한 것을 얻기 위해 조금이라도 의심스러운 것을 제외하는 것은 당연한 일이며 그리하여 어떤 경우에도 감각적 증거를 사실의 본질로 해석해서는 안 된다. 감각보다 일반적인 지각, 다시 말해 감각에 의해 확인된 지각의 경우는 더 이상 의심할 수 없는 것처럼 보인다. '가령 내가 지금 여기 있다는 것, 난롯가에 앉아 있으며 겨울옷을 입고 있다는 것, 이 종이를 쥐고 있다는 것 등등'은 의심하기 어려우며 '나의 이 손과 이 몸이 내 것이라는 것을 어떻게 부정할 수 있단 말인가?'[9] 이

---

8) R. Descartes, *Meditation über die Grundlagen der Philosophie*, übers. und hrsg. von L. Gäbe, Hamburg 1959, 1부.

9) 같은 책, 1부.

것을 부정하면 당장 미친 사람 취급을 면할 길이 없을 것이다. 그러나 나는 '밤에는 잠자고 꿈꾸는 인간'이며 그래서 '미친 이가 깨어 있을 때 머릿속에 그리는 것과 똑같은 것을 그리기도 하고 혹은 그보다 더 엉뚱한 것을 머릿속에 그리기도' 한다. '옷을 벗고 침대에 누워 잠이 들고서 내가 옷을 입고 난롯가에 앉아 있다고 믿은 적이 또한 얼마나 많았던가?' 인생 자체가 꿈이 아니라고 장담할 수 없지 않은가?

두 번째 회의의 대상은 개념지와 수학지에 관한 것이다. 개념지란 감각과 지각을 초월하여 확립된 보편지를 말한다. 가령 '물체의 본성 일반 및 그 연장(Extension), 그리고 연장을 지니고 있는 것들의 모양 혹은 그 양, 다시 말해 이것들의 크기와 수, 또는 그것들이 있는 위치(장소), 이것들이 지속하는 시간 등'이다.[10] 수학지란 '둘에 셋을 더하면 다섯'이라든가 '사각형은 네 변으로 되어 있다'는 명제와 같은 것들이다. 개념지와 수학지는 그 대상이 자연 속에 있는가 없는가에 따라 결정되는 것이 아니라 순전히 개념적 사유에 토대를 둔 것이므로, 다시 말해 분석지이므로 의심의 여지가 없는 듯이 보인다. 말하자면 이것은 감각을 통해 곧바로 도출되는 경험적 외래 관념이 아니라 명석판명하게 인식되는 개념적 분석지요, 따라서 앞서 수행한 방식의 의심은 타당하지도 않고 적용되지도 않는다. 여기서 데카르트는 형이상학적 가설을 장치함으로써 수학지를 회의의 대상으로 끌어들인다.

형이상학적 가설은 악마의 성질을 갖는 신에 대한 가정이다. 인간의 정신 속에는 신에 대한 관념이 있는데 그 신은 전지전능하므로 모든 것을 할 수 있으며 '지금 나의 현존'이 이렇게 있음의 창조자이기도 하다. 이 신이 '실은 땅도 하늘도 연장을 가진 어떤 것도 없고, 모양이나 크기 또는 장소도 전혀 없는데 이 모든 것이 내가 보는 그대로 있는 것처럼 나

10) 같은 곳.

로 하여금 그렇게 생각하도록 했는지도 모르는 일'이며 뿐만 아니라 '둘에 셋을 더하거나 사각형의 변을 셀 때마다' 신의 심술기 때문에 언제나 잘못 작동하여 잘못된 답을 얻도록 되었다고 가정할 수도 있다.[11] 다시 말해 나에게 항상 확실한 것으로 나타나는 명제나 지식들이 참이라고 내가 생각할 때조차 전능한 악마의 창조적 심술에 의해 내가 속임을 당해서 언제나 그렇게 생각하게 된 것이라고 볼 수도 있다. 그렇다면 의심의 그늘에서 벗어날 수 있는 길은 무엇인가.

데카르트가 의도하는 것은 진정한 철학적 태도인 의심의 대상에서 면죄되는 것은 아무것도 없다는 것을 강조하는 것이다. 그는 먼저 철학의 출발점을 다시 한 번 점검하고 스콜라철학에서 의심할 수 없었던 신의 영역도 철학적 의심의 예외 지역일 수 없음을 선언한 것이다. 이렇게 함으로써 자기의 철학적 관점과 대상을 재점검하고 확실하고 안전한 토대를 마련할 수 있다고 믿은 것이다. 그가 가장 확실한 것으로 믿고 있는 수학지에 대해서조차 잠정적 거짓으로 간주하는 것은 더 이상 철학에서 무비판적 전제로 용납되는 것은 아무것도 없다는 것을 재천명하는 것이다. 지구 전체를 움직이기 위해 하나의 확고부동한 기점을 구했던 아르키메데스처럼 데카르트 역시 철학의 전 진리 체계를 확립하기 위한 명석판명한 기점을 구하려 한 것이다.[12] 이 기점을 구하면 의심의 그늘은 자연스럽게 걷히게 된다.

환각의 눈, 망상의 감각이나 기억이 내게 보여주는 모든 것이 헛되고 거짓된 것이며 존재한 적조차 없다 해도, 물체나 모양, 연장, 운동, 장소는 단지 착각이고 헷갈림이라고 해도, 가장 확실하고 참된 것은 이 세상에 확실하고 참된 것이 없다는 사실이라 해도, 전능한 귀신이 내가 보고

---

11) 같은 곳.
12) 같은 책, 2부.

듣고 생각하는 것뿐 아니라 개념 분석지조차 잘못된 답이 나오도록 나를 만들었다 해도, 그런 생각을 이끌어가는 의식의 주체, 그것은 분명히 있어야 한다. 그렇지 않고는 존재만 불가능한 것이 아니라 사유도 감각도 지각도 모두 다 불가능해지기 때문이다. 전능한 귀신이 나를 속이려 해도 나는 있어야 하고 속아 넘어가도 나는 있어야 한다. 그러나 그냥 존재적으로 있는 것이 아니라 그렇게 생각하는 동안만 있는 것이다. 생각이야말로 단순히 나에게 속하는 것이 아니라 존재를 담보하는 것이다. '나는 존재한다. 나는 현존한다. 이것은 확실하다. 그러나 얼마 동안인가? 물론 내가 생각하고 있는 동안이다. 왜냐하면 만일 내가 생각하기를 그만둔다면 그 순간 나는 또한 존재하기를, 즉 현존하기를 멈출 것이기 때문이다.' 그러나 그렇다면 '도대체 나는 무엇인가? 나는 하나의 생각하는 것이다. 그렇다면 생각한다는 것은 또 무엇인가? 그것은 의심하며 이해하고 긍정하고 부정하며 의지(意志)하고 의지하지 않으며, 또한 느끼며 상상하는 것이다.'[13] 이것이 Cogito ergo sum의 본질이다.

Cogito ergo sum은 내가 속임을 당하지 않는다는 것에 대해 아무것도 보증해주지 않는다. 그것은 기껏해야 속는 동안에도 내가 사유한다면 나의 존재는 확실하다는 것뿐이다. 신의 존재 증명은 이처럼 내가 처음부터 속도록 창조되지도 않았고 창조주로서 신은 악마가 아니라는 것에 대한 입증일 뿐이지만, 이것이 중요한 것은 명석판명한 철학의 제1원리인 Cogito ergo sum에서 곧바로 수학적 분석지와 개념지는 물론 경험지까지 확실성을 확보할 수 있는 가능성을 제시하기 때문이다.

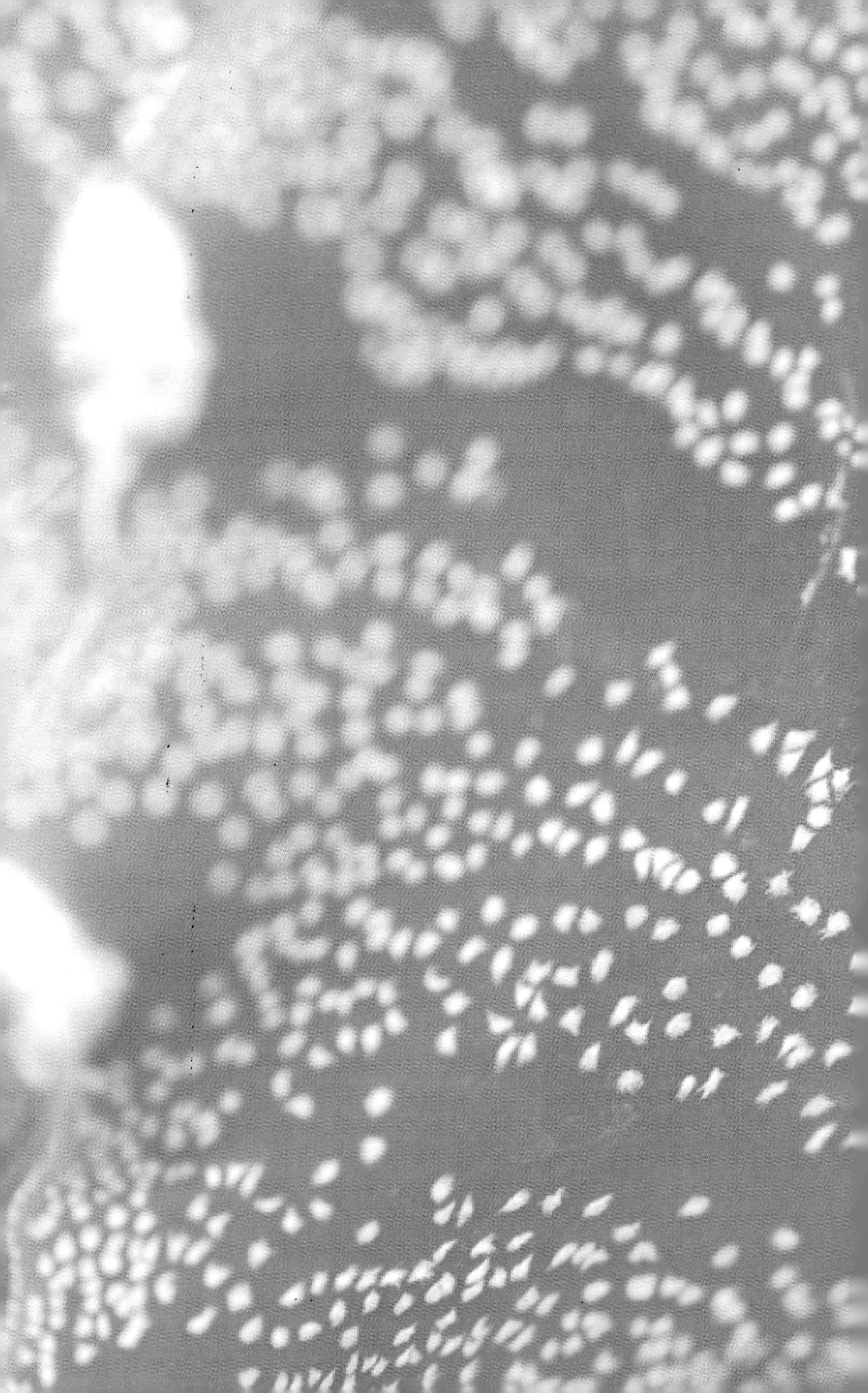

Ⅱ부

관념론 철학의 정초

– 칸트

제1장

칸트의 '반성개념'과 그 의미의 확장성

1
반성과 반성규정

현상계와 물자체의 관계를 문제 삼는 곳에서 칸트는 '반성개념의 애매성'에 주의를 기울인다.[1] 그는 reflexio를 '깊이 생각함(Überlegung)'으로 번역하고 '대상 자체에 대한 개념을 곧바로 얻기 위해 대상 자신이 아니라 그 대상에 관한 개념을 얻을 수 있는 주관적 조건들을 찾아내려는 심성의 상태'라고 정의한다.[2] 다시 말해 반성은 대상개념을 확보하기 위해 주관적 조건들을 찾아내려는 '심성(Gemüt)'의 선험적 상태이다.

1) 이곳에서부터 칸트 철학에서뿐 아니라 독일 관념론의 반성철학이 시작된다는 르페브르(W. Lefévre)의 견해는 다소 과장된 것이다. 칸트 철학은 객관의 조건으로서의 주관을 '반성'과 동일시하는 가설에서 시작하므로 처음부터 반성철학이다. 르페브르의 견해에 대해서는 그의 글 Kants "Von der Amphibolie der Reflexionsbegriffe", in: *Arbeit und Reflexion zur materialistischen Theorie der Dialektik – Perspektiven der Hegelschen <Logik>*, hrsg. v. P. Furth, Köln 1980, 98쪽 이하를 참조.

2) Kant, *Kritik der reinen Vernunft*, Hamburg 1956(=KrV), B316. Kant, *Erste Einleitung in die Kritik der Urteilskraft*, Hamburg 1977, 17쪽.

결국 칸트는 반성이 일종의 인식 능력으로, 주어진 표상들을 비교 · 검토하고 이들이 '순수오성'에 속하는지 '감성적 직관'에 속하는지 식별하고 판별하는 작용까지 포함한다고 생각한다.[3] 순수오성에 속하는 범주들의 관계를 선험적이라 한다면 감성적 직관에 속하는 표상관계를 경험적이라 할 수 있을 것이다. 아리스토텔레스의 범주론이 후자에 속한다면 칸트 자신의 그것은 전자에 속한다 할 수 있을 것이다. 그러나 보다 중요한 점은 칸트가 표상의 근거로 현상체(phenomena)와 가상체(noumena), 즉 현상과 물자체를 갈라놓고 생각해야 한다고 한 점이다. 이것을 혼동하면 반성개념은 걷잡을 수 없는 '애매성'에 휘말리게 된다.

칸트는 표상 가능성의 두 가지 길을 상정한다. 하나는 현상으로부터 오는 길이며 다른 하나는 오성으로부터 오는 길이다. 현상의 배후에는 물자체가 숨어 있고 오성의 배후에는 순수자아(순수오성)가 감추어져 있다. 현상으로부터의 길은 그것을 지탱하는 물자체의 인식 불가능성과 현상에 대한 경험의 감각성 때문에 선험철학의 근본이념에 어긋난다. 칸트가 오성으로부터의 길을 택한 것은 이 때문에 당연하며 따라서 순수오성의 근본 활동과 그 영역에 대한 탐구는 선험적 반성이 풀어야 할 짐이다.

칸트는 감성과 오성의 두 방향을 혼동해서 반성개념을 모호하게 한 대표적인 이가 라이프니츠라고 비판한다.[4] 라이프니츠는 현상에 대한 직관을 통해 들어오는 표상의 경험적 요소와 직관을 통해 감성에 수용된 내용들을 사유하고 결합 · 정리하는 오성의 역할을 혼동한다는 것이

3) KrV, B 317.

4) 라이프니츠는 때로는 감성에 착색된 오성을 순수오성인 것처럼 깊은 생각 없이 주장하기도 하고 때로는 '창 없는 단자'와 같은 오성을 상정함으로써 '초감성적 사유의 무반성적 관점'에 서기도 한다. 이에 대해 F. Kaulbach, *Immanuel Kant*, Berlin 1969, 162쪽 이하 참조.

다. 그리하여 그는 전자를 명석판명성이 결여된 혼란된 오성으로 간주하면서 이 오성에 입각한 표상들이 언제나 물자체에 속한다고 생각한다. 결국 그는 감성을 오성으로 해석하는 잘못을 범한 셈이다. 이 같은 발상은 오성개념 자체도 감성으로부터 오는 표상에 토대를 둔다는 오해로 확대되어간다.

이상의 오해에 주의하면서 '개념들이 하나의 심성 상태에 서로 소속될 수 있는 그런 관계'를 관찰해보면 대체로 네 가지 반성규정이 나타난다. 즉, '동종성과 구별성(Einerleiheit und Verschiedenheit)'의 관계, '일치성과 갈등성(Einstimmung und Widerstreit)의 관계', '내적인 것과 외적인 것(Inneres und Äußeres)', 그리고 '규정됨과 규정함(Bestimmbares und Bestimmung)' 또는 '질료와 형식(Materie und Form)'의 관계가 그것이다.[5] 칸트에 의하면 이 반성규정들은 '객관적 판단'을 내리기 전에 먼저 '개념들의 비교'에서 찾을 수 있다고 한다. 다시 말해 '모든 S는 P이다'와 같은 전칭판단을 위해서는 P라는 '하나의 개념' 아래 많은 '표상들'이 동종적으로 귀속됨을 미리 알아야 하고 '약간의 S는 P이다'라는 특칭판단을 위해서는 P라는 개념에 소속되는 것은 단지 전체로부터 구별되는 차별성을 가지는 것들이라는 이해가 있어야 한다. 마찬가지로 'S는 P이다'라는 긍정판단과 'S는 P가 아니다'라는 부정판단이 가능하기 위해서는 각기 먼저 P와 S의 '일치성'이나 '갈등성'이 미리 '비교적'으로 있어야 하며, 이 점에서 이 규정들은 '비교개념들(conceptus comparationis)'이라고 칸트는 강조한다.[6] 비교란 인식적 반성의 주관적 행위이며, 이 점에서 앞의 네 가지 원리들은 논리적 반성규정에 속한다. 그러나 반성

5) KrV, B 317.
6) KrV, B 317. 이 때문에 '반성'을 곧바로 '규정'으로 이해할 수 있다. J. Kopper, *Reflexion und Determination*, Berlin/New York 1977, 19쪽 이하.

규정의 주관적 형식이 아니라 그 객관적 내용을 문제 삼을 경우, 다시 말해 S라는 사물 또는 사건이 객관적으로 P와 같은 것이냐 다른 것이냐 또는 일치하느냐 서로 갈등적이냐를 따질 경우 사물 S는 우리 인식 능력과 이중관계를 갖게 된다.[7] 하나는 '감성(Sinnlichkeit)'과의 관계요, 다른 하나는 '오성(Verstand)'과의 관계가 그것이다.[8] 감성과의 관계는 직접 경험을 산출하며 오성과의 관계는 내적 경험 즉 지적 반성을 요구한다. 결국 사물들의 두 인식 능력과의 관계의 이중성에 대한 통찰은 단순한 사물 비교나 개념 비교가 아니라 이 비교 자체에 대한 지적 반성을 필요로 하며 이것을 칸트는 '선험적 반성'이라 부른다.[9] 다시 말해 논리적 반성이 비교를 통해 얻어지는 논리적 형식에 대한 고려라 한다면, 선험적 반성은 주어진 표상들이 관계하는 인식 능력에 대한 고려에서 얻을 수 있다. 전자에서 표상의 심리적 주관성만이, 그리고 후자에서는 이 주관성의 가능 근거와 더불어 대상 인식의 방식이 주제화된다.

칸트는 라이프니츠 비판을 통해 자신의 반성규정들을 보다 섬세하게 정리해나간다.[10] 그는 먼저 '동종성과 구별성'을 대상 인식과의 연관 속에서 찾을 수 있는 것임을 분명히 한다. 일정한 질과 양을 가지는 어떤 하나의 대상이 언제 보아도 바로 그 대상임은 그 대상의 동종성임을 뜻한다. 이것은 다른 말로 그 대상이 감성이 아니라 '순수오성'의 대상이기 때문에만 언제 보아도 그 대상으로 보이는 것이요, 수적으로 여러 개가 아닌 '하나의 사물'로, 즉 '개수로 하나인 동일자(numerica identi-

7) 이에 대해 KrV, B 318 참조.
8) 감성과 오성의 인식론적 관계에 대해서는 KrV, A19, B 33, H. Vaihinger, 위의 책, Bd 2. 22쪽 참조.
9) KrV, B 318.
10) 칸트는 라이프니츠가 개념과 현상, 즉 오성과 감성의 구분을 하지 않은 오류를 범했다고 비판한다. 이것을 구분하면 '반성적 사유'가 되고 그렇지 않으면 '비반성적 사유'가 된다. Leibniz, Monadologie 7과 F. Kaulbach, 위의 책, 같은 곳 참조.

tas)'로 생각되는 것이다.[11] 이 동일자는 현상일 수 없고, 또 현상일 수 없다면 물자체로서의 대상으로 보아도 좋다.[12] 그러나 대상을 '현상'과 같은 것으로 볼 경우 개념적으로 그 대상이 하나라 해도 그 현상이 차지하는 위치, 장소, 그리고 시간의 차이에 따라 감각 대상의 수적 여럿 혹은 차이가 생각될 수 있다.[13] 칸트는 여기서 개념으로 파악되는 대상과 현상으로 파악된 대상을 구분하고 동일자를 개념에 대한 반성에, 그리고 차별을 현상에 대한 반성에 귀속시키고 있다. 칸트가 보기에 라이프니츠는 이 점을 무시하여 '무차별적 동일성의 원칙(principium identitatis indiscernibilium)'을 단지 순수오성의 대상, 즉 개념의 대상에만 적용해야 되는데도 불구하고 감각의 현상에 곧바로 사용한다.

칸트가 두 번째로 주제화하는 '일치성과 갈등성'의 규정은 사물의 '실재성(Realität)'에 대한 고려에서 나타난다.[14] 다시 말해 실재가 순수오성을 통해서만 표상되고 따라서 실재는 언제나 realitas noumenon(초현상적 실재)인가, 아니면 현상을 통해서만 표상되고 따라서 실재는 언제나 realitas phänomenon(현상적 실재)인가 하는 물음에 관련된 반성개념이 '일치성과 갈등'이다. 전자의 측면에서 실재는 언제나 또 누구에게나 일치한다. 동일한 주어에 결합되는 둘 또는 그 이상의 실재가 서로 갈등하지 않고 하나로 수렴되는 것은 개념을 통해서이며 또 개념에 의해 그러하다. 이와 달리 감각적 경험 속에서 지시되는 실재들은 갈등과 대

....

11) KrV, B319, A263.

12) 이 구분을 <순수이성 비판>의 출발로 본다면 칸트 인식론 자체가 반성철학이다. H. Vaihinger, *Kommentar zu Kants Kritik der reinen Vernunft*, Bd. 1, Stuttgart/Berlin/Leipzig 1970, § 2.

13) KrV. B319, A263.

14) KrV, B320, A265. 이 실재성은 어떤 사물을 그 사물이게끔 하는 내용을 말한다. 초기 칸트에서 이 실재는 '존재자의 존재자' 또는 '가능성'으로 이해된다. I. Kant, AN, 334쪽.

립관계를 이룰 수 있다. 이것은 마치 하나의 힘 속에 반발과 견인의 충돌력이 현상적으로 내재하는 것과 같다. 칸트는 여기서 실재의 개념적 규정과 현상적 규정을 구분하고 있다.

세 번째 반성규정으로서 '내적인 것과 외적인 것'은 순수오성의 대상의 내적 실체와 그것의 실존 방식 사이의 관계에서 나타나는 것이다.[15)] 내적 실체는 실체의 자기 자신과의 내적 관계에 대한 표현이고 외적인 것은 이 실체의 현존과의 관계에 대한 표현이다. 칸트는 공간 속에 있는 하나의 '현상적 실체(substantia phänomenon)'의 내적 규정들은 '관계' 이외에 다른 것이 아니며, 이 실체 자체는 '순수관계들의 총화개념'으로 이해해야 한다고 강조한다.[16)] 실체 자체는 공간 속에 나타나지 않으나 실체에 대한 인식은 공간 속에 나타난 것을 토대로 할 수밖에 없는데 전자는 실체의 내적인 것을, 후자는 실체의 외적인 것을 규정한다. 이것은 결국 외적인 것에 대한 반성적 통찰을 통해 실체의 내적 구조에 도달한다는 말인데, 반성적 통찰은 사유의 영역이지 대상의 힘이 아니다.[17)] 칸트가 내적 실체를 순수 오성에 대한 반성으로 이해하는 동기와 라이프니츠의 실체(monade)가 물자체의 내적 구조라는 점을 비판하는 동기가 다 함께 여기에 나타난다. 그는 특히 라이프니츠의 단자가 사물들의 위치, 크기, 장소, 변화의 운동 자체일 수도 없고 또 그 안에 나타날 수도 없다고 생각한다. 그리하여 라이프니츠가 단자에 부여할 수 있는 내적 성질이란 오성적 의식 능력일 뿐이고 따라서 그 활동력은 표상 속에서만

....

15) KrV, B321.

16) 같은 곳.

17) Kant, *Gedanken von der wahren Schätzung der lebendigen Kräft und Beurteilung der Beweise, deren sich Herr von Leibniz und andere Mechaniker in dieser Streitsache bedient haben, nebst einigen vorbergehenden Betrachtungen, welche die Kraft der Körper überhaupt betreffen*, 1747, KGS, Bd. 1, (=GS) 23쪽 이하를 참조할 것.

나타난다. 이 때문에 그는 실체 간의 상호작용과 상관관계, 또 그 합성의 내적 필연성을 그 관계 자체에서 찾아내지를 못하고 또 다른 근원 실체의 예정조화를 가정할 수밖에 없었다고 칸트는 불평한다.[18] 칸트는 이 같은 맹점이 개념과 대상, 오성과 감성의 구분과 그 관계의 인식적 필연성에 착안하기만 하면 간단히 사라진다고 보고 있다.[19]

네 번째로 제시된 반성규정은 '질료와 형식'인데, 이 두 개념은 우리가 인식과 관련하여 오성을 사용할 때면 반드시 서로 붙어서 나오는 것으로 생각되므로,[20] 다른 세 반성의 원리의 기초로 놓인 개념이라고 칸트는 강조한다.[21] 그는 질료를 '규정적인 것' 혹은 '규정되는 것'으로, 형식을 '규정되는 것을 규정하는 것'으로 정의한다.[22] 그러면서 그는 일반논리학이 '보편자'를 '질료'로, 그리고 특수자 또는 '특수에 입각한 구별'을 형식으로, 보다 구체적으로는 판단의 주술을 '논리적 질료'로, 그리고 '계사(copula)'를 매개로 주술의 두 개념을 연결하는 '관계'를 '판단의 형식'으로 나누어 설명하고 있음을 주목한다.[23] 아울러 전통 형이

....

18) Kant, GS, 60쪽.

19) 이 같은 생각은 자연을 자연 고유의 법칙에 따라 인식해야 한다는 입장에서 유래한다. Kant, *Allgemeine Naturgeschichte und Theorie des Himmels oder Versuch von der Verfassung und dem menschlichen Ursprunge des ganzen Weltgebäudes, nach Newtonischen Grundsätzen abgehandelt*, 1755, KGS, Bd. 1, (=AN), 215쪽 이하.

20) 이 구분의 형이상학적 전제는 '질료'가 모든 사물의 근원 재료라면, 그 질료는 그 사물이 가능하기 위해 결합에 의한 일정한 법칙에 연결되어 있다는 것이다. Kant, AN, 228면. 이때 연결은 '결합'이며 결합은 곧 '사유(Denken)'이다. F. Kaulbach, *Immanuel Kant*, 61쪽.

21) KrV, B322. 질료와 형식의 형이상학적 규정에 대해서는 Kant, AN, 228쪽 이하와 *Metaphysicae cum geometria iunctae usus in philosophia naturali, cuius specimen I. continet monadologiam physicam* 1756, KGS, Bd. 1, 473~487쪽 참조.

22) KrV, B322.

23) 같은 곳.

상학에서 '본질의 구성 요소들'을 '질료'로, 그리고 '한 사물' 속에 그 구성 요인들이 연결되는 방식을 '형식'으로 관찰하고 사물 일반에서 무한적 실재성으로 생각되는 것을 '모든 가능성의 질료'로, 그리고 그 실재성의 '부정' 또는 '제한'을 실재성의 형식으로 관찰한 점을 그는 주목하고 자신의 선험적 반성개념의 기초로 받아들인다.[24] 이에 따라 어떤 한 판단이 다른 판단과 구분되는 것이나 어떤 한 사물이 다른 사물과 구분되는 것이 모두 다 형식 때문이라고 그는 믿는다. 이때 주목해야 할 것은 형식이 논리적으로 질료에 앞서는가 아니면 질료가 형식에 앞서는가 하는 문제이다. 여기서 칸트는 왜 라이프니츠가 질료가 형식에 앞선다는 생각을 취하고, 왜 그의 단자론이 결함을 포함하는지를 비판적으로 설명한다. 라이프니츠는 형식이 어떤 사물을 규정하려면 반드시 그 규정의 재료로서의 질료가 미리 주어져 있어야 한다는 소박한 생각에서 출발한다고 칸트는 주장한다. 말하자면 어떤 것에 돌멩이라는 이름을 붙이기 위해서는 그 형식이 아니라 이름 붙일 구체적인 돌멩이가 먼저 있어야 한다는 것이다. 이에 따라 라이프니츠는 질료로서의 '사물들'을 우선으로, 그리고 그 사물들의 '표상력'을 '내적으로' 가정하고 나서 그 상관관계와 '공존성'을 유추해낸다.[25] 그러므로 그에게서 시간과 공간은 질료로서의 사물이 아니라 자신의 표상력이 내적으로 가정된 그런 사물들, 다시 말해 실체들의 관계와 그 관계의 인과성의 실제적 작동에 의해 생겨나는 어떤 것이 되고 만다. 이것은 시간과 공간이 순수오성의 사물과의 관계의 산물이라는 이상한 결론에 도달한다. 칸트는 이와 달리 먼저 시간과 공간이 오성이 아니라 감성적 직관의 형식이라는 전제에서 출발한다. 이 때문에 시간과 공간은 물자체로 표상되는 '모나드'의 규정

24) 같은 곳.
25) KrV, A267, B323.

을 담보할 재간이 없다. '감성적 직관의 순수 형식'으로서의 시간, 공간은 오성과는 전혀 다른 뿌리를 가진다. 말하자면 시간과 공간은 감성적 직관의 형식으로서만 있고 또 이 속에서 '직관되는 것'은 '단지 현상들이라고' 규정될 수 있는 것들이다.[26] 이 직관의 형식은 모든 다른 것들, 즉 감각적 질료들, 현상들이나 경험에서 주어질 수 있는 모든 것들에 '앞서' 있다. 칸트는 여기서 '형식'이 모든 사물 자체에 '앞서 있으며' 또 사물 자체의 가능성의 규정 근거로 놓일 수 있음을 가르치고 있다.[27]

26) 같은 곳. Kant, Prolegomena, AA, IV, §9, §10. 107쪽.
27) KrV, B324.

2

선험적 조망론과 칸트의 라이프니츠 비판

표상이나 개념 또는 판단은 사유 능력 속에서 비교 · 검토 · 논증 · 추론 작용과 그 근거의 타당성 등에 대한 지적 판별을 토대로 한다. 칸트는 이 판별을 넓은 의미의 반성으로 생각한다. 특히 그가 '선험적 반성'을 말할 때 이것은 표상들이 순수오성에 속하는 것으로 비교되는지 감성적 직관에 속하는 것으로 비교되는지를 판별하는 인식 작용을 염두에 둔 것이다.[28] '선험적 반성'은 '선험적 장소론(transzendentale Topik)'을 포함한다. 왜냐하면 선험적 반성은 어떤 개념에 대해 그것이 순수오성에 속하든 감성적 직관에 속하든 그 개념이 차지하는 일정한 특수 위치에 대한 음미를 포함해야 하기 때문이다.

28) KrV, B317. 이것은 '비판(Kritik)'이 넓은 의미의 '반성(Reflexion)'과 같다는 뜻이다. 만일 반성이 인식의 능력과 그 범위에 대한 검토에 놓일 경우 이 반성은 인식의 체계와 방법을 내포하게 된다. Chr. Wild, *Philosophische Skepsis*, Königstein 1980, 49쪽 이하 참조.

'장소론'이 Topik의 번역어로 타당한지는 더 생각해보아야겠지만 이 말이 희랍어로 '장소(τοποϛ)'에서 유래하는 것은 주지의 사실이다. Topik은 아리스토텔레스의 Topika론 이후 때로는 개연적인 명제에서 일반적인 어떤 결론을 끌어내는 귀납적인 전제론의 의미로도, 때로는 일상적 상식에 입각한 상황적 총론의 뜻으로 쓰였다. 아리스토텔레스 자신은 Topik이 어떤 사물 또는 사태를 관찰하기 위한 '관점'이나 '조망' 혹은 '도식'으로 생각했다. 이 관점 또는 조망은 주어진 개연적 상황들에서 결론을 찾아내는 방법론이기도 하며 또 모순에 빠지지 않고 명제들의 관계를 정립하는 범주의 성격도 가진다.[29] 특히 아리스토텔레스는 이 관점 또는 조망의 예로 '차이성', '유사성', '대립', '관계', '비교' 등을 열거한다.[30] 이 같은 τοποϛ는 그 하나의 개념 아래 많은 인식이 포함되는 위치라는 점에서 인식적 또는 '논리적 장소'라고도 할 수 있다. 이 논리적 장소를 비교개념으로 그리고 비교개념이 내적 반성으로 환원되면 네 가지 반성규정들 즉 '동종성과 구별성', '일치성과 갈등성', '내적인 것과 외적인 것', '질료와 형식'이 나타난다.

'선험적 반성' 또는 '선험적 Topik'은 '범주'와는 다르다. 후자는 대상의 순수개념이다. 즉 '직관'이 없으면 우리에게 대상이 주어지지 않고 '개념'이 없으면 대상이 우리에게 사고될 수 없는데, 대상에 대한 사유의 필수 조건을 범주라 한다. 물론 이 범주는 오성의 자발성에 기초한다. 이 자발성은 근원적으로 다양을 종합하는 능력이며 이 능력은 분리의 식별 능력을 동시에 전제한다. 이 능력들은 대상에 되돌려질 때 비로소 가치를 지닌다. 이에 비해 전자 즉 '선험적 Topik'은 개념들 자신과 그

29) 모순에 빠지지 않는 것은 인식의 기초이다. M. Wolff, *Der Begriff des Widerspruchs. Eine Studie zur Dialektik Kants und Hegels*, Königstein 1981, 39쪽 이하.

30) Aristoteles, *Organon.*

들의 관계를 선험논리적으로 따지는 능력이다.[31] 이런 반성이 없으면 우리가 개념을 옳게 사용하는지 어떤지 알 수가 없게 되고, 또 감성과 오성의 관계에 반성개념을 잘못 사용하면 이 개념의 모호성에 빠지게 된다.[32] 특히 라이프니츠는 반성개념의 모호성에 속아 세계를 순전히 '지성의 체계'로 환원하고 대상을 대상과 전혀 분리된 사유의 형식적 개념들과 비교함으로써 사물의 내면을 들여다볼 수 있다고 착각한다고 칸트는 반복적으로 비판한다.[33] 그래서 그는 대상을 감성의 매개 없이 곧바로 오성화하고 사물 자체를 현상의 매개 없이 곧바로 지성화한다는 것이다. 이와 정반대의 길을 택한 잘못은 로크에게서 볼 수 있다. 그는 오성개념들을 모조리 감성화하면서 그 근거로 어떤 경험 또는 경험적 반성 없이는 개념이 성립할 수 없음을 강조한다. 경험은 이때 '감각적 인상', 즉 외적 경험과 '심상'의 반성으로서의 내적 경험을 말한다. 칸트는 오성과 감성이 질적으로 전혀 다른 원천을 가지면서도 이들의 필연적 결합에 의해서만 객관적으로 타당한 그런 판단이 성립할 수 있다고 보는 점에서 라이프니츠와 로크의 극단성을 중화한다. 이 중화를 가능케 하는 원리가 곧 선험적 반성개념이라는 것이다.[34]

칸트는 자기의 반성개념을 정립하는 데 라이프니츠의 철학을 무엇보다 중시한다. 그는 먼저 왜 라이프니츠가 '감관의 대상들을 오성 속에서 사물들 일반으로 비교하며' 그 결과는 무엇인지 검토한다.[35] 비교개념은 오성에 속하는 것이지 감관 대상에 속하는 것은 아니다. 그런데 비교는

....

31) KrV, A261, B317. B. Liebrucks, Die erste Revolution der Denkungsart, in: *Sprache und Bewußtsein*, Bd. 4, F/a. M. 1968, 663쪽.

32) 칸트는 개념의 불분명한 사용이 반성개념을 모호하게 한다고 생각한다. KrV, B325.

33) KrV, B325.

34) 이 원리는 동시에 인식 능력 자체에 대한 반성이다. B. Liebrucks, 위의 책, 664쪽.

35) KrV, B324, B328.

어떤 것이 다른 것과 같거나 같지 않다는 것의 인식을 산출한다. 이 때문에 '같음'과 '다름'이 비교라는 반성개념에서 나온 것으로 볼 수 있다. 이 같은 라이프니츠의 생각은 칸트에게 그대로 이전된다. 칸트가 받아들일 수 없었던 것은 이 반성개념은 '어떤 것으로서의' 대상개념이 먼저 있고 나서 유효한 것이라는 점이다. 사물 또는 대상은 직관을 통해 감각에 주어진다. 직관이 없으면 대상은 주어지지 않는다. 단순한 대상의 개념만으로는, 한편으로는 직관에 주어지는 대상의 장소가 나타나지 않고 다른 한편으로는 개념 대상, 즉 '객체가 현상에 있다고 계산해야 하는지 물자체에 있다고 계산해야 하는지'를 판별하는 잣대로서의 '선험적 장소' 개념이 시야에서 사라지고 만다.[36] 이런 이유로 라이프니츠는 '사물 일반에만 타당할 수 있는 무구별의 원리를 감관 대상, 즉 현상계에 이르기까지 확대시켜 자연 인식을 대폭 확대했다'고 믿지만 사실 그는 근원적으로 서로 다른 두 세계를 혼동하고 있다는 것이 칸트의 비판이다.[37]

칸트는 '물방울'의 예를 가지고 현상과 개념, 즉 대상과 오성의 관계를 보다 선명하게 서술한다. 물방울의 내적 구조와 규정이 어느 경우에나 동일한 경우 그 물방울은 개념으로서의 물방울이다. 동일 구조를 가진 물방울은 그것이 빗물방울이든 폭포물방울이든 같다. 또 동일한 두 빗물방울의 경우도 마찬가지이다. 여기서 같음은 개념의 장소이다. 그러나 현상으로서의 두 빗방울의 위치는 전혀 다르다. 그것은 이중적이다. 현상적 빗방울은 시간 · 공간적으로 다른 위치에 있다. 감성은 이것을 확실히 한다. 그럼에도 불구하고 두 빗방울은 모두 다 같은 빗방울이지 솔방울이 아니다. 이 점에서 두 빗방울이 가지는 오성적 · 개념적 위치는 같다. 칸트는 여기서 같음과 다름을 판별하고 적용하는 것은 결코

36) 같은 곳.
37) B. Liebrucks, 위의 책, 663쪽.

자연으로서의 오성이 아니라 오성으로서의 자연임을, 그리고 현상계와 물자체는 갈라서 생각해야 함을 분명히 하면서 라이프니츠가 이 점을 생각하지 못했다고 불평한다.[38)]

라이프니츠에 대한 또 다른 비판점은 '실재'에 관한 사유이다.[39)] 이것은 앞에서 칸트가 제시한 오성과 감성의 구분과 그 연계에 관한 사상에서 유래하는 비판이다. 명제의 술어는 어떤 식이든 그 주어의 실재를 나타낸다. 이때 다양한 술어 P가 실재를 표시하고 명제가 긍정판단일 경우 그 실재 각자 사이의 관계는 전혀 모순관계에 있지 않다. 라이프니츠는 이 점에 착안하여 실재들 각자는 결코 모순되지 않는다고 주장한다. 칸트는 우선 이 주장이 물자체에는 적용될 수 없다고 본다. 왜냐하면 우리는 물자체에 대한 어떤 개념도 가질 수 없고 따라서 도대체 아무것도 그에 대해 알 수 없기 때문이다.[40)] 그러나 현실적으로 하나의 실재가 다른 실재와 하나의 주어 안에서 함께할 수 없는 경우는 얼마든지 있다. 그 대표적인 예가 물리적 운동에서 힘의 개념인데 하나의 힘의 현상이 '밀어내는 힘'이면 그 힘은 '인력'과는 갈등을 이룬다. 따라서 실재를 개념적 실재와 현상적 실재로 나누어놓고 생각해야 한다. 물론 라이프니츠는 앞의 힘의 예에서 두 힘의 방향의 반대에 대한 관찰을 토대로 실재간의 갈등의 경험적 조건을 '하나의 선험적 규칙'으로 제시할 수는 있지만 그렇다고 '실재성이라는 선험적 개념'이 그 경험적 조건을 아는 것도 아니요, 알아야 하는 것도 아니라고 생각한다.[41)] 이것은 개념적 실재에 대한 '부정'이 그 개념적 실재의 '유일한 갈등자'라는 뜻이다.[42)] 이 주장은

38) KrV, B324, B328.
39) 같은 곳.
40) 같은 곳.
41) KrV. B329.
42) 같은 곳.

사물의 개념에 관한 한 옳지만 사물의 현상에 관한 한 옳지 않다. 왜냐하면 개념으로서의 실재와 실재의 현상화된 모습의 관계는 칸트가 존재론적 신 증명에서 예로 든 가능적 백 원과 현실적 백 원 사이의 관계와 유사하기 때문이다. 또 위에서 예로 든 힘 개념과 그 현상처럼 서로 갈등하는 '미는 힘'과 '끄는 힘'의 관계가 단지 방향의 반대만을 나타낼 뿐 그 실재의 부정을 뜻하는 것은 아니기 때문이다.

칸트는 이와는 또 다른 맥락에서 라이프니츠를 비판한다. 라이프니츠는 실체가 일체의 외적인 것에서 독립된 내적인 것이면서 단순한 것, 말하자면 합성되지 않는 것이라 생각한다. 이 내적인 것은 결코 '장소, 형태, 혹은 접촉이나 운동'일 수는 없다.[43] 왜냐하면 이런 것들은 외적 관계에서 규정되는 것들이기 때문이다. 따라서 내적인 것으로서의 실체에는 '우리의 감각 자체를 내적으로 규정하는 표상의 상태' 이외에 다른 것이 주어질 수 없다.[44] 이것은 단자라 불리는 실체에게 밖으로는 전혀 아무것도 현상하지 않는 내적 흐름의 움직임만이 상정되는 것을 의미한다. 그리하여 자연 속의 모든 물리현상들의 상관관계와 그 관계에서 유도되는 운동의 중첩들이 시야에서 사라지고 초물리적 또는 초자연적 가설로서의 예정조화를 생각하게 된다. 칸트는 이것이 잘못이라고 생각한다. 우리가 실체의 규정 자체의 불가능성에 동의하더라도 자연의 물리적 현상의 물리적 현상으로서의 설명은 전혀 무리 없이 수행할 수 있다. 더구나 이 현상의 배후로서의 실체 또는 물자체를 현상의 원인으로 놓는 간단한 장치만으로 라이프니츠의 독단적 가설은 간단하게 해결된다고 그는 생각한다.[45]

칸트가 라이프니츠를 거듭해서 비판하는 것은 결국 감성과 오성을 혼

43) KrV. B330.
44) 같은 곳.

동하여 경험적 표상에서 오성을, 또 개념의 오성적 형식에서 곧바로 감성의 역할을 혼용해서 덮어씌우려 했다는 것이다. 내가 단지 오성만을 가지고 '사물의 외적 관계'를 표상하려 할 경우 이것은 '사물들의 교호작용에 대한 하나의 개념을 매개로 해서만' 가능하다.[46] 마찬가지로 어떤 한 사물이 한 상태에서 다른 상태로 변화 또는 움직였을 때 이 두 상태를 연결할 수 있는 근거는 변화 또는 움직임 속에서 있어야 하는 그 원인 결과의 질서에 대한 개념이다. 그러나 이런 개념들이 가능하려면 구체적으로 운동의 시간 · 공간적 궤적, 다시 말해 물리적 시공을 미리 전제해야 한다. 그런데 이 시공은 직관에 속하는 감성의 형식이지 오성의 형식일 수는 없다. 라이프니츠는 공간을 '실체들의 상호작용에서의 어떤 일정한 질서'로, 시간을 '실체들의 각 상태들의 역학적 결과'로 해석함으로써 이 점을 무시한다고 칸트는 비판한다.[47] 이 때문에 시공이 감성이 아니라 오성의 형식을 결정하는 것으로, 그리고 물자체와 현상의 구분을 전혀 애매한 것으로 생각하게 되었다는 것이다.

칸트가 라이프니츠의 비판에서 확립한 것은 물자체와 현상, 오성과 감성의 단순한 구분과 그 연계 문제만은 아니다. 그는 첫째로 이 구분과 연계 자체가 현상을 매개로 한 사유의 반성이라는 점을 드러냄으로써 참된 의미의 선험철학을 확립하려 한다. 선험철학은 현상에 대한 경험의 주관적 조건들의 해부를 과제로 삼고 있다. 이 조건들의 근원적 비교

....

45) W. Lütterfelds, *Kants Dialektik der Erfahrung*, Meisenheim a. Glan 1977, 250쪽 이하에서 실체 지속의 원리가 시간적 경험적 지속은 아니지만 그 근거가 될 수 있음을 설명한다. 여기서 주의할 것은 칸트가 현상과 물자체의 관계에 인식의 인과관계를 응용한다는 점이다. 이 인과관계는 주객 어느 한쪽에 의해 생겨나는 것이 아니라 상관성에 의해 생겨난다. Kant, *Kritik der praktischen Vernunft* (=KP), 14쪽 참조.

46) KrV, B322.

47) 같은 곳.

와 그 타당성의 문제는 선험철학의 인식론적 논리적 중심부를 이룬다. 이 중심부에서 물질은 자연 속에 아무렇게나 드러누워 있는 그런 질료가 아니라 '현상적 실체(Substantia Phänomenon)'로 관찰된다.[48] 이 질료는 현상을 통해 우리에게 주어지고 또 오성을 통해 현상으로 환원되므로 순수오성만으로는 그 형체에 도달할 수 없고 순수감성만으로는 그 질료를 형식화할 수 없다. 그러므로 순수오성은 이 실체의 내면 자체를 알 수 없고 오직 그것의 외면화된 질료, 즉 나타난 면만을 알 수 있을 뿐이다. 따라서 나타난 면은 인식할 수는 없으나 생각해볼 수는 있는 물자체의 내면으로 사유를 유도하는 관문이다. 그리고 이 관문을 통과할 수 있는 인식론적 표딱지가 소위 선험적 반성개념이다.

선험적 반성개념은 라이프니츠의 반성개념에 대한 비판에서 얻은 또 다른 중요한 수확이다. 라이프니츠는 개념들의 논리적 비교를 통해 개념과 동일성과 차이 또는 모순들을 찾아낸다. 말하자면 우리가 두 개념을 비교하여 '이 둘이 같은 것을 포함하는지, 서로 모순되는지 또는 다른 것을 내포하는지'를 알아낼 수 있다.[49] 하나의 개념 속에 무엇이 그 개념의 본질이며 비본질인지 또는 무엇이 주어진 것의 규정을 내포하며 무엇이 사유 방식의 고유 형식을 가르치는지를 우리는 그 개념들의 논리적 분석과 비교를 통해 알아낼 수 있다. 이렇게 찾아낸 동일성, 차이, 모순 등이 개념의 논리적 반성개념이다. 이것들은 라이프니츠에서는 순전히 사유의 반성적 형식 속에 있으므로 이 반성이 구체적 현상계의 감성적 사물들의 규정에는 전혀 쓸모가 없다.

그러나 칸트는 개념이 대상의 개념인지 개념의 개념인지를 먼저 구분해야 한다고 생각한다. 그는 이 구분을 위해서는 대상과 개념의 차이에

48) KrV, B333.
49) KrV, B335.

대한 이해가 선행되어야 한다고 생각한다. 개념의 원시적 의미는 대상을 담아내는 그릇이다. 대상은 객관적으로 감성에 주어지고 주어진 대상이 우리 사유 속에서 각인되어 똑같은 모습의 이름으로 복제된다. 따라서 개념은 주관 속에 자리하면서 언제나 대상과의 관계 속에서만 그 존립 의의를 가지는 객관적 이름이다. 이것은 개념이 객관적 주관이라는 뜻도 된다. 이에 비해 대상은 소위 선험적 객관이라 불리는 물자체에서 기원한다. 대상은 주관과 직접 마주한 객관이므로 감각적이며 감각에 주어지는 것은 그 나타남이므로 현상적이다. 감각에 주어짐으로써만 대상일 수 있고 현상으로 나타남으로써만 대상일 수 있다면, 그리고 감각이 주관의 특수 형태요 현상이 선험적 객관의 실존 방식이라면 이때 대상은 주관적 객관이다. 이런 점에서 대상과 개념은 하나 속에 있는 두 개의 요소이다. 개념은 언제나 대상의 개념이며 대상은 개념의 대상인 것이다. 그렇다면 개념의 개념이란 무엇인가?

개념의 개념은 감성적 직관이 아니라 지적 직관으로 사유해낼 수 있는 개념의 원리를 말한다. 물론 인간은 이 원리의 내적 구조에 대한 인식에 도달할 수는 없지만 그것을 생각해낼 수는 있다. 이것은 칸트가 말하는 이성의 이념들의 세계가 된다. 대상개념과 개념의 개념에 대한 구분이 없이 개념들을 선험적 의미의 대상 일반에만 적용해버리면 감성적 직관 세계의 영역이 직관 속에서 사라져버린다. 반대로 이 개념들을 감성적 직관의 영역에 응용하면 개념으로서의 근본 특징이 오성 속에서 사라져버린다. 여기에 개념과 대상의 단순한 구분 외에 개념의 개념에 이르는 반성개념에 대한 심각한 고찰의 필요성이 제기되고 이에 대한 칸트의 탐구가 "반성개념의 모호성"이라는 제하에서 제시된다.

칸트는 라이프니츠의 논리적 반성이 순전히 오성에 입각한 형식적 반성이라고 생각한다. 그러나 칸트가 선험적 반성이라고 열거하는 네 가지 원칙들은 사실은 아리스토텔레스 이래 전개되고 라이프니츠에서 재

정립된 동일성, 차이, 모순, 및 질료와 형식에 정확하게 일치한다. 결국 그는 라이프니츠가 제시한 반성을 부정하고 새로운 것을 보여주고 덧붙인 것이 아니라 자기 자신의 철학적 관심에 따라 그것을 재해석하여 새로운 의미를 보탠 것일 뿐이다.

3
반성과 편유편무율
(Der Satz des Nichtzuunterscheidenden : 무구별의 원리)

아직도 왜 "반성개념의 모호성"이라는 주제가 "모든 대상 일반을 현상체와 가상체로 구분하는 근거"의 부록이어야 하는지는 분명하지 않다. 그러나 이 문제보다 더욱 불투명한 것은 반성개념을 다루면서 왜 '무구별의 원리'와 '무의 개념'을 마치 여담처럼 끼워 넣었는지 하는 문제이다. 이에 대한 발생론적 탐구나 체계적 위치에 대한 심각한 난점들을 여기서 문제 삼을 수는 없다. 단지 '무구별의 원리'에 대한 논의를 충실하게 칸트의 생각에 따라 정리함으로써 그것이 가지는 반성적 의미를 되새기는 데 만족해야 할 것 같다.

칸트의 반성개념은 인식론에서 시작되는 개념이지만 그렇다고 거기에만 제한되는 그런 개념도 아니다. 그는 한편으로는 인식이 언제나 감관에 주어진 재료들을 사유로 재구성하는 과정 자체를 반성으로 보면서 다른 편으로는 사유의 재구성의 원리들과 그 원리들을 가능케 하는 조건들에 대한 통찰도 반성으로 간주한다. 앞 절에서 다룬 반성규정들은 실은 후자의 관점에서 제시된 것들이다. 그런데 반성의 네 가지 규정들은 비록 그 구체적 의미 영역의 차이에도 불구하고 실은 동일성의 원리로 환원된다. 동일성의 원리는 'A=A'라는 명제로 나타내는데 이 명제의 형식적 의미는 '어떤 것이든 다 그 자신과 같다'는 것이다. 칸트가 반성개념의 '부록의 부록'쯤으로 놓고 있는 무구별의 원리는 이 동일성의 중요한 변형태들 중의 하나로 이해할 수 있을 것이다.

'무구별의 원리'는 '한 개념에 보편적으로 덧붙여지거나 또는 모순되는 것은 그 개념 아래 포함되는 모든 특수자에게도 똑같이 덧붙여지거나 모순된다'는 명제로 표현된다.[50] 이것은 본시 형식논리학의 원칙이며 '한 개념에 일반적으로 속하는 것은 그 개체들에도 소속된다'는 생각과 '한 개념에 일반적으로 모순되는 것은 그 개체에도 모순된다'는 생각의 종합으로 설명된다. '모든 개는 척추동물에 속한다'는 명제가 참이면 '진돗개는 척추동물에 속한다'는 명제 또한 참이며, '모든 개가 곤충과에 예속한다'는 명제가 거짓이면, '진돗개가 곤충과에 속한다'는 명제 또한 거짓이다. 그러나 이 원칙은 단지 개념의 세계에만 국한한다. 다시 말해 보편과 개체가 동일한 개념의 기초 위에서 구분되는 경우에만 그러한 것이다. 그러나 만일 보편과 개체가 한쪽은 개념을, 다른 쪽은 현상적 실존 대표를 지시할 경우 무구별 또는 편유편무율의 원리는 맞지 않는다. '인간은 이성적이다'라는 명제가 참이라고 해서 '김씨는 이성적이다'라는 명제가 반드시 참인 것은 아니며 그 역도 동일한 식으로 성립한다. 칸트는 라이프니츠가 이 점을 무시하고 있다고 말한다. 다시 말해 라이프니츠는 '하나의 보편 개념에 속하지 않는 것을 그 아래 종속되는 특수개념에도 또한 포함되지 않는다'고 주장함으로써 개념과 현상 간의 근본적 차이를 놓치고 있다고 비판한다.[51] 즉 특수적 개체는 보편개념

50) KrV, B337.

안에 포함하지 않은 어떤 것을 가짐으로써만 특수성이 확립되기 때문에 라이프니츠의 생각은 잘못되었다는 것이다. 결국 그는 대상이 개념적 오성에 속하는지 감성적 직관에 속하는지의 구분을 상정하지 않기 때문에 반성개념을 잘못 사용하게 되었다는 것이 칸트 비판의 요지이다.

칸트는 이 오해가 '무구별의 원리'를 제대로 이해하기만 하면 간단히 사라진다고 믿는다. 그는 이 원리가 '사물 일반에 대한 개념에 일정한 구별이 발견되지 않으면 개별적 사물들에게도 구별은 나타나지 않는다'는 전제에서 출발하고 있음을 주목한다.[52] 이것은 양적으로나 질적으로나 개념적으로 구분되는 점이 없는 어떤 것은 결코 둘일 수 없는 '하나의 종에 소속됨(numero eadem)'을 의미한다.[53] 그러나 개념이란 본디 감성적 직관에 필요한 조건들을 추상하면서 얻을 수 있거나 또는 그 조건들의 추상을 요구한다. 어느 경우든 추상은 이 조건들을 없는 것으로 간주함을 뜻하는 것이 아니라 언제나 그 구체화의 경우를 생각해두어야 함을 내포한다.[54] 보편적 개념과 구체적 사물 사이의 관계는 이 경우를 계산에 넣지 않으면 개념과 사물, 보편과 개체가 가지는 근본적 차이를 간과하는 것이고 이 차이를 주목하는 것은 선험철학의 중요한 특징 중의 하나이다.

그러나 보편과 개체의 근본적 차이는 한 명제와 그에 대한 반명제 사이의 차이로 전환된다. '한 사물이 A를 포함한다'면 그에 대한 반대 '그 사물이 동시에 non A를 포함한다'는 명제는 거짓이라는 사실을 포함한다. 이 모순의 문제는 무구별의 원리에 대한 통찰에서 얻을 수 있다. 어떤 한 사물이 A이면서 동시에 non A일 수 없음은 단순한 동일률의 이면

51) 같은 곳.
52) 같은 곳.
53) 같은 곳.
54) KrV, B338.

만은 아니다. 이것은 개념이 결코 모순을 포함할 수 없다는 스콜라 전통의 재확인이기도 하지만 데카르트 이래의 'A=A'의 논리적 명석판명성의 부정적 증명이기도 하고 또 그에 대한 적극적 격률이기도 하다. 칸트는 이 모순이 개념 내에서는 불가능하지만 개념과 현상적 실재 사이에는 있을 수 있다고 생각한다.[55] 칸트는 반복적으로 이에 대한 실례를 운동의 개념 속에서 보고 있다. 운동의 개념에는 A라는 실재와 그 부정이 함께하지 않으므로 모순이 있을 수 없다. 이것은 힘 자체의 개념도 마찬가지이다. 그러나 일단 그 힘이 현실적 운동의 담지로 전환되면 양립할 수 없는 것처럼 보이는 두 힘, 즉 미는 힘과 끄는 힘, 원심력과 구심력, 충격력과 반발력 등의 대립적 힘들이 나타난다. 이것은 적어도 실재성의 개념 자체에 모순이 없다고, 모든 구체성과 실제성이 서로 하나로 된다고 말할 수 없는 결정적 이유가 된다.

칸트는 라이프니츠의 모나드가 순전히 개념적 세계의 오성적 규정만을 허용함에도 불구하고 이것을 현상계에 잘못 응용하는 데에서 낭패를 보고 있다고 생각한다. 무구별의 원리는 순수개념 세계의 기본 규칙이며 따라서 모나드의 자기 지표이다. 이 지표는 개념의 내부이므로 사물관계와 그 외적 규정의 기체로 기여한다.[56] 칸트는 개념이 언제나 구체적으로 대상과의 관계를 규정한다고 강조한다. 이것은 개념이 표상력을 가진다는 뜻이다. 이쯤 되면 모나드가 우리 밖의 객관적 실체로서의 절대오성으로 생각할 필요성이 없어진다. 또 설령 그것이 절대오성이라 해도 우리는 그것을 알 재간이 없다. 그런데 이것을 인간의 인식오성으로 밀어 넣으면 물자체와 현상, 그리고 현상의 개념관계의 논리성을 따질 수 있는 것은 인간의 자아로 수렴된다. 전통적 형이상학의 근본 주제

55) 같은 곳.
56) KrV, B339.

들이 인식론의 문제로 환원되는 곳도, 또 실체에 있어서의 내적인 것과 외적인 것이 형식과 질료의 반성규정으로 환원되는 곳도 바로 이곳이다.

앞에서 본대로 반성개념이 문제되는 근본 이유는 비교가 관계개념에 기초해 있고 이 관계는 철두철미하게 사유의 자기반성에서 유도된다는 점에 있다. 어떤 것이 어떤 것과 같다 또는 다르다는 판단은 범주와 그 적용 도식에 의거한다. 그러나 이 판단의 진위 판별의 의식과 판단의 논리적 기초에 대한 음미와 통찰은 반성개념에 의거한다. 반성은 칸트에 의하면 물자체와 현상, 개념과 직관의 구분을 전제하며 현상계와 초현상계, 즉 인식되는 세계와 인식되지는 않지만 사유될 수는 있는 세계의 구분으로 나타난다. 이 구분은 그러나 상호관계를 밑에 깔고 있다. 대립되는 두 항이 결코 독립적으로 있을 수는 없고 반드시 한쪽이 다른 쪽의 원인으로 기여한다. 여기서 원인이란 순수개념으로서가 아니라 관계개념으로서, 따라서 그 대립항을 무조건적으로 나타나도록 해야 하는 강제성에 매여 있다.

4

칸트 반성개념의 확장

-헤겔 『논리학』에서 반성개념의 근본이념

헤겔의 반성개념이 칸트에서 깊은 영향을 받고 있음은 사실이지만 그렇다고 칸트의 근본 생각을 그대로 받아들이는 것도 아니다. 헤겔이 반성개념을 전개한 대표적 저서는 『논리학』인데, 여기서 그는 존재의 근원으로서의 본질을 곧바로 반성으로 보고 있다.[57] 『논리학』의 체계상 반성의 위치는 두 개의 서로 다른 흐름으로 상호 중복적으로 겹쳐서 나타난다. 그 하나는 반성의 존재론적 형이상학적 특징을 전제하는 흐름이요, 다른 하나는 변증논리적 특징을 전개하는 흐름이 그것이다. 전자의 경우 반성은 '본질'이라는 용어와 언제나 대치적으로 사용해도 별 무리가 없다. 그러나 후자의 경우 반성은 『본질론』의 제1장 아래 '가상'과 '본질성' 혹은 '반성규정들' 그리고 '근거'의 제목으로 다루는 일련의 문제

57) G. F. W. Hegel, *Wissenschaft der Logik I*, GW, Bd. 11, 285쪽 이하와 *Enzyklopädie*, § 112–§ 121 참조.

연관으로 제시된다. 여기서 특히 '본질성 혹은 반성규정들'이라는 제하의 2절은 '동일성'과 '구별', 그리고 '모순'의 문제를 다루는데 이것은 칸트와의 대결을 극명하게 나타내준다. 그러나 이 글에서는 칸트와의 관계를 구체적으로 비교 검토하여 그 맥을 짚고 진단의 결과를 제시하는 대신 헤겔의 반성개념의 근본 의도를 간략히 소개하는 것으로 이 글의 결론을 삼으려 한다.

존재의 세계가 감성계의 영역이라면 이 세계를 가능케 하는 토대는 초감성계일 수밖에 없다. 그러나 이 초감성계를 칸트적 의미의 초월적 저승으로 가정할 필요는 전혀 없다. 초감성의 원시적 의미는 헤겔에게서 오성적이다. 감성이 감각으로 들어오는 것을 붙드는 것을 말한다면, 이것들을 분류하고 종합하고 재생하는 일 등은 결코 감성이 아니라 오성에 속한다. 존재의 현존재에 관련되는 일련의 객관적 규정들은 감성계에 속한다. 그러나 감성계의 규정의 주관적 조건은 오성이다. 반성은 주관적 조건으로 오성의 영역에 속하나 이때 '주관적'이라는 말이 개인적, 자의적이라는 말은 결코 아니다. 주관적이란 능동적 활동성에 대한 또 다른 표현이기도 하다. 그런데 오성은 인식론의 용어이며 의식철학의 개념이다. 또 오성은 감성에 주어진 것들을 능동적으로 종합 정리하는 활동이지만 객관적 존재 세계에 대한 객관성의 담보 능력에 의심을 받을 수 있다. 우리 밖에 현존하는 돌멩이가 오성에 의해 오성을 위해 오성에 대해 돌멩이로 있는 것은 아니기 때문이다. '되비추임(reflexion)'이라는 용어는 오성의 주관적 활동과 현존하는 존재의 반사의 두 가지 의미 영역을, 다시 말해 주관과 객관의 양 항을 주관적으로뿐만 아니라 객관적으로도 매개하는 그런 힘을 가진다고 헤겔은 생각하는 듯하다. '본질'을 오성이 아니라 '반성'으로 규정하는 결정적 이유가 여기에 있고 반성이 객관적 존재의 비추임으로, 그리고 그 비추임이 사실은 빛과 같은 본질을 전제하며 이 본질이 스스로 규정을 가진다고 이해하는 이유도 여기에 있다.

반성의 객관적인 측면은 현존하는 존재와의 관계 속에서 결정된다. '본질적인 것과 비본질적인 것' 또 비추임의 '비본질적' 측면으로서 '가상'에 대한 논증이 반성의 객관적 영역에 관한 것이라면 존재에 대한 '정립'과 '진술'의 내적 위력은 반성의 주관적 영역이다. 반성의 주관적 측면은 말하자면 반성이 존재 세계를 통해 다시 자기 자신으로 돌아온 지평으로 반성의 자기 자신과의 관계를 그 특징으로 하고 있다. 이 측면은 더 이상 단순한 순수 반성개념이 아니라 규정된 반성으로 나타나며 이에 따라 비로소 본질은 존재로부터 추론된 결과물로서가 아니라 오히려 있는 모든 것들의 있음의 원인이며 그 빛으로 격상된다.

있음(존재)과 있음의 원인(본질) 사이의 관계는 소크라테스 이래 서양 형이상학의 중요 문제 중의 하나이며 특히 중세에 ens와 esse로 번역이 확립되면서 본질의 존재에 대한 근원성은 더더욱 강조된다. 존재 세계를 구성하는 것은 구체적인 현존재를 가지는 존재자들이다. 이 존재자를 있게끔 하는 그 무엇은 이 존재자들 자신은 아니고 그 근원이 되는 본질이다. 존재자들은 예외 없이 생성 소멸하지만 그 원인은 그럴 필요가 없다. 존재의 원인 또는 근원을 존재일 수 없는 본질이라 한다면 존재는 그것의 단순한 현상이며 또 가상이다. 즉 구체적으로 있는 것들 속에서 그 있음의 근거를 없애버리거나 생각하지 않으면 존재자는 현상적 가상이며 가상적 현상인 것이다.

헤겔에서 새로운 것은 이 같은 존재와 본질 사이의 형이상학적 관계가 아니라 그 관계의 논리적 설명 방식이다. 그는 우리 앞에 나타나 있는 것은 본질이 아니라 존재, 그것도 구체적 질과 양을 가지는 존재라고 생각한다. 이에 대립적인 것은 존재와 동일한 질과 양을 가지는 무이지 본질은 아니며 따라서 존재와 무의 상호 이행으로서 생성은 존재 자신의 있음의 과정이며 또한 무의 과정이다. 헤겔이 존재의 현존적 영역을 당시까지 철학과 자연과학 — 특히 물리학과 수학 — 을 동원하여 설명한 것은 이 과정을 가능케 하는 범주들이다. 그런데 존재와 생성의 설명에 동원되는 범주들의 중심에서 만나는 것은 존재나 생성의 기원으로서의 무한자이다. 이 무한자가 본질이며 이것은 존재 관찰과 그 반성의 당연한 귀결이다. 이 귀결점에 이르러서야 비로소 존재는 본질 없이는 있을 수 없고 존재하기 위해선 먼저 존재의 이유(본질)가 있어야 한다는 주장이 가능해진다. 이 주장은 더 이상 감각으로 포착되는 존재가 실재성의 궁극 원인일 수 없는 단지 가상일 뿐이라는 철학적 반성에 기초를 두고 있다. 그러나 가상은 근원의 빛에 의존하며 이 의존자가 존재를 이룬다는 점에서 반성이 단순한 철학적 반성이 아니라 본질의 존재로의 투영이라는 객관적 의미를 동시에 가지게 된다. 이에 따라 '반성 그 자체'의 관찰과 분석이 본질론의 골격을 이루게 된다. 말하자면 본질론은 반성의 대상화의 전체적 과정을 문제 삼는다.

제2장

『순수이성비판』의 근본이념과 선험적 종합판단

초판과 재판의 머리말을 중심으로

1

이성과 이성비판의 재고찰

칸트 인식론의 과제에 대해 지금 또다시 문제 삼는 것은 쓸데없는 일일는지도 모른다. 어떻게 인간의 '오성'이 '전혀 a priori하게 스스로 사물들에 대한 개념을 구성할 수 있는지'[1] 또 '어떻게 종합판단이 a priori하게 가능한지'[2]의 물음이 제기된 이래 200여 년이 흘렀고 또 그에 대해 더 이상 새로운 것을 밝혀낼 것이 없을 정도로 이미 많은 연구가 이루어졌기 때문이다. 아마도 칸트의 『순수이성비판』의 근본 과제를 밝히는 것보다 오늘날 더 유용하고 흥미 있는 것은, 어떻게 인간의 뇌수가 외부의 자극에 경험적으로 반응하며 지각을 구성하는가에 대한 대답을 준비

....

1) *Kant's gesammelte Schriften*, hrsg. von der Königlich Preußischen Akademie der Wissenschaften, Berlin 1910ff. (=AA), Bd. X. 130.

2) I. Kant, *Kritik der reinen Vernunft* (=KrV), B 19. *Prolegomena zu einer jeden künftigen Metaphysik, die als Wissenschaft wird auftreten können*, 1783 (=Prolegomena), AA, IV §2. OA 21 이하.

하는 것일는지도 모른다. 그럼에도 불구하고 또다시 낡은 해법이 오히려 현대의 총체적 위기를 극복하는 데 도움이 될 수 있고, 다양한 현상들의 복잡성을 꿰뚫는 어떤 하나의 통로를 칸트를 통해 놓을 수 있는 가능성이 있기 때문이다. 물론 이 가능성은 직접적으로가 아니라 우회적으로만 나타난다.

인간이란 그가 어디에서 와서 어디로 가는지에 관계없이 주어진 시간과 공간을 점유하면서 살아간다. 살아간다는 것이 단지 먹고 잠자고 번식하는 것만이라는 세속적 견해에 동의한다고 해도, 이 같은 삶의 본능성을 인륜화하는 어떤 힘이 인간에게 있다는 것 또한 누구도 부인하기 어렵다. 이 인륜화를 가능케 하는 힘은 물론 오성이다. 그러나 마치 육체의 도구가 정신이 아닌 것처럼 오성은 결코 인륜성의 확보를 위해 있는 것은 아니다. 오성은 언제나 자기 고유의 영역을 가지며 이것이 바로 인식의 세계이다. 인식은 살아 있음의 제일 징표이다. 이 때문에 인식의 크기가 삶의 전체성의 크기를 결정하게 된다. 먹고 잠자고 번식하는 동물적 삶이 그 삶의 무대로서의 세계 인식으로 제어되고 정리되면 그것을 우리는 비로소 인간적이라 하지 않는가?

눈, 코, 귀, 입의 각기 고유 기능이 보고, 냄새 맡고, 듣고, 말하는 것이듯이, 오성의 고유 기능은 인식이다. 보고, 냄새 맡고, 듣고, 말하는 것이 반드시 어떤 대상관계에서 발휘되는 기능이듯 인식 또한 그와 같다. 다시 말해 인식은 무엇에 대한 인식이며 또 그에 대한 종합적 규정이다. 그러나 대상으로서의 '그 무엇'은 단지 다양할 뿐만 아니라 감각에 대해서도 오성에 대해서도 이중적이다. 말하자면 감각으로 잡히는 대상이 있고 그렇지 않은 대상이 있는데, 전자는 오성의 정리와 종합 기능에 의해 인식을 산출하고 후자는 오성 단독의 순수 능력에 의해 인식을 산출한다. 게다가 대상이 없는 존재는, 다시 전적으로 사유의 논리성에 의존해서 그 실체를 드러내는 그런 종류와 그 논리성에 의해서도 전혀 그 모습이 포착되지 않는 종류의 대상으로 분리될 수 있다. 서로 다른 이 같은 대상들을 분리하지 않고 뭉뚱그려 객체로 규정하고 같은 방식으로 사유가 그 객체로서의 대상과 관계하여 확실한 인식을 산출할 수 있다고 생각하면 독단이다. 더욱이 사유의 기능 또한 고유 특성에 따른 분류가 가능한데 이것을 하나의 개념으로 이름을 붙이면, 그리고 그것에 인식 능력의 전체 의미를 부여하면 그것은 '이성'이라 할 수 있다. 또 이것이 이성의 인식 능력에 대한 칸트 이전의 일반적 이해이기도 하다. 그러나 인간의 이성이 엄밀학의 세계를 구축할 수 있는 영역이 어디인지를 물음과 더불어, 다시 인식 능력의 범위와 한계, 그리고 활동의 근본원리에 대한 음미가 시작된다. 이 음미가 칸트의 『순수이성비판』의 근본이념을 결정한다. 다시 말해 인간의 오성은 인식이성의 한계로 성립하고 대상관계에 실리는 의식의 힘들을 정확하게 관찰함으로써 무제한의 위력으로 무경계 영역을 날아다니는 형이상학적 환상이 결코 철학의 대상일 수 없음을 논증하려는 것, 이것이 『순수이성비판』의 표면적 의도이다.[3] 그러나 인식의 한계를 규정하고 오성의 능력이 어디까지인지를 효과적으로 논증한 근대의 대표적 철학자는 아마도 로크일 것이다. 그는 칸트보다 훨씬 전에 더 이상 의심의 여지가 없는 데에서부터 인식이 시작될 수 있다는 것, 또 오성 능력을 잘 살펴보면 어디까지가 우리의 인식 영역이며 어디서부터 인식이 불가능한지, 그리하여 포착되는 것과 포착되지 않는 것 사이의 경계는 무엇인지 알게 된다는 것, 또 그렇게 되면 불필요한 형이상학적 논쟁에 말려들지 않을 수 있다는 것을 강조했었다.[4] 이 같은 생각은 라이프니츠류의 독단론을 능동적으로 거부하는 것이 된

3) KrV, A VII, A VIII 참조.

4) J. Locke, An Essay Concerning Human Understanding, in: *Herrn Johann Lockens Versuch vom Menschlichen Verstande*, übers. H. Engelhart, Altenburg 1757, 8쪽.

다.[5] 이 독단론은 오성 능력의 한계를 인정하지 않고 따라서 대상 세계의 경계를 설정하지 않는 데에 그 존립 기반이 있기 때문이다.

그러나 칸트는 로크가 철학을 '여왕'의 권좌에서 '천민'으로 몰락시킨 주범이라고 불평한다.[6] 혹은 차라리 모든 학문의 여왕으로서의 철학의 뿌리는 고귀한 이성의 혈통이 아니라 '통속적 경험(gemeine Erfahrung)'의 천박성이라는 결론에 로크는 도달했다는 것이다.[7] 경험은 언제나 개별적이며 특수적이고 바로 이 때문에 불변의 확실한 인식의 점을 산출할 수 없다. 확실한 인식의 산출에 초점을 맞출 경우 오히려 독단론이 로크적 경험론보다 유리하다. 왜냐하면 판단의 주술관계의 합리성과 논리성만을 따지는 방법론에서 독단론은 완벽하게 합리주의이기 때문이다. 그러나 감각으로부터 지각을 얻고 이 지각으로부터 경험을 구성하는 경험론은 지각 내용의 진위에 관계없이 지식의 증가를 가져온다. 합리론과 경험론의 종합에 대한 이해의 접합점이 여기에 나타난다. 지식의 선험성은 확실성을 뜻하고 확장적 누진성은 종합을 뜻한다. 전통적으로 이 둘은 양립할 수 없는 것이어서 지식의 확실성을 취하려면 그 종합성을 포기해야 하고 반대로 지식의 확장을 얻으려면 그 확실성을 버려야 했으며, 확실성을 잃으면 회의주의에 떨어질 수밖에 없고 종합성을 잃으면 독단론에 빠질 수밖에 없었다. 이 같은 인식론적 딜레마를 벗어나는 길은 이성과 경험의 의미를 융통성 있게 해석하는 데 있는 것이 아니라 그 구조를 상관관계 속에서 연역적으로 밝혀내고 그 기능들을 분류하고 나누어 전통 이론의 허와 실을 가려낼 뿐 아니라 선험적 종합판단

5) 독단주의(Dogmatismus)와 그 방법, 그리고 이성주의(Rationalismus)와의 관계에 대해서는 H. Vaihinger, *Kommentar zu Kants Kritik der reinen Vernunft*, Stuttgart/Berlin/Leipzig 1922, 28쪽 이하 참조.

6) KrV, A IX.

7) 같은 곳.

의 논리를 찾아내어 확립하는 '비판주의(Kritizismus)'에 있는 것이다.[8] 이 방식을 취한다면 적어도 천박한 경험론이나 유아론적 독단론을 극복할 수 있다는 것이 칸트의 생각이다.

비판주의는 그 방법에서 합리주의이다. 이것은 지각에 의존하지 않고 단지 추리로써 실재 대상의 구성 요소와 그 구조에 접근하려 한다는 점에서 그러하다. 『순수이성비판』에서 '순수'는 경험이 아니라는 것과 이론적이라는 두 가지 의미가 있으며 '비판'은 나누고 구분한다는 것과 경계를 설정한다는 의미가 있다.[9] 칸트는 특히 '비판'이라는 말이 '이성능력 일반의 비판'이며 그 자체가 사유의 원리들(Prinzipien)에 기초한 분석과 검증이라는 방법을 포함한다고 강조한다.[10] 아울러 그는 '순수이성'이 경험으로부터 독립된 '완전한 통일체'요, 따라서 그 원리는 이성 자신의 자연적 본성에 의해 자기에게 주어진 모든 문제들의 해결 실마리를 가지고 있다고 덧붙인다. 이때 문제는 관찰 대상으로서 순수이성과 관찰자로서의 인간 이성 사이의 차이가 감추어져 있다는 것이다. 비판의 방법과 대상이 다 같이 순수이성과 그 원리라고 주장하는 곳에서 더더욱 그러하다. 이 같은 난점은 순수이성과 그 원리가 관찰하는 '나' 또는 사고하는 '나' 속에 있는 '나의 능력'과 정확하게 같다는 가설을 받아들임으로써 간단하게 해소된다.[11] 이 가설이 사실은 칸트에게서 『순수이성비판』의 내용과 방법을 형식적으로 결정하는 하나의 대전제가 되고 있다. 비록 이 가설이 포함하고 있는 현상학적 문제, 즉 앞서 말한 주체로서의 이성과 대상으로서의 이성의 구분과 그 관계에 대한 논

8) H. Vaihinger, 위의 책, 32쪽.

9) G. Patzig, Kant: 'Wie sind Synthetische Urteile a priori möglich?', in: *Grundprobleme der großen Philosophen*, Göttingen 1976, 12쪽.

10) KrV, A XII.

11) KrV, A XIV.

리와 실재 간의 이중적 모호성이 여전히 있는 채로, 철학을 그날그날 주어진 지각적 삶에 의존하는 천민으로부터, 확실성과 체계의 통일성에 의해 조직적으로 짜인 이성에 의존하는 여왕으로 격상시키려는 노력이 바로 『순수이성비판』에서 진행된다.

2

새로운 철학으로서의 선험철학

칸트의 『순수이성비판』이 근대 물리학 특히 뉴턴 물리학의 형이상학적 정초를 놓으려는 의도 속에서 씌었다는 것은 지금까지 지나치게 과장되어왔다. 이같은 오해의 원인의 일부는 칸트 자신이 제공하고 있다.

첫째로 그는 1781년 『순수이성비판』 '초판'에서 자연과학 특히 물리학이라 할 수 있는 '자연의 형이상학(Metaphysik der Natur)'의 저술을 약속하고 실제로 『비판』의 '재판'이 나오기 한 해 전, 그러니까 1786년에 『자연과학의 형이상학적 기초(Metaphysische Anfangsgründe der Naturwissenschaft)』를 세상에 내놓는다. 이 글은 '운동학', '기계학', '역사학', '현상학'의 4부로 되어 있는, 말하자면 뉴턴 역학에 대한 일종의 해설서이며 동시에 그 근거 확립을 위한 문서라 할 수 있는데, 『순수이성비판』은 이 '자연의 형이상학'의 기원과 조건들의 제시에 그 목적이 있다는 식으로 칸트는 말하고 있다.[12] 그는 후자가 개념들의 전체적 '종합(Synthesis)'을 문제 삼는다면 '자연의 형이상학'은 개념들의 '분석

(Analysis)'을 문제 삼는다는 것을 추가적으로 덧붙인다.[13] 이 같은 칸트의 주장에 입각해서 『순수이성비판』이 근대 물리학 또는 자연과학의 기초 개념들에 대한 형이상학적 정초를 그 목표로 하고 있다는 해석이 가능하게 된다. 그러나 실제로 『순수이성비판』의 구체적 내용으로 들어가 보면 그 같은 목적의식은 거의 없거나 있다고 해도 아주 미약하게 있다. 오해의 또 다른 원인은 20대부터, 다시 말해 철학적 논문들을 집필하기 시작할 초기부터 칸트가 '힘'의 개념과 그에 대한 측정 원리에 대해서뿐만 아니라,[14] 자연과학 일반의 다양한 문제들에 대해 깊은 관심을 가지고 있었다는 사실을 강조하는 데서 시작한다. 1747년부터 『순수이성비판』의 '초판'이 간행된 1781년까지의 몇몇을 제외한 그의 논문들의 주제와 그 내용들이 이를 실제로 입증한다.[15] 제외되는 몇몇은 '신'과 '세계'에 대한 인간의 인식을 다룬 글이다.[16] 그러나 이 같은 사실을 토대로, 비판철학에 이르는 일차적 문제의식은 어떻게 하면 자연과 자연에 대한 학이 개념적으로 가능한가 하는 새로운 문제에 답해야 할 과제를 떠맡

12) KrV, A XXI참조.

13) KrV, A XXI.

14) I. Kant, *Gedanken von der wahren Schätzung der lebendigen Kräfte und Beurtheilung der Beweise, deren sich Herr von Leibniz und andere Mechaniker in dieser Streitsache bedient haben, nebst einigen vorhergehenden Betrachtungen, welche die Kraft der Körper überhaupt betreffen*, 1747(=GS)와 *Allgemeine Naturgeschichte und Theorie des Himmels oder Versuch von der Verfassung und dem mechanischen Ursprunge des ganzen Weltgebäudes, nach Newtonischen Grundsätzen abgehandelt*, 1755(=AN)를 참조.

15) 1747년에서 『순수이성비판』 초판이 발행된 1781년까지의 몇몇 개를 제외한 대부분의 논문들이 이를 입증한다.

16) 대표적인 것들은 I. Kant, *Metaphysicae cum geometria iuntae usus in philosophia naturali, cuius specimen I. continet monadologiam physicam*, 1756와 *Der einzig mögliche Beweisgrund zu einer Demonstration des Daseins Gottes*, 1763, 그리고 *De mundi sensibilis atque inteligibilis forma et principiis*, 1770 등이 있음.

게 되었고 이것을 위해 『순수이성비판』이 탄생하게 되었다고 주장한다면 그것은 지나치다. 칸트의 『순수이성비판』은 이보다 훨씬 포괄적이다. 갈릴레이, 뉴턴, 코페르니쿠스로 이어지는 물리학과 천체역학의 형이상학적 정초보다 더 중요했던 것은 데카르트, 라이프니츠, 볼프의 이성론과 베이컨, 로크, 흄의 경험론의 이론적 · 인식론적 종합이다. 물론 이 종합은 단순한 절충이 아니라 수학과 물리학이 가지는 지식의 확실성과 같은 정도의 명석판명성에 기초한 판단의 종류를 그렇지 않은 것과 구분하고, 이 판단들의 적용 범위를 찾아내려는 그런 목적의식과 더불어 수행된다. 그리고 이 종합을 위한 구체적 문제 제기가 '어떻게 선험적 종합판단이 가능한가' 하는 물음으로 압축된다.

『순수이성비판』의 초판과 재판, 그리고 『프롤레고메나』에서 "비판"의 근본이념과 구도에 대한 칸트 자신의 말들의 부정합성이나 모순을 들추어내는 것보다 더욱 중요한 것은, 그가 "비판"의 초석을 위해 형이상학에 대한 이중의 의미를 부여하고 있다는 사실이다. 전통적 의미의 형이상학은 수학과 물리학에 비추어 보면 결코 학의 수준에 도달하지 못했거나 혹은 학문이 될 수 없다고 그는 생각한다. '학'의 수준에 도달하고 있는 철학의 유일한 분과는 논리학인데, 논리학은 이미 아리스토텔레스에서 학의 필요충분조건으로서의 엄밀성을 확보하고 있었다.[17] '학'이란 결코 새로운 것에서 출발하고 새로운 주장들을 수집하는 데서 성립할 수 없다. 그것은 누구도 거부할 수 없는 보편성과 타당성을 가져야 하며, 이 점에서 언제나 예전에 이미 확실한 것으로 간주되었던 것들을 재음미하고 검토하며 그 방법에 어떤 하자가 없는지를 분석해보는 것이다. 이렇게 해서 보편성과 타당성의 근본원리를 찾아내고 이 원리들의 상관관계와 그 구조를 밝혀내는 것은 철학의 진정한 임무가 되어

17) KrV, B VII.

야 한다. 칸트는 이것을 '형이상학이라 부를 수 있는 유일한 인식 방법'으로 채택함으로써[18] 전통적 의미의 형이상학과 구분한다.

논리학의 성과에 대한 칸트의 평가는 그의 선험논리학뿐 아니라 『순수이성비판』의 구도에 대해서도 중요한 의미를 가진다. 그는 논리학의 성과가 이성과 논리학 자신이 가지고 있는 '제한성(Eingeschränktheit)' 덕분이라고 주장한다.[19] 말하자면 이성(Logos)이 자기의 고유 능력에 관계하며 따라서 언제나 '모든 사유의 형식적 규칙들'을 엄밀하게 검토하고 증명하는 데만 몰두하는 데 그 원인이 있다는 것이다.[20] 이때 이성의 외적 영역이나 대상의 측면은 고려되지 않을 뿐만 아니라 또 그것을 제외하는 것이 '논리학'의 '권리'요 '의무'라고 칸트는 강조한다. 여기서 주의해야 할 것은 전통논리학에서 이성의 이 같은 특징이 사실은 이성이 아니라 '오성'에 귀속되는 것이라는 점이다. 다시 말해 자기 능력과 범위의 제한성 및 외적 대상들이 아닌 사유규칙들의 자기 관계성의 형식적 특징들은 오성이지 이성은 아니다. 형식논리학이 오성의 능력에 의해 쌓아 올린 성과는 그러나 어떤 객관의 내용도 타당화할 수 없기 때문에 단지 '예비학(Propädeutik)', 다시 말해 '학문들의 현관' 역할만을 할 수 있을 뿐이다.[21] 따라서 다른 모든 학문들의 현관뿐만 아니라 그 기둥과 대들보 역할을 할 수 있으려면 오성의 원리들과 그 형식들을 바깥 사물들의 세계와 연결시키고 그 관계의 합리성과 타당성을 객관적으로 담보하는 이성의 학이 생겨나야 한다. 그리고 이 가능성이 실현되면 이것은 철학에 있어 하나의 혁명이다.

칸트는 철학적 혁명의 가능성, 즉 오성의 단순한 형식들의 주관성뿐

18) Prolegomena, §2.
19) KrV, B IX.
20) KrV, B IX.
21) KrV, B IX.

아니라 이 형식들의 객관적 타당성 내지는 보편적 이성의 학의 가능성을 찾기 위해 수학과 물리학에 다시 주의를 집중한다. 이성의 이론적 학으로서 수학은 경험이 전혀 섞이지 않는다는 점에서 순수하고 물리학은 경험에 기초하면서 수학에 의해 정리되므로 부분적으로만 순수하다.[22] 특히 칸트가 '수학'에 보낸 박수와 경탄은, 그것이 '기하학'에서 발전했다는 발생적 측면 때문이 아니라 사유의 철저한 규칙성과 논리성으로 객관 세계를 자신 속에서 정확히 재구성하는 그런 능력을 가지고 있기 때문이다. 예를 들어 '직관'을 통해 나타나는 도형들의 구성은 단지 도형의 특징들에 대한 단순한 관찰을 통한 것이 아니라, 도형개념의 논리적 구조를 따라 자신이 선험적으로 생각해서 서술하는 것과 개념이 대응하는 직관의 선험적 표상들을 구성함으로써 인간의 마음속에 '재발견'된다.[23] 말하자면 도형의 모양이나 크기 및 그 특징들의 관계는 이성이 그에 대한 개념을 형성하고 이를 다시 자기 속에 재구성하여 표시한다. 이와는 다른 특징을 가지는 것이 물리학이다. 물리학은 경험적 원리에 기초해 발전해왔다. 토머스 쿤보다 훨씬 전에 칸트는 이미 자연과학의 발달이 실험과 관찰 결과의 재해석에 의해 변천되고 있음을 강조한다.[24] 갈릴레이와 토리첼리, 그리고 슈탈로 이어지는 물체의 무게와 운동이론의 발전적 전개는 실험의 특수 '방법'과 '가설'에 기초하는데 이것은 이성적 의도 외에 다른 것이 아니다. 이 때문에 칸트는 단지 '이성 자신이 자기 계획에 따라 산출한 것만을 이성은 통찰한다'는 유명한 명제를 내놓게 된다.[25] 그리고 이 명제야말로 코페르니쿠스적 전회를 가능케 하는 토대가 되고 있다.

22) KrV, B X.
23) KrV, B XII.
24) KrV, B XII, B XIII.
25) KrV, B XIII.

이성의 자발성을 중심으로 한 새로운 인식론적 형이상학의 정초는 하나의 철학 혁명이요, '사고의 전향'이다.[26] 옛날에는 이성의 근본 구조에 대한 자각 없이 학문들, 특히 형이상학을 전개했고, 결과는 중구난방의 잡설들이 뒤범벅으로 얽혀 난장판을 이루었다. 논증도 반증도 불가능한 것들을 가능한 것으로 착각하고 그 원인이 대상 세계에서 유래한다고 믿었다. 그러나 칸트는 '개념에 의해 a priori 하게 대상에 관한 우리의 인식을 확장할 수 있는 어떤 것을 결정할 수 있는 가능성'은 적어도 그 같은 믿음 아래서는 없다고 강조한다.[27] 결국 대상이 '우리의 인식에 따라' 결정된다고 가정하면 앞의 난제는 간단하게 해소되며 이때 부여되는 문제는 선험적 인식의 가능성이 무엇인지 하는 것이다.[28] 이 같은 사유의 전환을 그는 코페르니쿠스적 혁명에 비유한다.

코페르니쿠스는 전통적으로 학자들이 천체 운동을 관찰하는 데서 '모든 별들이 관찰자의 주위를 돌고 있다'는 전제에서 출발했고 이 때문에 천체 운동의 역학관계를 설명하는 데 실패했다고 보았다. 그는 차라리 별들은 고정되어 있고 관찰자의 위치가 그것을 돌고 있다는 가설에서 시작하면 천체 운동을 보다 명확하게 설명할 수 있다고 믿었다. 여기서 관찰자의 위치는 지구이기도 하고 인간 자신이기도 한데 어떤 경우는 체계의 중심부에서 주변으로 밀려나고 따라서 그 위치 또한 상대화된다. 이 점에서 칸트가 자신의 입장을 코페르니쿠스적 전회와 비교한 것은 그리 적절한 것은 아니다. 왜냐하면 칸트는 중심부에 있던 대상을 주변으로 밀어내고 그 자리에 이성, 즉 관찰자를 세워두기 때문이다. 이 점에서 칸트는 반혁명적이거나 적어도 반코페르니쿠스적이었는지 모른다.

26) KrV, B XVI.
27) KrV, B XVI.
28) KrV, B XVI.

그러나 어떤 사태나 상황 설명에 보다 더 훌륭한 보편성과 타당성 있는 방법이라는 측면에 초점을 맞추면 칸트는 분명히 코페르니쿠스적 효과를 보고 있다. 더구나 코페르니쿠스가 관찰자의 위치와 그 한계를 설정하는 것은 칸트가 이성의 범위와 그 한계를 설정하는 것과 같다. 별들이나 태양의 주기운동이 지구의 궤도운동을 통해 나타나는 결과로 코페르니쿠스가 이해했다면 마찬가지로 칸트도 인간의 인식 능력 속에 있는 대상 인식의 형식과 그 원리들의 묘사가 바로 대상을 결과한 것으로 이해한다. 결국 칸트가 주장하는 사유의 코페르니쿠스적 전회란 이성이 순전히 절대전능이며 자유라는 생각을 수정하며, 스스로를 올바르게 직시하여 그 힘이 어디까지 미치며 자신이 가진 표상들의 진리치는 어느 정도인지, 그리고 참과 거짓, 옳음과 그름의 판별의 타당하고 필연적인, 따라서 절대전능도 자유일 수도 없는 척도는 무엇인지를 결정하고 구획 짓는다는 데 그 본성이 있는 것으로 이해해야 한다.[29)]

29) 그러나 『순수이성비판』의 코페르니쿠스적 전회가 인간 중심적 세계관으로 돌아가는 것이 아니라 오히려 그것을 세계에 대한 인간 중심적 세계관의 해체를 위한 사상으로 해석하려는 것은 지나치다. 이 같은 해석에 대해서는 G. Pazig, 앞의 글, 15쪽 이하 참조.

3

'방법론(Traktat von der Methode)'으로서의 '순수사변이성비판'

『순수이성비판』은 학문이나 철학의 '체계'가 아니라 방법론이다.[30] 그렇다고 방법론이 단지 글자 그대로 meta hodos는 아니다. 오히려 그것은 이 방법이 적용되는 일체의 대상 영역과 이 방법이 정초되는 지반 및 그 상황과 그 경계를 포함한다는 점에서 인식론이며 또한 새로운 의미의 형이상학이다. 새로운 형이상학이라 함은 낡은 형이상학을 제거하고 그 자리에 수학과 물리학의 방식을 '모방한 방법'으로서의 이성의 학이 등장하기 때문이다. 특히 자연을 관찰하는 자연과학자들에게 실험이 중시되고 또 그에 의해 사실이 확인되듯 『순수이성비판』의 방법 또한 실험을 통해 확인되는 '순수이성의 요소를' 찾아내는 것을 목표로 한다.[31] 그러나 실험을 할 수 없는 영역, 즉 순수이성의 명제들이 가능한 경험의

30) KrV, B XXII.
31) KrV, B XVIII.

한계 밖으로 나가려고 모험을 하면 그 객체들에 대해 실험(Experiment)을 할 수 없는데, 그 같은 실험이 불가능한 영역이 분명히 나타난다. 이것은 동일 사물을 두 측면, 즉 하나는 감성과 오성의 결합으로 생겨나는 경험의 대상으로 포착되는 측면과 또 다른 하나는 결코 경험으로 포착되지 않는 그러나 생각으로 추론해볼 수 있는 그런 측면으로 갈라놓고 보면 더욱 선명해진다. 또 다른 경우는 처음부터 경험으로 포착되는 대상과 그렇지 않은 대상이라는 두 종류의 객관이 있다. 어느 경우든 후자 쪽은 적어도 경험적 실험은 불가능하며 따라서 순수이성의 방법은 두 가지 요소로 나뉜다.[32] 하나는 '학'의 안전한 길로서의 형이상학을 가능케 하는 영역이고 다른 하나는 '학'으로서의 만족스런 증명을 불가능케 하는 그런 영역이지만, 그럼에도 불구하고 방법론의 통일을 위해 그 구조를 밝혀야 하는 그런 형이상학의 세계이다.

이상을 근거로 칸트는 『순수이성비판』이 '순수사변이성비판'과 같다고 하는데 이 뜻은 오성계와 이성계를 나눌 수 있는 근거가 순수이성을 좁은 의미의 오성이 아니라 넓은 의미의 오성, 다시 말해 사변이성으로 보는 데 있다는 것이다.[33] 이성이란 본시 두 가지 상반되는 이중의 배역을 맡는다. 다시 말해 이성은 한편으로는 비판과 방법을 점증적으로 이끌어나가고 사찰하는 판검사나 그들의 '재판소' 역할을 하면서, 다른 편으로는 그곳에 붙들려가서 조사를 받는 피의자 역할을 한다.[34] 이것은 이성이 자신에게 자신의 구조뿐 아니라 정당성을 논증해야 하는 그런 의무를 지게 된다는 말인데, 사변이성이란 바로 이 같은 특징을 가진 이성을 일컫는 것이다. 이론이성(오성)으로서의 사변이성(좁은 의미로서의

32) KrV, B XIX.
33) KrV, B XXII 참조.
34) F. Kaulbach, *Immanuel Kant*, Berlin 1969, 108쪽.

이성)은 오성과 이성의 구분을 가능케 하는 능동자로서의 검증하는 이성이다.

'대상'과 '물자체', 그리고 '현상계'와 '초현상계(이성계)'의 이원적 구분 근거는 실험이 가능한가 아닌가에 있는 셈이다. 이 실험은 어떤 개념이 자신에게 일치하는 대상을 가지고 있는가 있지 않은가의 단순한 검증이면 족하다. 이것은 상식적 경험으로도 얼마든지 가능하다. 어떤 경우든지 이성의 자기 검증을 위한[35] 일차적 과제는 개념들이 무엇인지 밝혀내는 것이다. 그런데 개념이 적어도 안전한 학의 영역에서 작동하려면 자기 대상을 가져야 하는데 이것은 곧 현상 속의 대상 세계이다. 적어도 개념의 일차적 의미는 무엇무엇에 대한 개념이기 때문이다. 이 무엇무엇이 단지 이름뿐으로 그 대상을 갖지 않으면 그 이름은 '분석(Analytik)'의 대상이 아니라 단지 사유의 대상일 뿐이다. 바로 여기에 칸트의 '분석론'과 '변증론'의 구분 토대가 나타난다.

우리가 무엇에 대해 안다는 것은 최소한 두 가지 요소, 즉 자아와 대상을 전제해야 한다. 자아는 알기 위해 있는 것은 아니나 앎의 충분조건을 갖추고 있지 않으면 더 이상 자아가 아니듯이, 대상 또한 알려지기 위해 존재하는 것은 아니나 앎의 필요조건을 제시하지 않으면 더 이상 인식의 대상이 아니다. 일반적으로 대상들은 경험을 통해 알려지며 경험을 수행하는 일차적 요소들은 감각이다. 이 점에서 대상은 경험의 대상이며 우리가 살아가는 토대로서의 자연은 '경험 대상의 총괄' 이외에 다른 것이 아니다.[36] 이 총괄(Inbegriff)은 그것이 확실한 것이기 위해 경험을 복제해낼 수 있는 완벽한 기능들을 경험에 앞서 미리 선험적으로, 그리

....

35) 이것은 헤겔의 『정신현상학』에서 의식의 자기 검증 Mechanismus와 형식적으로 같다. 이에 대해서는 헤겔, 『정신현상학』의 'Einleitung' 참조.

36) KrV, B XIX.

고 종합적으로 갖추어야 한다. 대상에 속하는 것일 수 없는 이 기능과 근거를 칸트는 인식의 선험적 능력이라 부르는데, 이 능력에 대한 연역이 '분석론'의 핵심을 이루고 있다.[37]

선험적 인식 능력에 대한 연역은, 사유의 일반 원리들의 타당성과 정합성을 다룬다는 점에서 '논리학'이지만 경험의 주관적 조건으로서의 이 원리들의 발생적 기원과 그 특징을 경험과 무관한 것으로 다룬다는 점에서는 형이상학이다. 일종의 형이상학적 인식론으로서의 이 연역은 바로 경험의 영역을 넘어서지 않는 자아의 영역에 해당되며, 경험과 무관하다는 것은 경험의 감각적 특징과 지각의 경험적 구조가 아니라 그것을 가능케 하는 원리를 다룬다는 뜻을 포함하고 있다. 칸트는 경험의 한계를 넘어서려는 것이 지금까지 형이상학의 근본 관심이었음에도 불구하고 이 형이상학은 결코 그 한계를 넘을 수도 없고 넘어서도 안 된다는 가설을 세워두고 있다. 이것은 경험과 그와는 다른 경험의 논리를 나누려는 시각에서는 당연한 귀결일는지도 모른다. 이처럼 단지 경험의 기초로 기여하는 자아는 현상과 관계하는 오성이며 경험을 벗어나 물자체 세계와 관계하는 자아는 이성이다. 물자체란 스스로는 우리에게 보여지지 않는 어떤 것이다. 이것은 경험의 근거를 물을 때 직접적으로 주어지는 현상을 가능케 하는 '무제약자'로서의 지반이다. 이것은 인식에 관계되는 현상 분석에서 자연스럽게 귀결되는 실재이며 또한 추론물이다. 이성은 이 물자체의 세계를 추론을 통해 들여다보려고 하나 물자체는 자신의 인식적 구조를 우리에게 드러내지 않는다. 칸트는 여기서 경험의 배후 저편에 현상의 한계를 넘어서 있는 무제약자가 바로 물자체 세계와 같은 특징을 가지고 있고 이로 인해 경험 계열 혹은 '제약들의 계열'이 완결되어야 한다고 본다.[38] 이것은 모순이다. 이 모순은 알려지

37) KrV, B XIX.

지 않는 완결자, 무제약자가 경험 세계를 제약한다는 데 있는 것이 아니라, 질적으로 양립할 수 없는 두 세계, 즉 현상과 초현상의 세계가 단지 현상을 통해 통일적으로 나타난다는 그런 모순이다.

이와는 다른 시각에서 칸트는 '경험 인식이 물자체들로서의 대상들에 따라 있다고 가정한다면 무제약자를 모순 없이는 생각할 수 없다'고 강조한다.[39] 이것은 경험은 제약자로서의 현상에서 유래되는 것이고 또 경험만을 우리는 알 수 있는 것인데, 이 밖에 있는 것은 근본적으로 인간의 틀 속으로 들어오지 않으므로 알 수 없다는 것에 초점이 맞추어져 있다. 따라서 칸트는 사물에 대한 우리의 표상이 물자체가 아니라 현상에 기초한다고 가정하면 무제약자로서의 물자체에 대한 인식의 부담에서 해방되며 따라서 그에 대한 모순적 사유에서도 풀려난다고 한다. 이것은 『순수이성비판』에서 현상 인식을 위해 칸트가 제시한 중요한 방법적 전략이다.

현상과 물자체를 구분하고 인식에서 현상 인식과 물자체 인식으로 가르는 것은 '분석론'의 과제이고 이것을 다시 결합해서 '무제약자의 필연적 이성이념'과 일치시키는 것은 '변증론'의 과제이다.[40] 변증론의 이 같은 일치 또는 조화는 분석론의 귀결이지 전제가 아니다. 여기서 칸트는 현상과 물자체의 구분과 그 종합의 당위를 『순수이성비판』의 가장 중요한 뼈대로 설정하는 셈인데, 이때 주의해야 할 것은 사변이성에 대한 의미의 강조이다. 사변이성은 현상계 인식에 기여할 역할을 가지고 있지 않다. 거기에는 인식의 철저한 유기적 메커니즘만이 지배하고 또 그 연계 질서를 포착하는 데 굳이 '사변(Spekulation)'까지 동원할 필요는 전

38) KrV, B XX.
39) KrV, B XX.
40) KrV, B XXI.

혀 없기 때문이다. '사변적'이란 '이론적'이라는 말이요, 따라서 사변이성이란 이론이성과 같은 말이다. 물론 이론이성을 좁은 의미의 오성에만 국한하면 이 의미는 달라진다. 왜냐하면 이 오성을 가지고 이성의 이념 세계, 즉 무제약자로 나아가는 길은 막혀 있기 때문이다. 사변이성은 바로 이 무제약자로 나아가는 통로에 대한 이론적 통찰을 목표로 하고 있다. 다시 말해 사변이성은 '이성의 실천적 인식 중에서 무제약자의 초월적 이성 개념을 규정하는 데이터를 발견하는 것'이다.[41] 경험의 한계를 넘어가는 데 성공하는 것은 곧 이 사변이성 덕분이다.

칸트에서 사변이성의 역할은 단지 그의 이원론적 사고방식을 정당화하는 데뿐 아니라 소위 실험적 방법이라 일컫는 자신의 비판철학의 방법과 체계를 위해서도 중요한 의미가 있다. 본래의 실험적 방법이 '무가설'에서 시작하여 오직 관찰과 실험에 기초할 뿐 아니라 사실명제들을 정리하여 자연법칙을 찾아내는 것[42]이라는 점에서 칸트는 이 말을 잘못 사용하고 있는 셈이다. 그러나 그의 본래 뜻은 물리학에서의 어떤 가설이 법칙의 발견과 더불어 참으로도 거짓으로도 나타날 수 있고, 따라서 무엇보다 중요한 것은 법칙의 발견과 그 실마리로서의 '가설'이며, 이때 가설이 잘못되면 법칙 발견의 초두부터 미로를 헤매고 결국은 법칙 발견 자체에 실패한다는 점을 역설적으로 강조하려고 한 것이다. 그래서 그는 '사고 전환'으로서의 코페르니쿠스적 혁명을 자기 자신의 철학적 가설임을 재차 강조하고 그 본질은 사변이성의 관찰에 의해 사실로 증

....

41) KrV, B XXI.

42) 이에 대해서는 S. Bergmann und C. Schäfer, *Lehrbuch der Experimentalphysik*, Bern 1970, I. Newton, *Philosophiae naturalis principia mathematica*, Darmstadt 1963, A. Einstein und L. Infel, *Die Evolution der Physik*, Hamburg 1956을 참조.

43) KrV, B XXII 참조. 결국 『순수이성비판』의 방법적 가설은 대상의 가능 근거가 개념이라는 것이다.

명된다는 것이다.[43] 따라서 사변이성의 임무는 개념이 대상의 근거라는 가설이 옳은지, 또 학이 될 수 있는 이성의 권리와 그 한계는 어디이며 그 한계 밖에는 무엇이 감추어져 있는지를 밝혀내는 것이다.[44] 이와 더불어 전통 형이상학의 상황과 그 위치가 부수적으로 재정립된다. 이 같은 점에서 『순수이성비판』은 '순수사변이성비판'이 되는 것이다.

44) KrV, B XXIII.

4

비판의 성과

만일 『순수이성비판』의 선험 논리를 두 종류의 형이상학의 분류와 그 통합을 목표로 하고, '분석론'에서 경험의 가능 근거로서의 자아의 구조를, 그리고 '변증론'에서 삶의 가능 논리로서의 이성의 구조를 밝히는 것으로 우리가 이해한다면, 우리는 적어도 칸트가 언어적 의미에서 형이상학이라는 용어를 아리스토텔레스 이래로 가장 엄격하게 사용하고 있다고 주장할 수 있을 것이다. '형이상학'이라는 말은 본시 아리스토텔레스의 후학, 특히 기원전 5, 6세기경 안드로니코스에 의해 생겼다고도 하고 로마의 아우구스투스 대제 때 페리파토스 학파의 일원인 다마스쿠스의 책에 처음 등장하는 것을 토대로 추적하여 아리스토텔레스 당시의 제자 로도스의 에우데모스가 사용하기 시작했다고 하나 확실한 것은 아니다. 아리스토텔레스 자신에 의해서는 '제1철학'의 의미로 쓰인 이 용어 아래 일반적으로는 물리학의 근거와 원리들이 배열되고 있다. 원래 μετά, ὑπέρ, trans가 전혀 다른 어떤 세계로 넘어 들어가는 것을 뜻하지는 않았으나, 언제부터인지 이 meta나 trans가 분리된 것, 초월적인 것이라는 뜻으로 잘못 해석되더니 이제는 이 후자가 본래의 뜻을 밀어내고 말았다. 굴러온 돌이 박힌 돌을 쫓아낸 것이다. 어쨌거나 이 점에서만 보면 아마도 칸트는 Metaphysik이라는 말을 잘못 사용한 대표적인 사람 중의 하나일 것이다. 왜냐하면 그의 선험 철학은 근본적으로 초월론적 이원론에 입각해 있고, 이 영역 분리를 Metaphysik이라 이름 붙이고 있기 때문이다.

그러나 다른 편에서 칸트는 μετά와 trans가 언제부터 어떤 방식이나 연유로든지 '넘는다'는 뜻을 얻었음에도 불구하고, 인식의 대상관계가 아니라 자아관계를 이룬다는 점에서, 그리고 이 두 요소가 전혀 별개의 것이 아니라 한 사물의 서로 다른 두 측면이며 따라서 관계 속에서 다루어야 한다는 점에서, 자신의 인식론을 형이상학이라 칭하고 있다. 이 태도는 그가 수학이나 물리학의 관계에서 원리로서의 수학이 물리학의 형이상학이라는 유추를 인식론으로 환원하여 개념, 판단, 추론의 전통적 형식논리학의 주제를 경험 대상과의 관계 속에서 '분석론'에서 다루고, 이 틀에서 벗어나지만 그러나 이 틀에 조화와 통일성을 제시하는 원리들은 전통 형이상학과의 관계에서 '변증론'에서 다루고 있는 것으로 정당화된다. 이 같은 관점은 아리스토텔레스가 학의 기초로서의 있음의 일반적 구조를 다루고 또 근본적으로 이것을 논리학의 관계에서 확인하며 그리하여 모든 학문이 이에 기초해서만 논의 자체가 가능하다고 본 것과 같은 것이다.[45] 진정한 의미의 형이상학은 물리학의 기초로서 수학과 같은 보편적 성격을 가져야 하며 동시에 물리적 현상 일반의 설명에 무리 없이 이용될 수 있어야 한다고 칸트는 생각한 것이다. 여기서 물리적 현상이란 우리의 경험 속에서 언제나 재구성되는 그런 것들이다. 우

45) Aristoteles, *Metaphysik*, 1003a–1003b 참조.

리가 칸트의 『순수이성비판』을 '새로운 형이상학'이라 칭할 때, 그에 대한 가장 중요한 이유 중의 하나가 여기에 있다.[46)]

칸트는 '순수이성=사변이성'의 등식에서 보편학으로서의 인식론의 가능성과 실천학으로서의 자유의 가능성을 동시에 모색하는 셈인데, 보편학으로서의 인식론의 과제는 이중적이다. 사변이성의 '본래성 그 자체'라고 칸트 스스로 말하는 그 과제는 첫째, '순수사변이성이 그 자신이 사고하기 위해 객체를 택하는 다양한 방식들에 따라서 자기 고유의 능력을 측정하는 것과, 둘째, 해결해야 할 과제들에 대한 다양한 설정 방식을 완벽하게 열거하여 형이상학의 체계에 대한 전체적 밑그림을 제시하는 것'이다.[47)] 실제로 사변이성은 이 이상 다른 일을 할 수 없다. 왜냐하면 선험적 인식을 위해 사고하는 주체가 할 수 있는 일의 가장 중요한 하나는 자기 속에 있는 객체 규정을 집어내는 것이요, 다른 하나는 그 주체 자신의 배후에 순수이성 사용 전체에 통일성을 주는 이성이 놓여 있음을 확인하는 것이기 때문이다.

우리가 보기에 사변이성의 본성 이해에 충실하면 저절로 해결될 것 같은 이 같은 이중의 과제가 제대로 수행되면 대단한 효력을 발휘한다고 칸트는 자랑한다. 그 일반적 효력은 형이상학을 '객관을 다루는 이성의 학'으로 격상시킬 수 있다는 것이다.[48)] '학'이란 본시 보편성과 객관성을 그 존립 조건으로 하며 '확실성'과 '명석성'을 본질로 한다.[49)] 인식의 선험적 형식들의 탐구는 이 요점을 충실히 이행하며 단지 '사고' 일반의 형식만을 다루는 전통 논리학과는 달리 그 형식들이 적용되는 대상 세계를 예외 없이 내용적으로 고려한다. 뿐만 아니라 이 같은 형이상

46) KrV, B XVIII, B XXII.
47) KrV, B XXIII.
48) KrV, B XXIII.
49) KrV, A XV 이하 참조.

학은 인식의 토대를 제공한다는 점에서 '기초학'이기 때문에[50] 향후 더 이상 거짓 형이상학의 문제들에 속거나 골머리를 앓지 않고 객관학에 매진할 수 있다.

그러나 『순수이성비판』을 대충 읽어본 이들에게조차, 새로운 형이상학의 명백한 효력은, 우리에게 경험의 경계를 넘지 말라는 사변이성의 부정적 경고장에 있다. 칸트의 인식론적 형이상학의 직접적이고도 기본적인 용도는 바로 이것이다. 이 부정문 형식의 경고는 그러나 경험과 관련하는 인식의 원리들을 그 한계를 넘는 영역에까지 확장하여 사용하려는 의도는 실제는 이성의 사용처를 넓히는 것이 아니라 오히려 그것을 좁히는 결과를 가져온다는 인식에서 긍정적 측면으로 바뀐다.[51] 또한 이 원리들은 엄밀하게 '감성의 한계'에 소속된 것인데도 만일 비판이 이 경고장을 주지 않으면 순수이성의 실천적 사용 영역으로까지 확대하여 이성의 순수한 실천적 사용에 이르게 되는 고로 이 경고는 부정적으로 기여한다. 그러나 이 같은 이성의 이론적 사용과 독립적인 실천의 세계가 바로 이 부정적 경계를 통해 펼쳐진다는 것을 적극적으로 인식하게 된다는 점에서 긍정적 측면은 강화된다.[52]

『순수이성비판』이라는 형이상학의 적극적 효능은 칸트 자신의 말을 빌리면 인과성의 원칙에 종속되지 않는 '자유'의 영역에 대한 통찰에 있다.[53] 자유는 단순히 윤리학을 위한 개념이 아니라 삶의 활동성을 근원에서부터 지지하는 초석이다. 자유의 세계에 대한 인식은 '자연적 기계성'에 의해 지배되는 세계와는 또 다른 세계가 있음에 대한 통찰에서 생겨나고, 이로부터 '인륜학(die Lehre der Sittlichkeit)'과 '자연학(Natur-

50) KrV, B XXIV.
51) KrV, B XXIV.
52) KrV, B XXV.
53) KrV, B XXIV 이하 참조.

lehre)'의 모순 없는 양립이 가능해진다.[54] 더구나 인륜학의 가능성의 개시는 『비판』의 '분석론'에서 뿌리째 뽑혀 버려질 것 같았던 '신', '자유', '영혼 불멸'에 대한 전통 형이상학의 주제들이 새로운 모습으로 우리에게 다가옴을 예견한다.[55] 이것은 '앎'의 지양으로 얻은 신과 이성에 대한 '믿음'이라고 칸트는 극적으로 표현한다.[56]

54) KrV, B XXIX.
55) KrV, B XXX.
56) 같은 곳.

Ⅲ부
관념론 철학의 완성
– 헤겔

제1장

헤겔 논리학의 이념

1
전통 논리학에 대한 반성

전통 논리학의 목적은 '생각함'의 방법을 제시한다는 것이었다. 이제 낡은 물음을 다시 던져보자. 도대체 우리는 무엇을 왜 생각하는가? 이에 대한 여러 가지 가능한 답 중에서 '논리학'의 본성에 들어가기 위해 적절한 답은, 우리는 '대상을 알기 위해 생각한다'일 것이다. 생각이란 단순히 인간이 깨어 있음이나 또는 죽지 않았음의 징표가 아니라 대상 인식의 참(眞理)을 지향하는 인간의 본성 자체일지도 모른다. 이런 시각에서 보면 데카르트의 '나는 생각한다, 그러므로 나는 존재한다'는 주장은 전혀 새로운 것이 아니라, 아낙사고라스 이래 끊임없이 주장되어온 서양철학의 로고스의 본질에 대한 복창일 뿐이다. 자연 또는 존재가 생각이나 정신으로 환원될 때에만 자연 또는 존재의 존재성이 드러나고, 따라서 역으로 존재의 존재성의 근거가 생각 속에 있다고 주장하는 한에서 그렇다는 것이다.

인간이 생각하는 이유는 생각을 가지는 한에서 인간은 인간일 수 있기 때문이며 이것은 분석적으로 언제나 참이다. 따라서 문제는 왜 생각하는가 하는 것이 아니라 무엇을 어떻게 생각하는가이다. 그런데 다시 '무엇'이란 예외 없이 생각에 의해 규정되므로 무엇에 대한 구조 분석에 앞서 선행되어야 하는 것은 '생각'의 정체에 대한 해명으로 압축된다. 이것이 아리스토텔레스 이래 형식논리의 전형적 입장 중의 하나였다. 아리스토텔레스는 '논리학이란 정신을 분석하는 것'이라고 그의 「분석론」에서 단언하고 있다. 해부학이 인간 육체의 각 부분들을 분해하여 그 구성 요소들을 분석하는 것과 마찬가지로 논리학은 정신을 각 부분들로 분해하여 그 구성 요소들을 분석하는 것이다. 정신은 생각의 전체성과 같은 말이며, 따라서 좁은 의미의 정신은 곧바로 생각함 자체이다.

'생각한다'는 것이 현실적으로 정신이려면 단지 주관의 애매성 속에서 이리저리 난무하는 표상들의 흐트러짐일 수 없다. 표상들의 단순한 난무는 직관 속을 떠도는 그림들의 얼크러짐일 뿐이요, 직관은 아직 생각함이 아니고, 생각함이 아니면 정신일 수 없기 때문이다. 생각함의 직접적 현실태는 개념을 가지고 진술한다는 것, 즉 언어로 나타낸다는 것이다.[1] 아리스토텔레스가 정신이 일정한 구조와 형식을 가지고 있고 서로 다른 여러 가지 기능들과 요소로 구성되어 있다고 생각하게 된 결정적 동기는 바로 이 같은 언어와 그 진술 방식의 분석에서 얻어진 것이다. 또한 이 생각을 토대로 해서만 개념, 판단, 추리가 로고스의 학의 기본 체계를 가지고 있다는 결론으로 들어갈 수 있다.

칸트가 논리학은 아리스토텔레스 이래 단 한 발짝도 앞으로 나가지 못했다고 한탄한 것은 결코 허풍이 아니다.[2] 칸트는 아리스토텔레스가

....

1) 이것이 Logik이 언어의 본질에 대한 탐구로 들어가는 소이가 된다. M. Heidegger, *Was heißt denken?*, HGW, Bd.7, 100쪽 참조.

2) KrV, BVIII.

사유법칙과 체계에 대해 완벽에 가까운 분석과 분류를 했고, 또 사유 요소들의 관계의 엄밀한 수학적 정식화가 더 이상 빼고 더할 것이 없는 데 이르렀다고 평가한 것이다. 사유의 발생적 기원에 대한 심리학적 경험론적 시도나 인식의 확실성의 기원에 대한 독단적 관념론적 견해의 덧붙임이 별 쓸모가 없었던 것은 논리학의 본성상 당연한 일이라는 것이 그의 생각이었다.[3] 아리스토텔레스 논리학의 성공 비결은 논리학의 영역을 그 자신 속에 엄격히 제한시킨 데 있다고 칸트는 믿는다. 바로 이 같은 제한성 때문에 논리학은 인식 대상 및 객관들의 차별성을 추상화하고 도외시할 특권을 가진다는 것이다. 이것은 논리학이 로고스, 즉 오성의 형식만을 일반화하여 자기 영역으로 삼는다는 뜻이다. 이 때문에 아리스토텔레스 논리학을 형식논리학 또는 일반논리학이라 한다. 그러나 이 논리학은 바로 동일한 이유 때문에 그 자신만으로는 공허하며 오직 다른 학문들을 위한 '예비학(Propädeutik)' 또는 '앞마당'의 구실밖에는 하지 못한다.

칸트의 선험논리학은 일반논리학이 인식의 모든 내용을 무시하고, 따라서 주 · 객관계가 인식의 구체적 내용에 어떤 역할을 미치는가를 해결하지 못한다는 반성에서 시작한다.[4] 비록 경험심리학적 규칙들을 오성의 순수 형식에서 제외함으로써 절대적 확실성을 확보할 수 있다 해도, 이 논리학은 그 형식이 경험과 함께하는 관계와 그 관계의 조건들은 다루지 않는다. 이것들을 다루기 위해서는 바로 오성과 경험의 관계 및 그 조건이 관찰의 시야에 나타나는 새로운 논리학이 세워져야 한다. 이것은 인식논리이면서 동시에 선험논리학이어야 한다. 이 논리학은 표상에서 경험에 이르는 과정의 발생론적 탐구와 오성의 적용 범위를 제한하

3) KrV, B VIII, IX.
4) KrV, B79.

고 그 객관적 타당성을 규정하는 삼중의 과제를 한편으로 떠맡고 있다.[5)]그리고 이 과제 해결이 '선험적 분석론'에서 수행된다.

아리스토텔레스와 마찬가지로 칸트는 '분석론'을 '진리의 논리학'이라 부른다.[6)] '선험적 분석론'은 경험 산출의 조건으로 오성의 순수 형식들을 분석하고 이 형식들의 객관적 타당성의 근거 및 그 원리를 밝혀낸다. 이로부터 얻어지는 가장 중요한 결론은 오성의 순수개념들은 오직 현상에 대한 경험에만 적용될 수 있고, 이 적용은 선험심리학적 규칙들에 의한 것이며 언제나 참이라는 것이다. 분명 우리는 경험한 것만큼만 알고 있다. 그리고 그 경험이 시 · 공 속에 있는 구체적 현상들에 대한 지각과 그 지각에 대한 오성적 수학적 연결인 한, 이것은 예외 없이 참이다. 오성적 수학적 연결은 오성이 가지는 근원적 통일의 산물이며 다섯에 일곱을 더하면 언제나 열둘이 되는 것과 동일한 확실성을 갖는다. 따라서 경험 조건으로서 순수오성의 구조 분석에 관한 한, 애매할 것도 불투명할 것도 없다. 정해진 사유 규칙과 경험 산출의 궤도를 따르기만 하면 기계적으로 참된 인식이 나타나기 때문이다.

그러나 우리가 순수오성개념을 가지고 인식적 사용의 범위와 한계를 넘을 때 가상의 세계, 궤변의 세계로 들어가게 된다.[7)] 이처럼 오성개념의 타당한 활동 영역 밖에서 그 개념을 사용하는 것은 적어도 인식적으로는 '가상의 논리'에 해당한다.[8)] 말하자면 '선험적 분석론'이 오성의 경험적 사용권의 확립이라면, 이를 무시하고 오성을 무제한적으로 유통시키는 것은 진리의 영역을 벗어나는 것이다. 이처럼 진리의 영역을 벗어난 지대의 근본 구조와 특징, 그리고 그 세계의 논리적 및 형이상학적

5) KrV, B81.
6) KrV, B87.
7) KrV, B87.
8) KrV, B86.

의미를 밝혀내는 삼중의 과제를 선험논리학은 다른 편으로 떠맡고 있다. 그리고 이 과제 해결이 '선험적 변증론'에서 수행된다.[9)]

실제로 '선험적 변증론'에서 전통적 형이상학의 주제들이 송두리째 사라져버리지 않음에도 불구하고, 칸트는 『순수이성비판』의 도입부에서 더 이상 승자 없는 싸움판으로서의 형이상학의 고목을 송두리째 뽑아버릴 것을 제안하고 또 그렇게 했다고 주장한다.[10)] 헤겔은 이 같은 칸트의 사상을 '완전한 사유 혁명'이라고 생각한다.[11)] 전통적 형이상학은 이제 더 이상 만학의 여왕이 아니라 그 시대 유행처럼 떠돌던 사조의 진정한 완결자로서 칸트에 의해 늙은 노파로서 생을 마감해버렸다. 이제 더 이상 전통적 존재론도 합리주의적 우주론도 자연신학도 철학의 지평에 나타나지 않는다. 따라서 진정한 정신(영혼)의 불멸성, 원인의 근원성, 궁극 목적에 대한 탐구도 자연스럽게 포기된다.[12)] 이것은 철학에서 대혁명이다. 그러나 그 결과는 무엇인가? 선험논리학이 수행한 작업은 진정한 의미의 선험논리학의 건설이 아니라 기껏해야 그냥 내버려두어도 자연사해버릴 늙은 노파로서의 형이상학을 해치운 것밖에 더 있는가? 다른 면에서 외형적으로나 내면적으로나 칸트는 아리스토텔레스의 형식논리를 과연 탈피하고 있는가? 만일 탈피했다고 주장한다면 칸트 논리학의 골격을 이루고 있는 형식주의적 특징은 그 정체가 무엇인가? 이 같은 의혹과 더불어 '새로운 논리학'의 확립에 대한 열망이 생겨난다.

9) KrV, B88.
10) KrV, AVIII, BXXXI 참조.
11) LI, Vorrede, 5쪽.
12) LI, 5쪽.

2

새로운 논리학의 정초를 위하여

1. 생각과 도야

헤겔은 논리학의 목적이 '생각하는 것'을 배우기 위한 것이라는 전통적 입장을 거부한다.[13] 비록 그 같은 유용성을 전혀 배제할 수는 없다고 해도 논리학의 진정한 목적은 경험적인 세속적 이익에 있지 않고 '학문'에서나 '현실'에서 나타나기 시작한 '새로운 정신'을 표현하는 것이다.[14] 이 같은 시대의 요청을 충족시키는 논리학이 과거에는 전혀 없었다. 그렇다면 도대체 새로운 정신이란 무엇인가? 헤겔은 이것이 '보편적 변화'라고 단언한다.[15] 이 변화야말로 학문에서나 시대에서 동일하게 나

13) 해부학이나 생체학이 소화하는 법이나 운동하는 법을 목적으로 하지 않는 것처럼 논리학은 사유하는 것을 배우기 위한 것이 아니다. LI, 5쪽.

14) LI, 5쪽. 학문=Wissenschaft, 현실=Wirklichkeit.

15) LI, 6쪽. 보편적 변화=allgemeine Veränderung.

타나는 추세요 또 본질이다. 특히 헤겔은 자기 시대를 노동의 시대요, 만들어냄의 시대요, 도야의 시대로 파악하고, 그 시대와 그곳에 사는 개인들의 이중의 '도야'를 철학의 과제로 설정하고 그 원리를 변화 속에서 찾아내어 학문화하는 것을 논리학의 가장 초보적 목적으로 간주한다.[16)]

도야라는 말은 '교육'이라는 말과 같은 뿌리를 가지고 있다. 교육이란 심신을 갈고 닦고 훈련과 수양을 통해 보다 나은 것을 지향하는 일종의 실천 지향적 행위이다. 만일 도야를 철학의 과제로 세운다면 철학은 결코 있는 사실에 대한 단순한 설명이나 표현일 수 없다. 마찬가지로 세속을 어지럽히는 천박한 유용성의 젖꼭지를 물고 비몽사몽 사이를 헤매서도 안 된다. 세속의 유아성에 끌려다니는 것이 철학이 아니라 이 유아성을 길들이고 훈련시켜 완숙한 이성적 사람으로, 문화로, 사회로, 역사로 만드는 것이 철학의 의무이다. 이 의무를 완수하기 위한 방법론이 논리학이다. 칸트가 방법의 이상적 모형을 수학에서 보고 있는 데 반해 헤겔은 이것을 완강히 반대한다. 수학은 기껏해야 수학 자신을 위해, 그리고 자연의 기계적 현상들의 정리를 위해서만 유효할 뿐 그 근거에 대한 물음에는 속수무책이기 때문이다. 헤겔은 아마도 소크라테스 이후 한 번도 시도된 적이 없는 '개념에 의한 개념의 파악'이라는 '회의적 변증법'을 채택하려고 하는 것처럼 보인다.

개념에 의한 개념의 파악은 『대논리학』 출간에 앞서 이미 1807년 『정신현상학』에서 시도된 방법이다. 이것은 '앎'의 개념이 가지는 기본 조건으로서의 '확실성'이 궁극적으로는 앎 그 자체의 현상태의 본성에 기초하고, 이에 대한 반성에 의해 이 확실성이 의식의 그때마다의 단계에 상응하는 주관적 확신(신념)으로 자기 비판을 수행하는 방식으로 진행한다. 말하자면 이것은 앎의 단계에 대한 내용적 반성과 반성의 운동에

16) LI, 6쪽. 도야=Bildung, 교육=Ausbildung.

의해 산출되는 보다 높은 단계로의 이행의 방법이며, 의식의 자기 비판을 수반하는 그런 식의 방법이다.[17] 이 방식은 단순한 계몽이나 설명이 아니라, 정신의 단계적 전개를 능동적으로 주도하는 '연출'이며 또한 서술이다.[18] 이 때문에 방법으로서의 '연출'은 언제나 교육과 도야의 근본이념을 내재적으로 실현한다. 만일 이 연출을 변증법의 핵심이라고 할 수 있다면 변증법은 소크라테스의 산파술을 직접적으로 실현한다고 할 수 있을 것이다.

2. 사유와 언어

그러나 논리학의 방법에 대한 이해에 앞서 여기서 재확인해야 할 초보적 사실은 칸트에 이르기까지 논리학이 생각함의 형식 및 그 구조를 다룬다는 사실이다. 비록 칸트의 선험논리학이 오성의 발생적 기원 및 그 적용 범위를 제한적으로 규정한다는 점에서 한편으로는 논리학의 신기원을 이룬다 해도, 결국은 생각함을 개념, 판단, 추리의 기본적 틀 속에서 형식화함으로써 다른 편으로는 전통 논리학의 껍질을 뒤집어쓰고 있다. 헤겔은 생각의 형식이 곧바로 언어의 형식과 같다는 데에서 논리학을 시작한다.[19] 생각한다는 것이 인간을 다른 동물과 구분하는 가장 본질적 징표라고 한다면, 이 징표는 구체적으로 언어 속에서 실제로 입증된다. 인간이 생각 속에 가지는 모든 것은 언어이며 동시에 언어화된 생각이라면 이것은 인간의 자기화의 현실적 조건임이 틀림없다. 이런

17) LI, 7쪽.
18) 계몽=Aufklärung, 설명=Erklärung, 연출=Darstellung.
19) LI, Vorrede, 2쪽.

이해 아래에서만 사유함이 세상의 로고스로 드러난다. 순수사유 또는 생각함만으로는 인간의 내면의 관념성 이외에 아무것도 제시하지 못하며, 오직 언어를 통한 내면의 외면화에서만 생각과 말과 로고스는 정확하게 일치한다. 이 일치가 곧 논리학의 원시적 이념을 결정한다.[20] 논리적인 것, 즉 로고스적인 것은 언어적인 것이며 언어적인 것은 이성적인 것이다. 언어가 존재에 이름 붙이고 설명하고 가공한다는 점에서, 그리고 이 같은 작업이 일정한 원칙과 기준에 의해 수행된다는 점에서 그러하다. 다시 말해 사유의 본래적 '자연'은 논리적, 로고스적이며 이 '자연'이 언어의 '자연'으로 재생된다. 그런데 사유의 본래적 자연이 논리적, 로고스적인 것이라면, 이것은 반복적으로 기계적 변화를 순환하는 그런 물리적 자연이 아니라 이와는 대립되는 정신적 본성을 가진 그런 자연, 말하자면 초자연적인 것이다.[21] 이 정신적 자연으로서 사유(생각함)는 언어적 진술에서 주어와 술어의 결합 형태로 나타난다. 이를 통해 대상적 존재가 사유적 존재로 환원되는 것이다.[22]

말의 실존적 용도는 자기 자신 또는 다른 이와 대화하는 데 있는지 모른다. 대화 속에서 인간들은 서로의 실존을 확인하고 희로애락을 연출할 뿐 아니라 그것들을 역사적으로 지속시키기 때문이다. 그러나 헤겔은 적어도 사적 개인의 사춘기적 감상의 실존적 표현 방식으로 '말함'을 다룬 적은 없다. 그는 언어의 인식적 · 논리적 특성을 주객관계로 얽어서 설명할 뿐이다. 따라서 그는 하이데거처럼 언어의 실존적 · 역사적

---

20) 하이데거는 이 이해의 토대 위에서 '논리학이 무엇인가'라는 물음을 아무런 유보 조건 없이 '언어란 무엇인가'라는 문제로 바꾸고 있다. M. Heidegger, *Neue Forschungen über Logik*, HGW, Bd.1, 17~43쪽 참조.

21) LI, Vorrede, 2쪽.

22) 논리학의 본성 탐구가 언어의 본질에 대한 탐구로 대치될 수 있는 이유가 여기에 있다. M. Heidegger, *Was heißt Denken?*, HGW, Bd.7, 100쪽.

근원을 따지지 않으며, 니체처럼 시적 언어들의 현란한 은유와 풍자로 방황하지 않는다. 그가 특히 강조하는 것은 사유의 범주 운동이 언어의 진리 표현 운동과 같다는 것이며, 이것은 사유와 언어의 동일성을 처음부터 전제한다는 것이다.

그러나 헤겔은 모든 언어가 동일한 체계나 보편적 규칙 및 문법을 가지고 있다고는 생각하지 않았다. 그는 일찍이 언어의 실재적 발생 기원을 다룬 적이 있다.[23] 거기에서 그는 어떻게 음소와 음절들이 소리를 이루고 소리 소가 연결되어 지칭의 이름과 표현 의미를 나타내는지 하는 문제가 아니라, 어떻게 언어가 사회 속에서 나타나는지를 소박한 형태로 다루고 있다. 언어는 그에 의하면 철두철미 인간관계의 산물이다. 인간관계의 실재적 모형은 남녀관계이며 남녀관계의 자연스런 결과는 가정이다. 가정은 아이가 탄생하는 현실적이며 관념적 장소이다. 따라서 가정은 역사의 시작이며 동시에 사회의 시작이다. 그 시작은 신에 의해서가 아니라 인간에 의해 수행된다.[24] 적어도 창조에 관한 한에서 한 쌍의 성인 남녀를 만드는 것으로 신의 임무는 완수된 것이기 때문이다. 아이를 낳고 식구들을 먹여 살리기 위한 '가족 재화'와 그것의 확보를 위한 '노동', 그리고 자신과 가족 구성원 사이의 관계 및 자연과의 관계의 인식적 · 실천적 확인을 위한 언어는 그 계보적 진원지가 '가정'이다.[25]

23) *Jenaer Systementwürfe I*, 282쪽 이하, *Jenaer Systementwürfe III*, 189쪽 이하 참조.

24) 칸트는 일찍이 하느님은 왜 어린아이가 아닌 혈기 왕성한 남자와 여자를 먼저 창조했는지 물은 적이 있다. 만일 그가 젖먹이를 처음 만들었다면 그 아이가 성인이 될 때까지 생계뿐 아니라 제 짝을 만나는 일까지 하느님은 책임져야 했을 것이다. 이런 번거로움에서 벗어나고 또 당장 전쟁이 닥치지 않도록 하기 위해서는 성인 남녀를 먼저 만드는 것이 유일한 방법이라고 칸트는 생각한다. I. Kant, *Mutmaßlicher Anfang der Menschengeschichte*, 1786, AA, Bd.VIII, Berlin 1912ff, 110쪽 참조. 이제 아담과 이브는 아이를 낳고 가르치고 가족의 생계를 꾸려야 하는데 이것이 사회와 역사의 출발이다.

그런데 가정은 필연적으로 사회 속에 존립할 뿐 아니라 그 사회를 형성하는 기초 단위이다. 다시 말해 하나의 가정만이 있고 또 있을 수 있는 것이 아니라 여러 가정이 있고 또 있음이 틀림없으며, 이 여러 가정 속에서 각기의 실존을 인정하고 매개하는 중요한 세 가지 계기들 중의 하나가 곧 언어이다.[26] 이 여러 가정의 결합체가 곧 민족이며 따라서 민족 안에서 개개인의 실존의 관념적 계기들이 구체화되고 현실화된다. 하나의 가정이 제대로 가정의 구실을 하려면 그 가정이 보호될 수 있는 법적·제도적 장치가 민족 구성원 전체에 의해 만들어지고 지켜지고 내외에 선포되어야 한다. 그 일차적 징표는 그들이 하나의 언어, 그것도 특수하고 고유한 언어를 사용하고 있다는 점이다. 헤겔 자신은 이에 대해 이렇게 말한다. "언어란 단지 한 민족의 언어로만, 즉 한 민족의 오성과 이성으로서만 존재한다. 한 민족의 작품으로서만 언어는 다만 정신의 관념적 실존인 것이며 정신은 이 실존 속에서 자신이 본질상 무엇이며 존재상 무엇인지를 말하게 되는 것이다."[27]

헤겔은 분명 언어에도 국적이 있고 따라서 인류 공동어를 만들거나 어떤 특정 민족의 언어를 인류 공용어로 강제적으로 내세워 바벨탑을 쌓으려는 시도를 부질없는 짓으로 치부하는 것처럼 보인다. 그러나 언어에도 국적이 있고 각 국가 또는 민족이 같은 정도의 정신 등급을 가지는 것이 아니라면, 이것은 각 언어에 우열이 있다는 것이 된다. 헤겔은 존재와 사유에 대한 진술에서 질서 정연하고도 '풍부한 논리적 표현'과 '사유규정 자체에 대한 본래적 또는 분석적 표현'을 엄밀하게 논리적으

25) *Jenaer Systementwürfe I*, 282~325쪽 참조.

26) 세 가지 계기들은 언어, 도구, 소유이다. *Jenaer Systementwürfe I*에서 겉으로는 단지 소유만이 가정의 계기인 것처럼 보이나 내용적으로 이 셋은 가정의 완전성을 확보하는 요소들이다.

27) *Jenaer Systementwürfe I*, 318쪽.

로 해낼 수 있는 언어와 그렇지 못한 언어로 가르고 독일어를 전자에 그리고 중국어를 후자에 배열한다.[28] 중국어는 그 구조상 전치사, 관사, 그리고 접속사 및 어형 변화가 없기 때문에 사유와 관계하는 무수한 논리적 관계성이 제대로 나올 수도 표현될 수도 없으며 따라서 아직은 로고스적으로 발육 부진의 상태라고 주장한다.[29] 이에 비해 독일어는 사태의 본질 파악에 어떤 언어보다도 유리하다는 것이 헤겔의 지론이다. 독일어는 사유와 관계하는 무수한 사태 및 상황들을 전치사, 관사, 어형 변화와 함께 정확하게 진술하며 또 이것을 대상적 형식으로 도장 찍는다는 것이다. 게다가 많은 단어들이 고유한 특징과 다양한 의미들을 내포하고 때로는 서로 상반되는 뜻을 가지고 있음에도 불구하고 언어의 사변적 정신이 혼동되지 않는 특징을 독일어는 가지고 있다는 것이다.[30] 사실 여부에 관계없이 헤겔은 독일인으로서 논리학을 독일어로 독일 정신으로 기획할 것을 분명히 한다.

그러나 다른 편으로 헤겔은 언어의 또 다른 기원을 자연에 대한 제2의 창조라는 보편적 관점에서 생각한다. 하느님은 천지를 창조하고 마지막으로 인간을 창조했다. 성인 남자로 생겨난 아담에게 일차적으로 가장 절박했던 것은 잠자리의 외로움이 아니라, 아마도 자신의 배고픔을 해결하는 일이었는지도 모른다. 먹을 것이 아무리 풍성하게 널려 있다 해도 그런 것들은 언제나 먹을 수 없는 것들, 독 있는 것들과 함께 있기 마련이다. 따라서 배고픔을 해결하기 위한 선결 문제는 우선 천지에 널려 있는 자연의 사물들이 무엇인지 인식하고 거기에 이름을 붙여나가는 것이다. 보고, 듣고, 촉감으로 지각되는 것들을 후에 다시 기억으로 되살려

28) LI(1831), Vorrede, 20쪽.
29) 같은 곳.
30) 같은 곳.

표상화하고 재확인한 내용은 '내가' 그린 '그림'이요, '나의' 인식 내용이다.[31] '존재는 자아이다'라는 명제의 본래 뜻은 여기에 있다.[32] 이 인식 내용이 하나의 '징표'를 획득하는 것은 인식자아에 의해 그것에 이름이 주어지는 경우이다. 이처럼 대상에 이름을 주는 현실적 위력이 곧 언어이다.[33] 모호하고 애매한 것으로 있던 대상은 자아가 붙여주는 이름과 더불어 선명해지고 확실해져서, 이것이야말로 자연에 대한 인간의 제2의 창조가 되는 것이다.

만일 내가 어떤 대상의 일정한 특징들을 고려하여 돌멩이라고 이름 붙이면 그 대상이 적어도 나에게는 돌멩이이다. 그런데 돌멩이라는 이름은 그 일정한 특징에도 불구하고 대상 자신의 징표가 아니라 나의 징표요, 이 징표가 나의 정신적 '지성'을 동원하여 생겨난 것이므로 돌멩이라는 이름은 정신적 존재이다. 같은 방식으로 천지 속에 있는 모든 자연 대상들에 내가 지어준 이름을 붙이면 그 대상들은 정신적 존재이다. 차라리 이 존재들은 바로 그 이유 때문에 나의 지배권과 인식권 안에 들어 있는, 말하자면 정신의 창조물이라는 편이 옳을 것이다. 여기서 한편에서는 정신, 이성, 로고스의 같음이, 그리고 이에 입각하여 다른 편에서는 '사물과 말함의 본질'이 이성으로, 그리고 '사실과 이야기'의 본질이 범주로 이해된다.[34] 일단 자연 속의 대상들에 대한 이름 붙임과 그에 의한 말함이 일정한 범주 체계에 기초한다는 반성에 이르면 언어가 배고픔을 해결하기 위한 생존의 원시적 수단인 그런 단계를 넘어선다. 다시 말해 로고스로서의 언어는 존재 세계 일반의 내재적 구조를 드러내놓은

31) *Jeaner Systementwürfe III*, 188, 190쪽.
32) *Jenaer Systementwürfe III*, 188쪽 이하.
33) *Jenaer Systementwürfe III*, 189쪽.
34) *Jenaer Systementwürfe III*, 190쪽. 사물과 말함의 본질=Wesen des Dings und Rede, 사실과 이야기=Sache und Sage.

유일하면서도 본질적 매개로 정착되며, 따라서 그 목표는 존재와 사유의 일치를 구체적으로, 그리고 현실적으로 진술해내는 그런 임무를 가지게 된다. 이제 배고픔은 더 이상 이 임무 수행의 추동력이 아니라 방해요소로 작동하게 되며 넉넉한 여가와 마음의 평온을 가지고 '순수사유에 몰두하려는 욕구'를 첨예화하는 새로운 태도가 여기서 요구된다.[35) 그리고 이 태도를 로고스의 태도요, 진리를 찾아가는 철학의 진정한 태도라고 헤겔은 말한다.

3. 생과 범주

전통적으로 철학은 우리를 둘러싸고 있는 다양한 주위 환경, 이를테면 외적 환경으로서 물리적 자연과, 내적 환경으로서 인륜적 문화에 대한 구체성과 그 정신적 사유 관계 구조를 탐구하는 것을 과제로 하고 있다. 이에 비해 논리학은 이 같은 철학의 대상들을 '완전한 추상 속에서' '진술의 방식'을 가지고, 다시 말해 범주를 가지고 다루는 것이다.[36) 말하자면 대상의 진술논리적 술어화를 그 방식으로 하는 것이 논리학인 셈이다. 그 용어의 역사적 유래가 어디이든 관계없이[37) 범주는 아리스토텔레스 이래로 진술 및 판단의 방식 또는 형식이라는 뜻으로 쓰이게 된다. 이 형식은 논리적 '유'개념을 그 본질로 하는 일종의 인식적 판단의 최고의 추상적 술어들이다. 말하자면 우리가 대상에 대해 진술할 때 사용되는 가장 일반적 개념이 범주이다. 인식 작용은 우리의 자아가 대상

35) LI(1831), Vorrede 21쪽.

36) LI(1831), Vorrede, 21쪽. Aristoteles, *Analytica Prior*, 24b.

37) Kategorie는 고소, 고발, 반대 심문 등의 뜻을 가진 희랍의 법정 용어에서 차용된 말이다. 일반적으로 진술, 판단의 의미로 쓰인다.

을 파악하고 규정하는 행동을 말한다. 대상 파악과 규정을 위해 자아가 자신 속에서 사용하는 일정한 틀은 개념인데, 이 개념을 가능케 하는 최고의 객관적 조건이 생각될 수 있고, 이 조건을 '근본개념'이라 할 수 있다. 이 근본개념은 인식하는 자아가 대상을 관찰, 파악, 규정하는 데에 가장 추상적이면서 보편적인 관점을 나타낸다. 인식하는 자아와 대상의 관계는 이 개념들 속에서 가장 기본적으로 표현되며 이것을 일컬어 범주라 하는 것이다.

아리스토텔레스는 인식이 대상의 완전한 복제 또는 모사라는 생각을 가지고 있었다. 이 입장에서 보자면 대상에 대한 인식은 대상 자체의 모습과 그 구조를 완전하게 같은 것으로 찍어낼 수 있다는 전제가 깔려 있다. 여기서 대상 인식이 범주를 통해 가능하다는 것은 인식하는 자아와 인식되는 대상을 연결하는 통로가 범주라는 것과, 인식 대상이 이 범주에 의해 보편적 규정성과 객관적 구조를 얻게 된다는 이중의 의미를 가지고 있다. 따라서 이 관점에서 범주는 단지 인식하는 자아의 순주관적 어떤 특징이 아니라 대상의 대상성, 즉 존재하는 존재자들의 객관적 구조 틀로 이해된다. 이 같은 입장을 전적으로 거부한 이가 칸트인데, 그는 인식이 대상 자체의 모사가 아니라 시 · 공 속에서 보여지는 만큼의 현상을 주관적으로 구성해내는 것이라고 생각한다. 이 입장에서는 대상 자체에 대한 인식은 처음부터 불가능하며, 인식하는 자아는 단지 현상을 순수오성개념에 의해 형성해낸다는 전제가 깔려 있다. 여기서 현상 인식이 범주를 통해 가능하다는 것은 현상이 범주에 의해 보편적 규정성을 얻는다는 것인데, 이때 규정성의 근거는 다시 인식 주체로 환원된다. 따라서 이 관점에서 범주는 대상의 대상성 또는 존재하는 존재자들의 객관적 구조 틀일 수는 없고 오히려 인식하는 자아 속에 있는 '순수오성개념'으로 이해된다.

만일 아리스토텔레스의 범주를 대상 세계의 객관적 구조로, 그리고 칸트의 범주를 주관적 자아의 순수개념으로 단순화하여 양극화되는 것으로 해석할 수 있다면, 헤겔의 범주를 아마도 이 두 관점들의 종합이라고 보아도 무방할 것이다. 헤겔은 그의 『논리학』뿐 아니라 그의 철학 체계 어디에서도 범주를 체계적으로 다루고 있지 않다. 그는 범주의 인식론적 의미나 논리적 원천에는 큰 관심을 보이지 않으며, 아리스토텔레스나 칸트의 범주론을 조목조목 신랄하게 비판하지도 않는다. 그럼에도 불구하고 『논리학』의 머리말에서 그는 범주가 『논리학』을 이끌어가는 진정한 '추상'이라고 주장한다.[38] 왜 그랬을까?

아주 통속적으로 관찰해보자. 인식론은 그것이 완전한 통일적 체계 속에서 이해될 수 있으려면 존재론을 포함해야 한다. 그러지 않으면 인식론은 칸트처럼 대상과 무관한 순수주체의 주위를 맴돌거나 로크처럼 주체와 무관한 순수 대상의 주위를 맴도는 일에 탈진할 것이다. 그러나 인식은 '내가 대상을 파악하는 것'이다. 여기서 나와 대상의 질적 차이를 추상해버리면 남는 것은 무엇인가 '있다'는 것이다. 이 '있음 일반'은 존재와 같은 말이다. 이제 이 있음, 즉 존재란 무엇이며 그것은 어떤 구조로 되어 있는가를 묻고 그 답을 추구하면 '존재론'이 된다. 이 존재론은 인식론의 일종이다. 물음과 답의 주체는 언제나 나이며 그 객체는 존재이다. 말하자면 내가 대상을 파악하는 것의 체계적 로고스를 인식론이라고 한다면, 내가 존재를 파악하는 것의 체계적 로고스를 존재론이라 할 수 있다. 헤겔은 이 둘을 그 근원에서 같은 것으로 보고 있으며 그 근거를 범주에서 찾는다.

헤겔은 범주가 진술의 형식이며 동시에 사유의 형식이라는 전통적 견해(아리스토텔레스와 칸트의 견해)를 받아들인다. 그러나 그는 여기에 생(生)의 추상성이 사유의 배후 근거에 있다는 점에서 이 또한 범주라는 그

38) LI(1831), Vorrede, 24쪽.

런 생각을 덧붙인다. 여기서도 그는 살아 있음의 제일 표징이 '먹는다'거나 '잠을 잔다'는 데 있는 것이 아니라 '생각한다'는 데 있다는 전통적 견해를 받아들이는 셈이다. 존재를 생 또는 살아 있음과 동일시하는 복잡한 형이상학의 세밀한 작은 길들을 추적하는 것을 여기서 문제 삼지 않고, 헤겔은 직접 '살아 있다는 것은 범주들을 사용한 것이다'라고 강조한다.[39] 이때 생각하므로 존재로서 살아 있다는 뜻보다 더욱 선명한 것은, 양자가 다 함께 추상과 '생략'을 본질로 하고 있다는 주장이다.[40] 추상과 생략은 무수한 다양을 계산해 넣는다는 뜻과 동시에 전혀 그것을 고려치 않는다는 상반되는 뜻을 가지고 있다. 예를 들어 '동물'이나 '바다'라는 표상은 한편으로는 무수한 서로 다른 동물들 또는 바다의 모습들에 대한 고려를 통해 얻어지며, 다른 편으로는 이 다양성의 삭제를 통해 얻어진다. 그리고 이때 고려와 삭제는 같은 작용으로 추상과 생략을 뜻한다. 범주는 추상의 최고 형태이며 이것은 생이 추상의 최고 형태인 것과 같다. 범주가 대상관계에서 그 객관적 타당성을 입증해나가듯이 삶 또한 대상과의 관계에서 그 지속을 보증받는다. 아울러 살아있음의 범주적 표현 방식은 로고스이며 또한 로고스의 학이다. 범주가 논리학을 이끌어가는 진정한 추상이라는 뜻이 나타나는 곳이 곧 여기이다.

칸트는 범주를 순수오성개념이라고 이름 붙이고 헤겔은 이것을 '사유의 순수 추상'이라고 수정한다.[41] 인간의 생을 결정하는 심성에는 다양한 기능과 요소들이 있다. '감각, 충동, 관심'은 그 자체 독립 기능들이지만 삶의 중심점으로 통일되며 그 삶은 다시 사유 속에서 구체화된다. 만일 인간이 삶의 담지자가 아니라 삶 그 자체요, 사유의 담지자가 아니라

39) LI(1831), 24쪽.
40) LI(1831), 25쪽. 생략=Abbreviaturen.
41) LI(1831), 25쪽.

사유 자체라면, 그리고 삶과 사유의 진행 과정이 대상관계 속에서 물화되어 나타난다면 삶과 사유는 그 이념에서 같은 것이다. 감각이나 충동, 관심이 살아 있음과 사유함의 동물적 기초인 한에서는 이것들은 부자유이며 따라서 더 이상 인간의 삶과 사유를 자유롭게 하는 요소는 아니다. 헤겔은 이 같은 심리적 요소들이 적어도 인간에 관한 한 삶과 사유로 범주화되는 가장 원초적인 것이라고 이해한다. 물론 이때 범주화는 추상화 작용이요 또한 통일화 작용이며, 이를 통해 원초성은 삶과 사유의 자유와 자율성을 획득한다.[42]

4. 자연논리학의 극복

헤겔은 전통 논리학이 '범주의 사용'에 '무의식적'이었다고 생각한다.[43] 그는 아리스토텔레스와 칸트를 싸잡아서 통속적이고 일반적인 사고방식과 같은 것으로 해석하고 있는지도 모른다. 그리하여 그 같은 태도를 '자연논리학'이라 이름 붙인다.[44] 범주 사용에 그 논리가 무의식적이라는 말은, 일상적으로 살아감에 무의식적으로 대상을 규정하고 자기화하면서 그 근거에 대한 일체의 반성을 차단하고 있다는 뜻이다. 이제 논리학은 자연논리학에서 반성논리학으로 전환되어야 한다. 그날그날을 살아가는 생명체들은 그들의 삶이 단지 기계적 반복에 의해 지배되는 한 구분될 필요가 없다. 이들에게 행동의 동기는 더도 덜도 아닌 본능일 뿐이다. 만일 어떤 사람이 이 같은 생의 원초적 본능에 매여 살아간다

42) LI(1831), 25쪽. 충동 = Trieb, 관심 = Interesse.
43) LI(1831), 26쪽.
44) LI(1831), 26쪽. 자연논리학 = natürliche Logik.

면 굳이 그에게 '인간'이라는 이름을 붙일 수도 없고 또 그럴 필요도 없다. 인간이 아닌 것에 자유를 말할 수 없고, 자유를 말할 수 없는 곳에는 다만 자동기계처럼 돌아가는 '자연의 논리학'만이 지배할 것이다. 여기에서는 심성(心性)의 모든 기능들이 단지 기계적 삶의 도구로 전락된다. 아마도 논리학을 생존의 전략으로 보는 도구주의 입장에 대한 강력한 비판일 수도 있고, 또 논리학을 단지 사유의 형식에 관계된 학이라는 입장과 단지 현상 인식의 조건으로 보는 입장에 대한 중첩적 비판일 수도 있는 핵심이 여기에 나타난다. 다시 말해 심성의 모든 기능이 단지 무의식적 삶의 도구로서가 아니라 자유로운 로고스의 표현 기능으로 이해되는 사유와 삶의 의식적 동일성의 그런 논리학이 진정으로 우리에게 필요하다. 그리고 이 필요를 충족시키는 논리학은 사유의 진정한 장소로서 '확실성 그 자체'에 대한 완전한 확보를 기획하고 설계하는 그런 논리학이어야 한다.[45] 헤겔은 이를 위해서는 먼저 사물들에 대한 새로운 관점 제시에서 시작해야 한다고 강조한다.

사물이란 우리 의식에 들어오기 전에는 적어도 우리에게 없을 뿐 아니라 그 사물 자체 쪽에서도 있음을 입증할 능력이 없는 그런 어떤 것이다. 이것은 우리가 '사물에 대해 말하려고 할 때' 비로소 사물이 사물로 나타난다는 것을 뜻한다.[46] 이때 '사물 그 자체'와 '사물의 나타남'을 인식적으로 구분할 어떤 필연적 이유도 없다. 나타나지 않는 것은 있을 수도 없기 때문이다. 그런데 나타남으로서의 사물은 개념을 통해 확증된다. 이 점에서 적어도 개념이 없는 것은 나타나지도 않는다. 말하자면 사물 자체는 사물의 '자연'이요 또 그 '본질'인데, 이 본질은 오직 사물의 '개념'에서 나타나므로, '사물 자체＝사물의 자연＝사물의 개념'이라는

45) LI(1831), 26쪽 참조.
46) LI(1831), 25쪽.

등식이 여기서 성립한다. 그런데 문제는 이 개념이 즉자적으로는 사물이 아니라 사유 속에 있다는 것과, 사유는 인식 주체의 본질이지 객체의 본질이 아니라는 점이다. 이 같은 난점은 개념이 대자적으로는 객관적 사물 속에도 있고 또 주관적 사유 속에도 있어서 사물과 사유 양쪽의 본질이며 또한 이 양쪽을 즉자대자적으로 매개한다고 가정하거나, 아니면 처음부터 사유와 존재의 같음을 전제하면 해결된다. 그러나 논의의 시초부터 후자, 즉 사유와 존재를 같은 것으로 전제할 수는 없다. 사유는 내 머릿속에 있고 존재는 내 밖에 있으며 질적으로도 이 둘은 서로 다른 것이기 때문이다. 이 때문에 헤겔은 전자의 경우를 채택한다.

그러나 전자, 즉 개념이 대자적으로 객관적 사물 속에도 그리고 주관적 사유 속에도 있어서 사물과 사유 양쪽의 본질이며, 또한 이 개념이 이 둘을 즉자대자적으로 매개한다는 가정을 받아들이면 굳이 '사물'이라는 이름이 여기서 필요한가 하는 의혹이 생겨난다. 사물이란 칸트에 의해 이미 '물자체'로 도장이 찍힌 그런 용어이며 이 대상은 적어도 현상으로는 나타나지 않기 때문이다. 때문에 헤겔은 앞의 가정을 수용할 경우 '사물'보다는 '사실'이라는 용어가 존재 지칭에 더 적합하다고 생각한다.[47] 이것은 사물의 인식적 의미뿐 아니라 존재론적 의미에서도 현상의 배후를 현상과 같은 것으로 생각하는 관점의 전환을 의미한다. 여기서 사물의 본질은 사실과 '사고'의 관계로, 따라서 '개념'으로, 그리고 반대로 사실과 사고의 관계는 사물의 객관적 본질로, 따라서 개념의 존재로 이해된다.[48] 이렇게 되면 '사실'은 개념의 규칙으로 나타나지만 우리에게는 이 사실이 '개념'으로 보여진다.[49] 그러므로 물자체의 공허한 추상이 의미를 얻으려면 그것이 전적으로 개념 속에서 나타나고 또한 존재

47) 이에 대해서는 LI(1831), 26쪽 참조. 사물=Ding, 사실=Sache, 개념=Begriff.
48) LI(1831), 25쪽 참조.

한다는 점을 인정해야 한다.

개념은 예외 없이 '사실'의 개념이며 이 개념은 의식과 더불어 사유로 내화되고 그리고 존재와 더불어 자연으로 외화된다. 이 때문에 개념은 사유와 존재 양쪽의 실체로 간주된다. 그런데 이 실체, 즉 개념이 자신을 자연에 현시하는 과정은 오직 사유 속의 개념에 의해서만 포착되므로 이 주관적 측면이 대상의 '가장 내면적인 것'이 된다.[50] 헤겔이 사유의 주관적 측면을 '영혼' 또는 '생의 맥박'이라고 부르는 것은, 바로 그것을 통해 정신이 비로소 '논리적 자연'으로 되고 따라서 논리학의 진정한 추진력이 된다는 생각 때문이다.[51] 자연이 일련의 사실들의 연계로 되어 있고, 그 사실들이 의식에 의해 개념화된 것이라면, 그리고 이 개념화된 것이 다시 자연 그 자체로 이해된다면, 이 자연은 논리학을 수행하는 것으로 생각될 수 있다. 이것은 결코 기이한 주장이 아니다. 정신의 로고스에 의해 자연의 본성 속에 있는 개념이 드러나는 조건에서 그렇다는 말이다.

49) LI(1831), Vorrede, 25쪽 참조.
50) LI(1831), Vorrede, 27쪽.
51) LI(1831), Vorrede, 27쪽. 논리적 자연=logische Natur.

제2장

헤겔의 『논리학』에 나타난 '가상(假象)'개념의 구조와 그 체계

1
본질과 가상의 관계

'본질'은 있음에 대한 이유이다.[1] 어떤 것이 있으려면 그 있음의 이유가 먼저 있어야 한다. 이 때문에 본질은 언제나 존재에 앞서 있다. 그러나 있음이 없는 곳에, 다시 말해 아무것도 없는 곳에 본질 또한 있을 수 없다. 말하자면 있음이 있고 나서야 그 있음의 이유를 생각해볼 수 있는 것이다. 이 점에서 본질은 존재로부터 '파생된 것이며 직접적으로 있는 것이 아니라 매개적으로 있는 것이요, 존재 운동의 원인이 아니라 그 결과'이다.[2] 헤겔이 본질을 존재에 대한 반영(Reflexion)이라고 강조하는 곳이 바로 이곳이다.[3] 그러나 있음의 이유로서의 본질은 이와는 다른 특징을 가진다. 이 이유가 본질의 직접성을 결정하며 동시에 자기 자신의

1) 이 같은 생각의 직접적 기원은 스피노자이다. Spinoza, *Ethica*, pars Ⅰ, prop Ⅲ, scholicium Ⅱ, 참조.

2) Hegel, *Wissenschaft der Logik*, 1812/1813, GW, Bd. 11, Hamburg, 1978(=LI), 244쪽.

현존재를 결정한다. 만일 이 직접성이 본질 자체의 현존이라면 그 대립자로서의 비본질이 당연히 있게 된다. 본질과 비본질이 본질의 현존을 구성한다는 데에서 본질은 더 이상 존재의 단순한 이유나 그 원인이 아니라 존재 자체의 현존으로 비추어진다. 이 비추임이 본질의 가상적 특징이며 또한 본질의 자기 정립의 근원적 형태이다. 이상의 논의들을 토대로 하여 헤겔은 본질을 '가상'과 '현상', 그리고 '현실'로 나누어 분석하고 있다.

헤겔의 『대논리학』에서 본질의 제일 규정은 '가상'이다. '가상'이라는 제1부의 제목 아래 'A. 본질적인 것과 비본질적인 것', 'B. 가상', 'C. 반성'이 다루어진다. 특히 'C. 반성'은 다시 '1. 정립하는 반성', '2. 외면적 반성', '3. 규정하는 반성'의 소주제들로 이루어져 있다. 먼저 왜 본질이 가상인가 하는 문제에 대한 답을 추구하는 데서 논의를 시작해보자.[4] 실제로 이 문제는 단순히 「본질론」의 도입부에서만 제기되는 지나가는 일회성의 문제가 아니라 「본질론」 전체를 꿰뚫고 있는 중요한 문제들 중의 하나이다. 이에 대한 답은 동시에 왜 본질은 가상이 아닌가에 대한 답도 된다.

헤겔은 본질이 '존재'에서 유도된 어떤 것이라는 점을 주목한다. 일차적으로 우리 앞에 보여지는 것은 존재, 좀 더 정확히는 개별적 구체적 존

---

3) 이 반성 운동이 의식의 자기 전개로 나타나면 『정신현상학』이 된다. 어느 경우든 이 운동은 변증적이다. 이에 대해서는 J. Heinrichs, *Die Logik der 'Phänomenologie des Geistes'*, Bonn 1974, 26쪽 이하 참조.

4) '가상'은 '반성'의 기초 위에 있다. 반성의 객관적 측면이 비추임으로서의 반영이라면 그 주관적 측면은 '이성'으로서의 반성이다. 예나 시대의 헤겔은 특히 후자를 강조한다. Hegel, *Differenz des Fichteschen und Schellingschen Systems der Philosophie*, GW, Bd. 4, Hamburg 1968, (=Differenzschrift), 15쪽 이하. 반성의 극단적 주관화에 대해서는 Fichte, *Über den Begriff der Wissenschaftslehre, 1794, Fichtes Gesammelte Werke*, Bd.1, hrsg. v. I. H. Fichte, Berlin 1971, 67쪽 참조.

재자들이다. 이 개별적 구체적 존재자들의 보여짐의 전체를 존재라 하는데 이 존재는 다시 규정과 더불어 구체적 현존재로 분화된다. 이 존재와 존재자들에서 본질은 관찰되지 않는다. 본질이 관찰되는 곳은 개별적 존재자들의 현존의 근거를 묻는 곳인데 그곳은 '척도'의 범주가 동시에 문제 되는 곳이었다. 결국 존재의 척도는 존재라는 결론을 내리면서 헤겔은 이 척도로서의 존재를 본질이라고 부를 것을 제안한다. 이 점에서 본질은 존재로부터 나온 것이다. 그런데 본질이 존재로부터 나왔다는 것은 존재가 본질의 원인이며 따라서 본질은 존재의 결과라는 그런 뜻이 아니다. 헤겔은 존재의 관찰에서부터 찾아냈지만 존재 그 자체일 수는 없는 어떤 것을 본질이라고 이름 붙여보면 역설적이게도 존재는 비본질로 전락한다고 생각한다.[5] 그는 이 이유를 개념 분석적 방식으로 찾아낸다. 즉 본질은 본질이지 비본질일 수 없으며 따라서 이 본질에 마주한 직접적 존재가 '비본질'의 새로운 명칭을 얻게 된다. 그리고 이 비본질적 직접 존재를 '본질 없는 존재(wesenloses Sein)' 다시 말해 '가상'이라 부른다.

그러면 이 가상은 본질과 어떤 관계에 있는가? 가상은 본질 밖에 그와 무관하게 있는 존재의 특수성인가? 본질은 오직 존재를 통해서만 나타난다. 그런데 존재가 비본질적인 것이요, 따라서 가상이라면 본질 또한 비본질적인 것이요 가상이어야 한다. 왜냐하면 본질은 존재의 '반영(Reflexion)'이며 또 그 그림자이기 때문이다. 결국 존재의 가상의 성격은 본질의 가상을 결정하며 동시에 그 비추임의 본성을 나타내는 것이다.[6] 이 점을 좀 더 분명히 하려면 '본질적인 것과 비본질적인 것'에 대한 헤겔의 생각을 보다 면밀하게 분석해야 한다.

5) LI, 244쪽.
6) 같은 곳.

헤겔은 본질이 존재 영역의 부정을 통해 생긴 것이므로 '지양된 존재'와 같은 것이라고 말한다.[7] 그런데 존재 영역의 부정이 존재 자체에 대한 완전한 소멸이나 해체를 뜻하는 것은 아니요, 따라서 지양된 존재 또한 존재에 대한 완전 부정을 지시하는 것이 아니다. 존재의 직접성에 대한 부정은 존재와는 또 다른 개념으로 표시해야 하지만 그럼에도 불구하고 그 부정 속에서도 사라지지 않는 어떤 것을 내포하고 있음을 나타내야 한다.[8] 이 두 조건을 충족시키는 것이 '본질'이라는 용어의 '직접성'이다. 이것을 달리 설명하면 '자기 자신의 부정에 의해 자기 자신을 자기 자신에게 매개하는 존재'가 곧 본질이며 '타자와의 관계인 경우에만 자기 자신과의 관계'가 나타나는 그런 존재가 곧 본질이다.[9] 이것은 대상관계 속에서만 자기관계가 있다는 자의식의 형식적 정의에 쏙 맞아떨어지는 표현이다. 또 존재가 자신을 자신과 매개한다는 것은 존재가 스스로 속에서 자신을 '내비추는 것(scheinen)'을 의미하며 여기에 본질의 존재적 특징이 있는 것이다.[10]

그러나 존재는 본질과 대립적 위치에 있다. 존재와 본질은 그 말에 있어서뿐 아니라 그 의미에 있어서도 다르다. 이 차별성이 존재를 본질의 대립자로 만들어버린다. 그런데 본질이 본질인 한 이에 마주한 존재는 비본질일 수밖에 없다. 즉 한쪽에는 존재가, 그리고 다른 쪽에는 그 존재의 부정이 즉 본질이 자리하기 때문이다. 본질이 본래 현존을 자기규정의 근본으로 하지 않는다는 점을 이 대립은 보여준다. 마찬가지로 본질은 존재를 통하지 않고서는 이 세상에 현현될 수 없음도 여기에서 보여준다. 말하자면 본질이 현존을 자기실현의 도구로 쓰고 존재는 본질을

7) 같은 책, 245쪽.
8) Enzy, § 112.
9) 같은 곳.
10) 같은 곳.

자기 존립의 틀로 쓰는 것이다. 여기에서 존재뿐 아니라 본질 또한 현존을 필요로 한다는 점이 밝혀진다.

존재와 본질을 연결하면서 존재에게는 본질을, 그리고 본질에게는 존재를 투사시켜주는 것은 '현존(Dasein)'이다. 이 현존은 일차적으로는 존재의 외면이며 또한 본질의 외면이다.[11] 외면이란 어떤 것이 밖으로 내비쳐진 것을 말한다. 이 외면으로서의 현존은 본질과 그 대립자로서의 비본질, 즉 존재의 통일이며 또 그 구분의 기초이다. 이 통일로서의 구분 또는 구분으로서의 통일을 헤겔은 '제3의 것(Drittes)'이라 부른다.[12] 첫 번째 존재, 두 번째 본질, 세 번째 현존이라는 뜻이기도 하고 앞의 두 계기를 매개하고 통합하는 실질적인 힘이라는 뜻이기도 하다. '제3의 것'이라는 말은 이제 더 이상 본질과 비본질의 구분을 강조하는 것이 아니면서 비본질이 본질의 본질이라는 변증적 의미도 함축하는 것이다. 특히 이 같은 변증적 주장은 본질이 비본질, 즉 가상으로 나타날 수밖에 없는 이유를 제시한다.

이 세상에 우리의 눈으로 볼 수 있고 손으로 만질 수 있고 귀로 들을 수 있고 접촉으로 '있다'고 알 수 있는 것은 존재도 아니고 본질도 아니다. 그것은 구체적 어떤 것이 감각적으로 있는 것, 즉 현존이다. 이 점에서 현존은 모든 것에 앞서서 실재하는 어떤 것이다. 그러나 이 현존은 그 뿌리가 존재이다. 현존이라 불리는 모든 것은 이 존재를 그 본질로 하기 때문이다. 그런데 존재는 본질과의 대면에서 비본질적인 것으로 나타났던 바로 그것이다. 그리고 이 비본질적인 것이 여기서 본질 자체의 현존의 제일 조건으로 기여하게 되고 따라서 본질의 현존은 가상으로 정립되는 것이다.

11) 같은 곳.
12) 같은 곳.

존재의 지평에서는 존재가, 본질의 지평에서는 본질이 '절대자'이다.[13] 또 존재를 대상으로 하는 안목에서 본질은 절대자일 수 없으나 본질을 문제 삼는 오성에서 존재는 본질이며 동시에 절대자이다. 이 때문에 후자의 명제가 전자보다 더욱 고차적이다.[14] 그런데 본질은 존재의 부정이며 본질의 부정은 부정의 부정이다. 존재의 부정의 부정은 존재로의 환원이며 본질은 이 때문에 존재에 대한 부정의 계기와 존재로의 환원의 두 계기를 내포하고 있다. 이 같은 본질의 계기들을 고려하지 않고 본질을 단지 '절대자'라 하면 이것은 전제도 내용도 나타나지 않는 '결과(Resultat)', 즉 '추상의 해골(Caput mortuum der Abstraktion)' 이외에 아무것도 아니다.[15] 본질은 존재의 구체적 진상을 표출함으로써 이 해골에 살을 붙여야 한다. 그리고 이 경우에만 본질은 진정한 절대자일 수 있고 존재를 자기 속에 비추어낼 수 있으며 반성해낼 수 있는 것이다.

반성은 본래 심리적 어떤 운동이 아니라 광학에서부터 나온 말이다.[16] 빛이 면에 비치면 그 빛은 되튀어 나온다. 이 되튀어 나오는 현상을 Reflexion, 즉 반영 혹은 반사라 한다. 이 같은 광학적 현상에서 Reflexion의 두 계기, 즉 '직접자, 현존자'로서의 반영과 '매개자, 정립자'로서의 반영의 계기가 유도된다. 다시 말해 빛과 반사가 그것인데 이 같은 계기들의 관계는 우리가 어떤 대상을 반성한다(reflektieren)고 할 때도 그대로 적용된다. 여기서 반성이란 '회상하는 것(nachdenken)'이다.[17] 대상에 대한 반성 또는 회상은 그 대상의 직접성의 각인이 아니라

13) Enzy, § 112 참조. 이 절대자가 곧 절대 무차별자로서의 본질이며 이것은 '절대척도'로부터 유도된다. '본질'로의 이행에 대해서는 L. Eley, *Hegels Wissenschaft der Logik*, München 1976, 139쪽 참조.

14) 같은 곳.

15) 같은 곳.

16) 같은 곳, Zusatz 참조.

17) 같은 곳.

주체의 의식 또는 사유의 매개 작용을 통해 일어난다. 이것은 대상이 자기 아닌 타자, 즉 주체의 매개를 통해 대상화되고 의식은 자기 아닌 타자, 즉 대상의 매개를 통해 의식화됨을 의미한다. 어느 경우이든 타자를 통해 자신이 비쳐지는 것을 말하는 것인데 이 같은 '비추임'의 원시적 성격을 '반성'이라고 한다. 그리고 이 반성이 존재와 본질 사이의 관계를 매개할 때 그 매개된 토대를 헤겔은 '가상'이라 이름 붙인 것이다.

2

존재와 가상

'존재는 곧 가상이다'라는 유명한 헤겔의 명제는 그 내용 자체가 우리에게 쉽게 알려져 있는 것은 아니다. 이 말을 제대로 이해하기 위해서는 먼저 존재를 '비추임'이라는 뜻으로 해석해야 한다. 비추임이 가능하려면 비추는 원천, 즉 빛과 그 비추임이 되튀는 거울, 즉 대상이 있어야 한다. 이 둘은 각기 타자 속에 자신의 본질을 가지고 있다. 존재가 곧 비추임이라는 것은 존재 자체가 지양되어 그로부터 투사된 것이 곧 존재 세계를 이루고 있다는 뜻이다. 이 지양된 투사체가 곧 본질이며 이 때문에 가상은 본질의 비추임이 되는 것이다. 따라서 본질이 없으면 존재도 없고 존재가 없으면 가상도 없는 것이다. 존재가 본질로 무화(無化)되고 본질이 존재로 무화되는 운동에서 가상은 본질의 '부정적인 것(Negatives)'으로 나타난다. 바로 여기에 가상의 존재적 성격과 비본질적 성격이 있다.

존재가 곧 가상이라는 말은 존재로 비쳐진 모든 잔여물이 존재 그 자체이며 동시에 가상이라는 말이다. 이 점에서 존재와 가상은 다 같이 그 비추임의 근원으로서의 본질과는 다른 어떤 것이며 따라서 그것은 적어도 본질이 아닌 것, 즉 '비본질적인 것'으로 전락한다.[18] 비추임의 근원은 빛이요, 비쳐진 것은 가상으로서의 존재이다. 가상이란 비본질성에 대해 붙여진 이름이다. 비본질적인 것은 스스로 이 세계에 존립 기반을 가질 수 없다. 어떤 존재자 또는 사건의 중심이 아니라 그 주변 요인이 비본질적인 것의 특징이다. 그 있음의 방식 또한 무엇을 결정하는 어떤 것이 아니라 무엇에 의해 결정되는 어떤 것이다. 비본질적인 것으로서의 가상도 이와 같다. 가상은 빛, 즉 본질에 자기의 존립 기반을 가진다. 따라서 단순한 가상으로서의 존재는 예속된 존재요, 없어도 그만인 그런 현존이다. 이 점을 헤겔은 가상이 가지는 '비현존(Nichtdasein)의 계기'라고 이해한다. 가상은 언뜻 보기에 직접적 비본질성인 것 같지만 그러나 보다 주의 깊게 보면 처음부터 매개를 통해 있으므로 '반성적 직접성'인 것이다.[19]

그러나 가상은 고대 희랍의 회의주의에서 말하는 '현상(Erscheinung)'과 동일한 '직접성'을 가진다.[20] 즉 이들이 직접적으로는 같다는 것이다. 회의주의나 관념론에서 현상은 물자체가 아니요, 따라서 자기 규정을 떠나서 있는 것도 아니며 주체와의 관계를 배제하고 있을 수 있는 독립적 존재도 아니다. 따라서 그들은 물자체에 대해서는 말할 수 없거나 알 수 없고 단지 그 표상된 현상에 대해서만 말할 수 있거나 알 수 있다고 주장한다. 헤겔은 특히 고대 회의주의의 가상의 구조에 대한 깊

18) 같은 곳.

19) LI, 247쪽. 이에 대해서는 Hegel, *Verhältnis des Skepticismus zur Philosophie, Darstellung seiner verschiedenen Modificationen, und Vergleichung des neuesten mit dem alten, 1802*, GW, Bd. 4(=Skeptizismusaufsatz), 197~238쪽 참조.

20) LI, 247쪽.

은 탐구가 가상의 다양성에 대한 이해에 많은 도움을 주었다고 생각한다.[21] 그럼에도 그들은 존재의 근원은 가상과는 무관하며 존재로부터 가상으로의 전이의 외형만을 말할 수 있을 뿐이라고 주장한다. 존재와 가상이 비록 원전과 그에 대한 번역이라 해도 이 둘 사이에는 넘을 수 없는 틈이 있고 이 틈이 존재와 가상 양쪽에 각기 '독자성'을 제공한다. 이 독자성이 가상의 직접성을 규정한다고 헤겔은 생각한다. 칸트뿐 아니라 라이프니츠에서 피히테로 이어지는 독일 관념론 역시 고대 회의주의가 가상에 덧붙인 규정에서 별로 더 진보하지 못했다고 그는 믿고 있다. 라이프니츠의 '단자와 그 표상'의 관계, 칸트의 '물자체와 그 현상'의 관계, 피히테의 '무한의 충격과 그 규정'의 관계는 그 직접성에서 이미 상관적 필연성을 차단하고 있기 때문이다. 헤겔은 먼저 이 부분에 착안하여 가상의 독자성을 가상의 직접성이라 생각한 것이다.

가상의 직접성은 우리가 가상 고유의 성격에 주목할 때 직접적으로 나타나는 특징이다. 가상은 본질이 아니라는 사실에서 이 둘을 연결할 수 있는 통로가 없다. 이 통로는 존재를 통해 마련되는가? 다시 말해 곧 가상이며 동시에 본질인 그런 존재가 양쪽을 매개할 때만 이 둘은 연결되는가? 존재가 본질이려면 본질을 내용적으로 존재가 채우든가 아니면 존재를 내용적으로 본질이 채워야 한다. 그런데 이 둘의 어느 경우든 가상을 필요로 하지 않는다.[22] 왜냐하면 가상은 비존재와 비본질을 자기의 본질적 계기로 가지고 있기 때문이다. 그러므로 존재가 본질이기에 앞서 먼저 존재는 가상이어야 한다. 그러나 존재가 가상이라면 존재는 자

21) 같은 곳. Skeptizismusaufsatz, 202, 208쪽 참조.

22) 이 지평에서는 굳이 '본질'을 '관계' 범주 밖에 세워둘 필요가 없다. 이 때문에 예나 시대 단편에서 '본질'의 위치에 '관계'가 배열된다. Hegel, *Logik, Metaphysik, Naturphilosophie*, 1804/1805, GW, Bd. 7, Hamburg 1971, 36쪽 이하 참조.

기 현존을 포기(부정)해야 한다. 왜냐하면 가상은 비현존이며 비본질이기 때문이다. 여기서 존재의 가상적 성격이 본질의 내용을 채워놓는다. 그러므로 '가상은 존재의 규정성 속에 있는 본질 자체이다'라고 헤겔은 말한다.[23] 정말로 묘한 논리이다.

본질이 가상의 계기를 가진다는 역설은 본질이 규정을 통해서만 자신을 드러낼 수 있는데 이 규정은 본질 그 자체일 수 없다는 이해 속에서 해소된다. 여기서 본질의 자기관계는 '절대적 통일'로, 그리고 본질과 그 타자, 즉 규정과의 관계는 '부정성'으로 나타난다. 이 둘은 본질의 형식적 구조를 결정하는 요소들이다. 헤겔이 본질을 '절대적 부정성이 직접성과 하나로 일치하는 그런 통일성'이라고 표현하는 것은 바로 이 요소들의 관계를 염두에 둔 것이다.[24] 가상은 결국 본질에게는 부정적인 것이면서 이 부정을 통해 본질을 규정하는 것이다. 이 같은 통찰은 가상이 가지는 직접적 성격, 즉 자존성을 간단히 파괴해버린다. 오히려 가상은 본질에서 비추인 존재이므로 '의존자'이며 본질의 타자관계를 통해 결정되므로 주변자이다. 그러나 이 '의존자'는 이 같은 주변적 성격을 가지고 본질을 부정한다. 본질은 철두철미 자기의 부정으로서의 규정인 그런 가상에 의해 자기 존립의 지반을 마련한다. 이 점에서 헤겔은 본질 또한 가상 이상도 이하도 아니며 Reflexion의 물리적 의미인 '자신 속에서 비추임' 바로 그것이라고 단언한다.[25]

헤겔은 몇 군데에서 가상이 '존재의 찌꺼기(Reste des Seins)'라고 말

23) LI, 248쪽.
24) 같은 곳. 이 같은 생각은 헤겔 사유의 근본을 이룬다. Hegel, *Über die wissenschaftlichen Behandlungsarten des Naturrechts, seine Stelle in der praktischen Philosophie, und sein Verhältniß zu den positiven Rechtswissenschaften, 1802*, GW, Bd. 4 (=Naturrechtsaufsatz), 446쪽 이하와 *Glauben und Wissen*, GW, Bd. 4, 320쪽.
25) LI, 248쪽.

하고 있다.[26] 이 말은 본질에서 존재를 뺀 나머지가 비본질로서의 가상이라는 표현이기도 하지만 존재에서 본질을 뺀 나머지가 부정으로서의 가상이라는 뜻도 된다. 어느 경우든 가상은 존재 그 자체, 본질 그 자체일 수는 없고 또 존재와 본질이 가상 그 자체일 수는 없다는 것을 암시한다. 이 암시가 '존재는 가상이다'라는 명제나 '가상은 존재의 규정성에 있는 본질이다'라는 명제에 정면으로 모순되는 것은 물론 아니다. 눈에 보이는 것, 감성적인 것이 '있는 것들'의 최초의 특징으로 나타나고 이 나타남이 있음(존재)의 '비추임'과 같은 것으로 규정될 때 이때에 존재는 가상이다. 또 이 가상의 모습으로만 나타나는 존재의 배후는 곧 그것이 본질이다. 그러나 이 같은 직접적 또는 피상적 관찰은 다음의 사실을 고려하면 다른 차원의 지평으로의 관점의 이행을 우리에게 강요한다. 그것은 첫째, 본질 자체는 존재도 가상도 아니다. 본질의 영역을 구성하는 두 요소, 즉 본질과 비본질에서 비본질의 측면을 가상이라 하며 그 가상의 현존적 존재의 측면을 본질이라 한다.[27] 둘째, 본질은 결코 직접 자신을 표출하지 않는다. 본질의 즉자적 직접성이란 단지 그렇게 생각하는 이에게만 그런 식으로 보이는 것뿐이다. 다시 말해 본질의 직접성이란 본질 자체가 즉자적 직접성을 갖는 것을 뜻하는 것이 아니라 본질이 처음부터 '절대적 부정성으로서의 직접성'이며 '순수 매개로서의 직접성'이라는 뜻이다.[28] 이 같은 직접성은 본질의 현존을 지시하는 것이 아니라 그에 대한 규정을 지시하는 것이며 동시에 이 규정을 지양하는 것이다.

본질이 자신의 직접성에 대한 규정을 지양해야 하는 이유는 그 규정

26) 같은 책, 249쪽.
27) 같은 책, 246쪽 이하 참조.
28) 같은 책, 249쪽.

이 결코 본질개념에 즉자대자적으로 완전하게 들어맞지 않다는 데 있다. 이것은 본질이 결코 가상이 아님을 직접적으로 증명하는 것으로 충분하지 않다. 왜냐하면 본질의 두 계기 중 적어도 하나는 비본질적인 것으로서의 가상이기 때문이다. 이 때문에 헤겔은 본질의 직접성에 대한 규정성의 지양이 비본질의 가상적 성격을 입증하는 것 이외에 본질이 가상을 자신 속에 내포하여 끊임없이 자기 부정의 운동을 수행한다는 것을 보여주어야 한다고 말한다.[29] 이 운동은 물론 본질이 자기 자신 속에서 스스로를 '비추는 것(Scheinen)'이므로 본질의 '자기 운동(Selbstbewegung)'이며 또한 반성(Reflexion)이다.[30] 가상이 반성으로 불리는 곳이 바로 여기이며 본질이 또한 가상으로 주장되는 곳도 이곳이다.

29) 같은 곳.

30) 같은 곳. 헤겔은 Reflexion이라는 외래어가 '직접성이 자체 내로 들어가 그 직접성에는 낯선 그런 가상'에 대해 적절한 표현성을 준다고 생각한다.

3
가상과 반성

가상이 반성이며 본질 또한 반성이라면 가상은 본질의 일반적 의미영역을 내포해야 할 뿐 아니라 그것에 일치해야 한다.[31] 그런데 본질의 반성적 성격은 헤겔에 의하면 '생성과 이행의 운동이면서 이 생성과 이행을 자체 내에 가지는 그런 되비추임' 속에 있다.[32] 이 생성과 이행의 운동 속에 '구별적인 것'은 다만 '즉자적으로 부정적인 것' 다시 말해 '가상'으로 규정된다.[33] 말하자면 단지 흐름으로 나타나는 운동 속에 모든 구체적 개별적 규정들은 한낱 가상으로 비쳐질 뿐이다. 이 운동은 「존재론」에서 다루었던 생성과 형식적으로는 같은 것이다. 거기서 생성은 '존재와 무의 통일'이다. 이 통일은 한편에 존재가 있고, 그 맞은편에

31) D. Henrich, Hegels Logik der Reflexion, in: *Hegel–Studien* Beiheft. 18, Bonn 1978, 290쪽.
32) LI, 249쪽.
33) 같은 곳.

무가 대립하며 생성이 이 대립을 해소하여 하나가 된다는 그런 의미를 가지고 있지 않다. 오히려 이 통일은 존재가 이미 무로, 그리고 무가 이미 존재로 '이행되어 있고' 따라서 존재와 무는 '과거적으로' 미리부터 생성의 운동을, 다시 말해 통일의 운동을 수행하는 것이 된다.[34] 이 때문에 「존재론」에서 생성은 '구별자'를 구별하면서 이 구별 속에서 구별이 해소되는 그런 운동으로 이해된다. 그리고 이 이해는 반성의 운동에도 그대로 적용된다.

그러나 존재의 운동과 반성의 운동은 근원적으로 다르다. 전자는 객관 존재에 기초한 규정성에 뿌리를 둔 운동이므로 '타자와의 관계'가 그 중심부에 있다. 이와 달리 반성의 운동은 이 타자가 객관 존재의 규정의 근원임을 부정한다. 규정의 본성이 근본적으로 부정이며 이 부정이 즉자적으로 '자기 자신과 관계하는 그런 부정으로만' 생각될 수 있기 때문이다.[35] 이 사건 관계를 헤겔은 '부정의 부정'이라 부른다. 존재가 규정이고 규정이 부정이라면 이 부정에 대한 비추어 되돌아옴으로서의 반성은 부정의 부정이라는 주장이다.

여기서 반성의 외형적 구조보다 중요한 것은 이 부정의 부정이 의식의 타자관계성과 자기관계성에 관한 사변적 논의와 혼합되어 있다는 점이다. 다시 말해 의식은 언제나 '무엇'에 대한 의식이다. 이 '무엇'은 존재의 객관성을 결정하며 의식은 이 객관성을 주관적으로 담보한다.[36] 존재의 객관성을 결정한다 함은 의식의 편에서 보면 의식의 타자관계성을 뜻하는 것이다. 의식이 존재의 객관성을 주관적으로 담보한다 함은 의식의 자기관계성을 뜻한다.[37] 이 둘은 서로 떨어질 수 없는 하나의 양면

34) 같은 책, 44쪽.
35) 같은 책, 249쪽.
36) Schelling, *System des transzendentalen Idealismus*, 1800, SAW, Bd. 7, 348쪽 이하 참조.

이다. 여기서 하나는 의식이다. 그러나 이 하나는 동시에 존재이기도 하다. 존재의 편에서도 마찬가지의 결과가 도출되기 때문이다. 다시 말해 존재 역시 '무엇'에 대한 존재이다. 이 무엇은 의식의 주관성을 결정하며 존재는 이 주관성을 객관적으로 담보한다. 의식의 주관성을 결정한다 함은 존재의 타자관계성을 뜻하는 것이다. 이 둘은 존재의 양면이면서 또한 의식의 양면인 것이다.[38] 헤겔은 의식 또는 존재의 자기관계성을 부정의 부정으로서의 반성이라고 강조한다. 그리고 이 '부정의 부정'은 존재가 자기부정 속에서 확보한 지반이며 그 존재의 타자 또한 자기부정을 통해 이 지반을 공유하게 된다.

부정의 부정으로서의 반성은 '생성'으로서의 '운동 그 자체' 이외에 다른 것이 아니다.[39] 존재에서 무로, 또 무에서 존재로의 이행에 기초한 그런 존재론적 생성과는 달리 여기서의 생성은 '무에서 무로의 운동'이다.[40] 다시 말해 이 운동은 무에서 시작하여 그 무에서 끝나는 무의 원운동이며 따라서 자기 자신으로 되돌아온 그런 운동이다. 이 무의 배후는 존재이며 따라서 그 운동은 존재의 자기 운동이었다. 역으로 존재의 배

---

37) 이 의식의 자기관계성이 피히테에서는 '절대 주체' 또는 순수 의식으로, 셸링에서는 '절대자' 또는 '절대 동일성'으로 이해된다. Fichte, *Grundlage der gesammelten Wissenschaftslehre*, 1794, FW, Bd. 1, 97쪽 이하 참조. Schelling, *Darstellung meines Systems der Philosophie*, 1801, SAW, Bd. 8, 13쪽 이하와 *Fernere Darstellungen aus dem System der Philosophie*, 1802, SAW, Bd. 8, 268쪽 이하, 그리고 *Vom Ich als Prinzip der Philosophie*, 1794, SAW, Bd. 6, 62쪽 이하 참조.

38) W. Flach, "Die dreifache Stellung des Denkens zur Objektivität", in: *Hegel–Studien* Beiheft. 18, Bonn 1978, 6쪽 참조. P. Lohs, "Der Grund der Bewegung des Begriffs", in: *Hegel–Studien* Beiheft. 18, Bonn 1978, 46쪽 이하 참조.

39) LI, 249쪽.

40) 같은 책, 50쪽. 대립자들의 상관관계와 교호작용의 형식성에 대해서는 Schelling, *Erster Entwurf eines Systems der Naturphilosophie, Schelling Ausgewählte Werke*, Bd. 7, 72쪽 이하 참조.

후는 앞에서 본 대로 무이며 이 무의 자기부정의 운동이 곧 본질의 생성 운동인 것이다. 무에서 무로의 이행 운동은 존재에서 비존재로의 이행이 아니라 무에서 무의 부정으로의 운동이다. 무의 부정은 그러므로 존재의 이중 부정을 뜻한다. 존재의 이중 부정, 즉 존재의 부정의 부정은 곧 존재 그 자체로의 환원이며 이 환원된 존재를 본질이라 한다. 그렇다면 이때 존재는 단순한 존재가 아니라 '무에서 무로 향하는 그런 운동'의 본성을 가져야 한다. 운동을 결정하는 '부정(Negation)'이 이번에는 거꾸로 운동에 의해 결정되며 부정과 결합된 운동이 부정하는 행동성으로 비추어진다. 이 비추임이 '순수 부정성(reine Negativität)'으로 관찰될 때 그것을 '절대 가상(absoluter Schein)'이라 부르는 것이다.[41] 이 점에서 반성은 가상의 단순한 지양이 아니라 가상의 본성으로 되돌아옴이다.

41) LI, 50쪽.

4
반성의 세 계기

1. 제1계기 – 정립적 반성

헤겔은 '무에서 무를 향한 운동으로서의 절대적 순수 반성'이 세 가지 계기의 단계적 발전을 거친다고 생각한다. 첫째 계기는 정립적 반성(setzende Reflexion)을 말한다. 흥미 있게도 '본질의 순수 반성'에 대한 논증은 비본질 또는 '무본질(Wesenloses)'에서 시작한다.[42] 이 무본질을 헤겔은 가상이라고도 하고 '무적인 것(Nichtiges)'이라고도 하는데, 그 특징은 자기를 비추는 타자 속에 자기 존립을 가지는 것이 아니라 바로 비추어진 그것, 그러므로 비본질적이고 '공허한 것(Nichtiges)' 그 자체에 자기 존립을 갖는다는 것이다.[43] 바로 이 점이 공허한 것끼리 주고받

42) 같은 곳.
43) 같은 곳.

는 교환으로 절대 반성이 정립되는 이유인 것이다. 이 공허한 것끼리 공허한 것을 주고받는 교환이 논리적 용어로는 '스스로가 스스로에 관계하는 부정성'이라 표현하는데 이 표현은 바로 그 같은 부정성조차도 부정한다는 의미를 포함한다.[44] 이 같은 주장은 이성적 개념은 그 자체 모순을 포함한다는[45] 헤겔의 형이상학적 전제에 뿌리를 둔 『대논리학』의 출발점과 맞닿아 있다. 이에 기초하여 부정은 그 자신의 부정을 포함할 때 비로소 반성개념일 수 있다는 주장이 가능하게 된다.

그런데 '부정이 부정이다'라는 반성에서의 명제는 주어로서의 부정이 술어로서의 부정과 관계함을 말하는 것이고 이것은 부정의 자기관계를 동시에 언표하는 것이다. 이 부정의 자기 '동등성(Gleichheit)'은 부정 자체를 부정해야 하는 그런 동등성의 구조로 되어 있다. 어떤 사태 혹은 사물의 규정은 이 같은 구조를 가지는 부정과 더불어 완수되며 이 완수된 결과물이 정립된 사태 또는 사물, 헤겔의 용어로는 '정립된 존재(Gesetztsein)'인 것이다.[46] 이 세상에 제멋대로 있는 어떤 것도, 다시 말해 규정의 영역에 들어오지 않은 어떤 것도 인식론의 대상일 수도 『대논리학』의 대상일 수도 없다. 그렇다고 이 세상에 있는 어떤 것도 인식론이나 『대논리학』의 대상이기 위한 것은 아니다. 그럼에도 불구하고 그 어떤 것은 언제나 자기 자신과의 관계와 자기 타자와의 관계의 중첩 속에 있다. 이 점이 '정립된 존재'의 객관적 측면을 결정한다.

'정립된 존재'는 객관적이거나 주관적이거나 관계없이 비추임 혹은 가상의 성격을 가진다. 왜냐하면 이 존재는 반성적 규정 속에 기초해 있고 이 규정성은 존재 그 자체(본질)가 아니라 그로부터 비추어진 것으로

44) 같은 곳.

45) B. T. Yoon, *Studien zu Hegels Theorie des Selbstbewußtseins in der Jenaer Zeit*, Göttingen 1992, 82쪽 참조.

46) LI, 251쪽.

생각되기 때문이다.[47] 규정은 일차적으로 주체의 권리이다. 존재 혹은 대상은 나에 의해 규정되고 이 규정에 의해 존재 또는 대상으로 정립된다. 그러나 여기서 말하는 이 주체가 인식의 능동적 주체로서의 인간의 자아만을 말하는 것은 결코 아니다. 존재 또는 대상의 편에서는 존재 또는 대상이 자기 밖의 다른 것에 대해 주체이다. 이 점이 헤겔에서 주관이 객관을 포함하고 객관이 주관을 내포하는 이유가 되며 동시에 이 양자의 통합 원리로서의 본질의 비추임 또는 가상이 문제되는 간접적 원인이 된다. 다시 말해 존재의 반성적 정립은 주객과 그 통일의 비추임을 말하고 이 비추임, 즉 가상은 그 근원인 통일성과의 형식적 분리를 전제한다. 또 이 분리에 입각한 반성은 먼저 정립하는 작용으로 나타난다.

그러나 '정립하는 것(Setzen)'은 반성의 단순한 직접태만을 뜻하는 것은 아니다. 헤겔은 반성을 정립이라 하고 정립이 가지는 의미의 중심 영역을 체계적으로 이 반성개념에 덧붙여나간다. 정립은 대상에 대한 규정이며 반성의 첫 단계이다. 그런데 규정은 부정이며 부정은 타자 부정뿐 아니라 자기부정을 포함하므로 규정은 부정이면서 동시에 지양된 부정이다.[48] 그런데 즉자적으로 규정은 정립과 같은 말이다. 따라서 정립은 부정과 그 부정의 지양(부정)의 이중성을 가지며 이것은 타자 부정과 자기부정의 이중성으로 환원된다. 정립은 어떤 것을 어떤 것으로 확립하는 것이다. 따라서 정립은 어떤 것 그 자체는 아니다. 즉 정립은 어떤 것의 부정이다. 그러나 정립은 어떤 것을 어떤 것으로 표시해야 한다. 이것은 어떤 것의 이중 부정으로서의 어떤 것이며 반성의 즉자적 조건과 정확하게 맞아떨어진다. 헤겔은 이 이중 부정을 '전제(Voraussetzen)'라고도 한다.[49] 왜 그러할까?

---

47) D. Henrich, Hegels Logik der Reflexion, 273쪽 이하 참조.
48) LI, 250쪽.

어떤 것은 일차적으로 정립하는 대상이다. 누가 정립하는가? 그 주체는 어떤 것의 타자요, 또 어떤 것은 이 주체의 타자이다. 이 주객 분리에서 어떤 것은 '정립된 존재'로 그 주체는 '정립하는 존재'로 구별된다. 이 둘 사이의 관계는 한편으로는 배타적이고 부정적이며 다른 편으로는 일체적이다. 이때 부정성은 직접성에 대한 부정의 성격을, 그리고 일체성은 이 부정의 부정, 즉 동질성의 성격을 나타낸다. 이때 '부정의 부정'의 성격은 물론 직접성, 즉 부정을 '전제하고' 나서만 가능하다. 이 점에서 그 직접성과 그 부정은 반성의 과정 그 자체이며 또한 존재를 '앞에 이끌어내어 정립하는 작용(Voraussetzen)' 그 자체이다. 이 '앞에 이끌어내어 정립하는 작용'은 '전제하는 작용'과 같은 것이다.

'전제하는 작용' 또는 '전제한다는 것'은 부정과 그 부정에 대한 부정의 과정에 관한 의식적 역할에 붙여진 용어이다. 말하자면 그것은 의식의 존립 방식인 것이다. 자기 자신의 타자를 지양하는 것은 자기 자신에게 부정적인 것을 지양하는 것이고 이 지양이 동시에 자기 지양을 내포하고 이를 통해 타자와 자기가 하나로 통일된다는 말은 반성이 정립과 그 정립의 지양 양쪽을 책임지고 수행한다는 뜻이다. 그리고 이 정립과 정립의 지양을 헤겔이 '전제하는 것'이라 할 때, 이것은 정립의 주객이 미리 정립되어 있고 이것을 확인 또는 상기한다는 말이다. 헤겔은 여기서 반성을 통해 존재의 본질이 객관적으로 관찰되고 주관적으로 인식된다는 결론을 내리고 있다.[50] 그리고 반성의 객관성은 비추임, 즉 가상에, 그리고 그 주관성은 정립과 그 정립의 지양으로서의 '전제하는 작용'에 있음을 강조한다. 여기서 한 가지 보충해야 할 것은 '전제'가 논의를 이끌어가는 데 필요한 인위적 가설이 결코 아니라는 점이다. 전제는 적어

49) 같은 책, 251쪽. D. Henrich, Hegels Logik der Reflexion, 273쪽 이하.
50) LI, 251쪽 이하 참조.

도 오성적 사유가 어떤 것의 정립을 시도할 때 반성적으로 나타나는 정립 이전의 사태연관에 대한 지적 관찰에 토대를 둔다. 따라서 전제는 언제나 '이미 전에 발견된 것'의 재확인이며 상기함이다.[51] 이것은 반성의 형식적 운동에 정확하게 일치한다. 다시 말해 본질이 존재의 정립을 통해 '자기 자신으로 귀환(Rückkehr in sich)'함은 그 자체 반성의 작용과 동일하다.[52] 정립한다는 것은 어떤 것의 직접성을 '초월해가는 것(Hinausgehen)'이다.[53] 초월의 목적지는 어떤 것의 완전한 지반이다. 이 순환론적 운동은 '정립하는 반성'이 왜 '전제하는 반성'으로, 그리고 다시 '정립하는 반성'으로 재귀환하는지에 대한 자연스런 대답을 제시한다.[54]

2. 제2계기 – 외적 반성

「본질론」에서 반성이 논의되는 이론적 동기는 존재가 자기 존립의 궁극원인을 자기 자신이 아니라 자기의 타자로서 본질에 가지고 있다는 이해 때문이다. 그런데 본질은 '그 자신 속에서 스스로를 비추는' 그런 특징을 가지기 때문에, 그리고 그 비추임 속에 비본질적 그림자가 필연적으로 나타나기 때문에 가상이 문제된다. 이 가상이 단순한 비본질적 그림자가 아니라 본질, 즉 비추임의 즉자성이라는 통찰이 반성의 진정한 의미 영역으로의 이행을 가능케 한다. 이 이행에서 남겨진 사실은 반성이 가상을 전제하며 이 가상으로 제시된 존재가 사실은 '정립된 존재'라는 점이다.[55] 따라서 반성은 정립과 그 정립을 위한 전제, 그리고 이

51) 같은 책, 252쪽.
52) 같은 곳.
53) 같은 곳.
54) 같은 곳.

전제의 지양을 통한 정립의 처음 단계로 되돌아옴의 원운동을 수행하는 것이 된다. 이 운동을 반성의 내적 흐름이라 할 경우 반성에서 언제나 타자의 역할을 담당한 것과의 관계 역학을 '외적 또는 실재적 반성'이라 할 수 있을 것이다.[56]

반성은, 헤겔이 사용하는 논리적 범주들이 대부분 이중적이듯이, 반성 작용의 측면과 이 작용에 의해 주조된 측면을 복합적으로 가지고 있다. 이 두 측면은 결코 따로따로 나타나는 것이 아니라 비추임 또는 정립의 상황에서 동시적으로 나타난다. 내적 반성이 반성하는 작용 자체라면 외적 반성은 반성 작용에 동원되는 요소들의 상관관계라 할 수 있다.[57] 본질이 존재에 비추어 자기 자신으로 돌아올 때 존재는 본질의 타자로서 반성의 외적 요인으로 주어진다. 반성은 존재에 대한 반성이다. 따라서 외적 반성에서 존재는 이미 '전제된 것(Vorausgesetztes)'이며 이 전제된 것을 직접자로 놓고 반성이 현실적으로 시작되는 것이다.[58] 이 관점에서 내적 반성의 관념성이 존재 세계의 현실성의 외화에 실재로 적용되고 삼투된다.

외적 반성에서 존재가 '정립된 존재'로 '전제'되는 것은 헤겔에 의하면 존재의 직접성이 '정립된 존재'라는 뜻이 아니라 반대로 존재의 '자기관계'의 '규정성'이 존재의 직접성을 결정한다는 말이다.[59] 이 주장은 결코 새로운 것이 아니다. 범신론과 범논리주의의 등식을 가능케 하는 기본 테제가 의식의 자기관계성과 타자관계성인데 이것이 이번에는 반

55) 같은 곳, D. Henrich, Hegels Logik der Reflexion, 289쪽과 비교.
56) LI, 252쪽.
57) 그러므로 '외적 반성'은 '실재적 반성'이라고도 할 수 있다. B. Liebrucks, Der menschliche Begriff, 74쪽.
58) LI, 252쪽과 253쪽.
59) 같은 책, 253쪽.

성적 존재에 응용되는 것뿐이다. '나무는 나무이다'라는 명제는 단순한 '동어반복(Tautologie)'이 아니라 나무의 자기관계성을 말한다. 마찬가지로 '나무는 돌이 아니다'라는 명제 또한 단순한 부정 명제가 아니라 나무의 타자관계성을 말한다. 의식의 편에서나 의식의 저편에서나 이 두 계기는 명제로서가 아니라 요소로서 존재한다. 이 때문에 외적 반성이 내적 반성에 의해 놓여진 반성의 궤적을 그대로 따라 도는 것이다. 그리고 이것이 확인되는 곳에서 헤겔은 내적 반성과 외적 반성의 동일성을 강조하는 것이다.[60)]

정립하는 반성이 '부정'과 '부정의 부정'을 통해 정립과 그 정립의 지양을 수행하고 이에 따라 존재를 단순한 존재가 아니라 정립된 존재로 각인한다면, 그리고 또 이 정립된 존재가 정립에 앞서 전제되어 있는 것이라면, 외적 반성은 이 모든 정립하는 반성의 산물을 존재의 편에서 외적인 것으로 밀어낸다. 다시 말해 외적 반성은 어떤 것에 대해 규정하고 이름 붙이고 정립하고 또 정립을 위해 존재를 전제하는 등의 일련의 반성의 내적 활동들이 그 어떤 것의 본래적 모습 자체가 아니라 그 어떤 것의 외부에 가해진 외적 규정들일 뿐이라는 것을 확인한다. 여기서 이 외적 규정들은 실은 규정적 반성이 아니라 외적 반성에 속하는 것이라는 의미로 전환된다.

'외적 반성'은 「존재론」의 도입부에서 순수 존재라는 규정 이외에 어떤 다른 규정도 갖지 않았던 '무한자'를 말한다.[61)] 그러나 「존재론」의 질적 · 양적, 그리고 척도의 세부 규정에 노출되면서 '유한자'로서의 존재가 사실은 존재의 실재적 '시원(Erstes)'의 자리를 무한자로부터 박탈한다.[62)] 모든 실재성의 현실적 위치를 유한자에 넘겨준 무한자는 이제 '자

60) 같은 책, 254쪽.
61) 같은 책, 253쪽.

신 속에서의 반성(Reflexion in sich)'을 자기 존립의 징표로 제시한다.[63] 외적 반성은 이 징표의 객관화를 목적으로 하는 '최종점'이다.[64] 이 최종점은 논리적 추론이 가지는 추상규정을 포함하지만 헤겔은 여기서 추론의 논리적 구조를 분석하지는 않는다. 이 과제를 그는 「개념론」에서 떠맡아야 된다고 믿기 때문이다. 어쨌거나 '추론'은 '직접자'와 '자체 내 반성'이라는 두 개의 극단을 가지며 이 양극의 중간이 곧 이 양극의 관계라고 헤겔은 주장한다.[65] 이 말은 직접적으로 주어진 어떤 사실 또는 존재에 대한 규정된 개념과 이 개념에 대한 반성의 연결을 통해서만 그 어떤 사실 또는 존재의 기본 골격이 드러난다는 뜻이다.

외적 반성의 행위는 궁극적으로 내적 반성 또는 정립적 반성 행위와 일치한다. 왜냐하면 외적 반성 또한 내적 반성과 마찬가지로 직접자를 어떤 식으로든 정립해야 하고 또 이를 통해 개념화해야 하기 때문이다. 이것은 직접자에 대한 부정이며 또한 지양이다. 이 부정은 직접자와 그 직접자의 정립을 전제하고서만 가능하다. 따라서 직접자를 직접자로 확보하기 위한 외적 반성은 자신의 외면성을 포기하고 부정해야 하는 이율배반에 떨어지게 된다. 만일 이 외면성을 포기하면 이 반성은 더 이상 외적 반성이 아니며 직접자를 직접자로 확보하는 것은 직접자의 부정이 아니기 때문이다. 헤겔은 이 이율배반을 외적 반성과 내적 반성이 사실에 있어서는 같다고 함으로써 해결한다. 말하자면 반성이란 외적으로나 내적으로나 부정과 부정의 흐름 속에 있고 직접자의 정립과 그 정립의 지양의 동일 궤도 속에 있으며 따라서 이 둘은 같다는 것이다.[66]

62) 같은 곳.
63) 같은 곳.
64) 같은 곳.
65) 같은 곳.

3. 제3계기–규정적 반성

규정이란 대상에 이름을 붙이는 것이다. 이에 따라 대상이 규정된 대상이 되고 이에 맞서 규정하는 주체가 있기 마련이다. 관념론 전통에서 주객관계를 주체로 환원하여 중심 주제로 놓는 것은 주객 양쪽에 '규정'이라는 반성적 용어가 필연적으로 분여되기 때문이다.[67] 이것을 존재와 사유 양쪽의 필연적 숙명으로 간주한 이가 헤겔이며 이 숙명을 질서 정연하게 『대논리학』에서 사유의 계기들로 분석하고 연결한 이도 헤겔이다.

규정에서 시작되는 존재의 해명이 이제 존재의 해명의 배후에 대한 해명을 요구하는 위치에서 규정이 반성의 산물임을 우리는 확인하게 된다. 아울러 이 지점에서 반성은 자아 정립적 측면, 즉 정립적 반성의 측면과 대상 정립적 측면, 즉 외적 반성의 측면이 통합된다.[68] 정립적 반성은 존재의 지양, 즉 '무'에서 시작하지만 외적 반성은 '직접적 존재'에서 시작하고 따라서 존재 규정을 목표로 한다.[69] 정립적 반성이 무에서 출발한다는 것은 존재와 객관적으로 마주선 그런 무가 아니라 존재의 이면으로서의 무, 따라서 주관의 끝없는 심연이 정립의 작용을 수행한다는 뜻이다. 이 작용이 직접 존재를 겨냥할 때 이것을 외적 반성이라 하며 이 외적 반성은 본성상 규정을 목적으로 하고 이 때문에 자연스럽게 '규정적 반성'으로 통합되는 것이다.

존재에 규정이 가해지면 그 존재는 규정된 존재로 된다. 이것은 물론

66) 같은 책, 253쪽 이하 참조.
67) 이 같은 일반론에 충실하면 이미 칸트로부터는 멀어진다. Hegel, *Glauben und Wissen*, 339쪽 이하. D. Henrich, Hegels Logik der Reflexion, 301쪽 이하.
68) LI, 253쪽.
69) B. Liebrucks, 위의 책, 84쪽 이하 참조.

정립하는 작용 자체로서의 반성에 의지하나 반성 자체는 아니다. 반성 자체가 순수 주관성에 소속된다면 규정은 존재를 본질로 하기 때문이다. 규정된 존재는 규정이 존재에 일치하는 한 정립된 존재와 동일하다. 존재 영역에서 '현존재(Dasein)'에 해당하는 것이 본질 영역에서의 '정립된 존재(Gesetztsein)'이다.[70] '현존재'가 '부정을 자체에 가지고 있는 그런 존재'라고 한다면, 즉 '규정성'을 자기 실존의 필연적 조건으로 가지는 그런 존재라고 한다면, '정립된 존재'는 부정을 자체 내에 가지고 있는 그런 본질, 즉 규정성을 자기 실존의 필연적 조건으로 가지는 그런 본질이다.[71] 이 본질 영역에서 '정립된 존재'는 순수 부정성을 자기 현존의 징표로 제시하지만 이때 현존은 시공 속에 질적 규정으로 제한되는 존재 영역에서의 현존과는 다르다. 오히려 이 현존은 존재 영역에서 나타나는 그런 현존의 지양된 모습을 지닌다.[72] 이 같은 논리를 토대로 헤겔은 '현존에 대한 본질의 명제'를 '현존은 다만 정립된 존재일 뿐이다'라고 표현한다.[73]

그러나 좀 더 면밀히 들여다보면 '정립된 존재'는 '현존'에도 '본질'에도 대립된다.[74] 말하자면 그것은 현존도 아니요 본질도 아니다. 이 대립은 관계 속의 대립이며 따라서 정립된 존재는 현존이 본질과 통합하고 본질이 현존과 함께하는 길 또는 매개적 '중간(Mitte)'으로 관찰된다.[75] 결국 규정이 존재의 정립을 결정하며 이로부터 현존이 나타나지만 그러나 이 현존의 근거로서 규정의 본질에 대한 통찰은 '정립된 존재'가 본질에 대한 외적 반성과 주관 반성에 그 뿌리를 두고 있다는 점을 밝혀낸

70) LI, 255쪽. D. Henrich, 위의 책, 301쪽. B. Liebrucks, 위의 책, 85쪽.
71) LI, 59 쪽 이하와 255쪽 참조.
72) B. Liebrucks, 위의 책, 85쪽.
73) LI, 255쪽 이하.
74) 같은 책, 256쪽.
75) 같은 곳.

다. 이 통찰과 더불어 정립된 존재가 현존 및 본질에 독립적 어떤 대립자가 아니라 각기 타자와 의존관계에 있으며 타자를 산출하는 상관자라는 이해가 생겨난다. 이때 주의해야 할 점은 '정립된 존재'라는 용어가 존재의 현존에 대한 규정이 아니라 규정하는 작용의 현존에 관련할 때 비로소 반성규정으로 생각된다는 사실이다.[76] 반성규정이란 논리적 범주들의 제반 개념들을 우선적으로 뜻하지만 여기서는 이 개념들에 대한 재반성을 말한다. 말하자면 그 개념들의 근거에 대한 반성을 뜻하는 것이다. 이것은 '정립된 존재'가 타자 속에서 자신의 본질을 비추어 보는 것과 형식적으로 동일하며 반성이라는 개념 자체가 어떻게 규정성이라는 개념 속에서 자신을 비추고 되돌아오는지의 대답을 준비한다.

반성이란 반사와 마찬가지로 대상에 비추어 되돌아옴에 대한 명칭이다. 본질이 존재에 비추어 되돌아온 것은 본질이 다시 자기 자신으로 귀환한 것이며 이것을 반성이라 부르는데 이 반성의 자기 회복을 '반성의 자기 자신의 동등성'이라 이해해도 된다.[77] 이 동등성은 주관성의 가장 깊은 곳이며 또 주관성이 그것 때문에 가능한 토대이다. 이 토대 자체로서의 반성 위에 모든 반성규정들은 자유롭게 활동하고 유동하는 '본질성들'로 '현상'된다.[78] 이것은 칸트가 말하는 이념의 세계이며 존재 세계와의 관계를 시작하기 이전의 범주 세계, 따라서 개념화의 의무를 수행할 필요가 아직은 없는 그런 상태의 범주계이다. 바깥 세계는 이 범주계에 의해 끊임없이 규정되어나간다. 그러나 범주계, 즉 반성의 자기 동등성만이 문제되는 순수 주관성 속에서 규정은 외적 존재로의 비침을 시작하기 전에 먼저 자기 자신으로의 비추임을 완결한다. 이 같은 사태를

76) 같은 곳.
77) D. Henrich, 위의 책, 303쪽. LI, 256쪽.
78) LI, 256쪽.

'본질적 비추임(wesentlicher Schein)'이라 한다.[79] 말하자면 반성이 스스로의 빛을 자기 자신 속에 축적하는 셈이다. 물론 이 축적은 밖의 존재 세계의 규정을 위한 것이다. 그리고 밖의 존재 세계 규정에 이 본질적 가상을 침투시키면 오성적 인식이 가능케 된다. '규정적 반성력'은 이 오성적 인식의 주관적 조건인 셈이다. 그리고 이 규정하는 반성 작용 속에 본질의 자기 동등성이나 반성의 자기 동등성은 자기 파괴, 즉 부정으로 함몰되어버린다.[80] 그리고 이 함몰과 더불어 존재는 자기 존립의 근거를 얻는다.

반성이 자기규정을 밖으로 이끌어내는 것은 정립과 규정의 객관화를 위한 필수조건이다. 이 객관화가 사실은 반성 본래의 실재적 목적이기도 하다. 헤겔은 이 목적을 설명하기 위해 위에서는 '현존'의 규정을 해명하기 위해 쓰였던 용어 '정립된 존재'라는 말을 다시 사용한다. '정립된 존재'는 반성규정 속에서는 '부정 그 자체'이다. 이 부정에 의해 반성의 위력이 일차로 입증된다. 즉 반성이 존재규정의 위력으로 나타나는 것이다. 이 위력은 반성 자신의 것이며 따라서 본질은 무기력한 무가 아니라 위력을 가진 반성으로 격상된다. 또 이 위력은 반성 자신을 위한 것이 아니라 자기의 타자, 즉 존재를 위한 것이다. 이처럼 반성 주체와 반성의 객체를 연결하는 이 위력은 '관계', 즉 '자기관계'와 '타자관계'를 양면으로 가지는 그런 관계 이외에 다른 것이 아니다. 이 관계가 정립된 존재인 것이다. 그렇다면 관계로서의 '정립된 존재'는 '타자와 자신을 하나로 통일함'을 자기 본성으로 갖는 것이 된다. 이것은 본질이 어떻게 반성규정 속에 범주화하느냐라는 문제에 근원적으로 얽혀 있다.

79) 같은 책, 257쪽.
80) 같은 곳.

5

규정적 반성 속에서 반성의 자기동일성에 도달

반성의 최종 단계가 헤겔에서는 '규정적 반성'인데 이 합성어의 가까운 진원지는 칸트의 『판단력 비판』이다.[81] 칸트는 세계를 '자연의 인과율'에 의해 지배되는 영역과 '자유의 인과율'에 의해 지배되는 영역으로 나눈다.[82] 전자에 대한 탐구가 이론철학을 구성하고 후자에 대한 탐구가 실천철학을 완결한다. 이 두 영역을 연결하는 인식론적 통로는 없음에도 불구하고 실천적으로는 무리 없이 하나로 통합된다.[83] 이 통합의 가능성을 논증하고 이에 따라 제3의 매개 항을 또 하나의 심성의 영역으로 확립한 것이 '취미' 또는 '판단력'의 영역이다.

대상 또는 자연 인식의 세계에 자유는 있을 수 없다. 자연에는 예외 없

81) Kant, *Kritik der Urteilskraft*, Hamburg 1924(=KU), XXVI이하 참조.
82) 같은 책, XII 27.
83) 같은 책, XVIII.

이 자연의 인과율의 필연성만이 지배할 뿐이다. 이에 비해 자유는 이 인과율의 필연성이 배제된 곳에서만 논의될 수 있다. 자연법칙에는 목적을 가정할 필요가 없고 자유는 목적을 전제하지 않으면 불가능하다.[84] 적어도 이 두 원리를 수평적으로 배열하면 한쪽은 다른 쪽을 결코 용납할 수 없다. 그러나 자연과 자유를 수직으로 배열하고, 자연을 감성적 관찰 대상으로, 자유를 초감성적 관찰 대상으로 분류하면 이 둘의 연결 통로가 불가능한 것만은 아니다. 사유와 행동 영역의 연결은 자연 쪽에서 자유에 필연성의 법칙 계열을 주고 자유 쪽에서 자연에 존재의 목적을 제시하는 한에서 가능해진다. 이때 자연은 그 '형식의 합목적성'이 적어도 '자유 개념의 법칙'에 따라 자연에서 실현되어야 할 목적들의 실현 가능성과 하나가 되는 것으로 생각되어야 한다.[85] 말년의 칸트는 무엇보다 이 점에 주목하고 자연을 가능케 하는 것이 인식적으로 오성의 종합 능력으로서의 구상력과 이 구상력 작용의 객관적 조건으로서 이성과 세계의 이념임을 강조한다. 이 이념들은 자연의 편에서 보면 자연 자신의 토대이나 자유의 편에서 보면 바로 자기 자신의 통일성 그 자체인 셈이다. 이것은 실천적으로 초감성계로서의 이념의 세계가 동시에 자연과의 통합 가능 근거를 포함한다는 뜻도 된다. 이 근거개념은 이론적으로도 실천적으로도 인식되는 것은 아니므로 학의 고유 영역을 차지할 수는 없으나 자연과 자유의 상호 이행을 가능케 하는 어떤 것으로 생각될 수는 있다. 그리고 이 생각의 실질적 추진력을 가지는 것이 판단력이다.

칸트가 판단력을 자연과 자유 개념을 연결하는 매개자로 놓은 것은 선험철학의 중대한 전환점을 이룬다. 여기서부터 칸트 스스로 형식주의

84) Kant, *Kritik der reinen Vernunft*, Hamburg 1956, B490 이하 및 B566 이하 참조.

85) KU, XX.

의 틀을 제거하려는 노력이 나타날 뿐 아니라 명실공히 헤겔적 사변철학의 초석들이 나타난다. '판단력'은 근원적으로는 '선험적 입법 능력(a priori gesetzgebendes Vermögen)'이며 판단하는 능력이다.[86] 그 제일 기능은 앞에서 언급한 자연과 자유, 즉 오성과 이성의 매개 기능이다. 자연이 '오성의 입법(Gesetzgebung des Verstandes)'에 의해 구성되고 자유가 '이성의 입법'에 의해 확인되는 데 비해, 판단력은 자기가 사용할 입법이 밖에서 주어지는 것이 아니라 자기 스스로의 입법에 따르는 것으로 가정된다.[87] 다시 말해 판단력은 입법 능력을 스스로 가진 주관의 어떤 힘이다. 이 힘은 대상 인식에도 관여하고 실천적 의지 규정에도 관여한다. 규정이 인식의 문제인 한 판단력은 일종의 인식 능력, 즉 앎을 표출하는 힘이다. 다른 곳에서 칸트는 '인식 능력(Erkenntnisvermögen)'을 한쪽에, 또 '욕구 능력(Begehrungsvermögen)'을 다른 쪽에 놓고 이 양 극단의 가운데 '쾌와 불쾌의 감정(Gefühl der Lust und Unlust)'을 이 둘의 매개로 배열하고 있다. 여기서 주의할 점은 판단력이 '쾌와 불쾌의 감정'과 같은 것이 아니라는 점이다. 판단력은 근본적으로 인식 능력 중의 하나이며 그 특유의 성질 때문에 대상규정이나 의지규정 이외에 감정의 성립에도 주도적 역할을 하는 것이다.

칸트에 의하면 '판단력'은 그 기능에 따라 '규정적 판단력'과 '반성적 판단력'으로 나뉜다. 이 두 판단력의 상위 개념으로서의 '판단력 일반'은 원리나 규칙 또는 법칙과 같은 '보편자 아래서 특수자를 생각할 수 있는 능력'으로 정의된다.[88] 칸트의 말을 그대로 빌리면 '규정적(bestimmend)'이라는 것은 '특수를 보편 아래 포섭시키는' 것을 말하고

86) 같은 곳.
87) 같은 책, XXI.
88) 같은 책, XXII와 XXIII 참조.

'반성적'이라는 것은 '특수만이 주어져 있는데 여기서 보편을 찾아내는' 것을 의미한다.[89] 단순화해서 말한다면 전자는 대상규정에 참여하며 후자는 규정함의 활동성 자체에 관여한다. 대상규정에서 필요한 것은 대상의 내용들을 정확하게 담아낼 수 있는 범주와 개념이다. 구체적 대상과 보편적 범주와 개념은 이 점에서 하나의 끈에 꿰어져 있다. 이에 비해 '반성적 판단력'은 자연에 주어진 구체적 특수자에서 보편을 찾아내는 길을 취하는데 이것은 본래 경험적 인식의 태도이다. 칸트에게서 이런 식의 인식은 학적 확실성에 의해 보증될 수 없으므로 처음부터 인식이 아니다. 게다가 여기서 찾아내려는 보편자는 경험과는 무관한 어떤 것이다. 왜냐하면 보편자는 적어도 경험 속에는 없기 때문이다. 이 보편자, 다시 말해 '선험적 원리'는 반성적 판단력이 스스로 찾아내야 한다. 이 원리는 규정적이 아니므로 바깥에서 찾아낼 수 없고 또 거기서 도출되지도 않는다. 말하자면 그것은 자기 자신의 순수 주관성에서 찾아진다. 결국 칸트는 '오성이 자연에 대해 지정하고 지시하는 보편적 자연법칙은 그 근거를 다름 아닌 오성 그 자신 속에 가진다'는 것, 그리고 '자연의 특수한 경험법칙에는 보편법칙에 의해서는 규정되지 않는 것이 남는다'는 것을 발견한 셈이다.[90] 이를 통해 그는 자연규정에도 의지규정에도 속하지 않는 제3의 분야, 다시 말해 미학과 예술철학의 분야를 개척한다. 그리고 그 전에 엄밀학의 영역에서 쫓아낸 전통적 형이상학의 문제를 다시 한 번 재음미한다.

이상과 같은 칸트의 근본 의도가 대부분 마모된 채, 그러나 반성의 본질적 구조 이해로부터 엄청난 암시가 헤겔에게 주어진다. 헤겔은 먼저 규정적 판단력이 외적 반성 이외에 다른 것이 아니라고 생각한다.[91] 반

89) 같은 곳.
90) 같은 책, XXVII과 XXVIII 참조.

성을 야기하는 진원지가 밖의 존재 세계이기 때문이다. 우리 밖의 존재 세계가 우리에게 자극을 주지 않으면 반성을 할 이유도 없다. 여기서 반성은 자극에 대한 반작용이며, 칸트가 말하는 '판단력 그 자체'이다. 그러나 이 반작용의 능력은 처음부터 주체의 능력으로 이미 반작용 이전에 주체에 주어져 있는 것이다. 이 입장에서 대상 세계는 정립되고 외화되고 규정된다. 따라서 규정적 판단력과 반성적 판단력이 문제가 아니라 어떻게 외부 세계 규정의 외적 반성이 규정적 반성을 수행하고 이 규정 속에서 판단력 그 자체로서 반성의 자기동일성에 도달하는가가 문제된다. 헤겔은 『대논리학』의 「본질론」 도입부에서 이 문제의 대답을 시도하고 있는 것이다.

....

91) LI, 254쪽.

제3장

헤겔의 『논리학』에 나타난 ‘구별’개념의 구조와 그 체계

1

'구별'과 '부정성'

헤겔의 『논리학』은 추상의 언어로 씌어져 있다. 이 언어들은 존재와 사유 관계의 구체적 현상들에 대한 필연성의 조건들로 제시된다. 이 때문에 헤겔은 추상이 단순히 추상으로 있는 한 공허하며 반드시 구체적 현상 설명의 기초로 놓여야 한다는 것을 한편으로 강조한다.[1] 이 관점에서 추상은 모든 구체성으로 채워질 때 그 공허함을 메우는 것이다. 다른 편으로 그는 구체적 현상에, 즉 경험적 사태연관에 이 언어들을 응용하는 것을 극도로 경계한다. 이것은 자칫 보편언어들이 구체적 특수언어

1) G. W. F. Hegel, *Philosophische Propädeutik–Gymnasialreden und Gutachten–Heidelberger Schriften von 1817*, TA, Bd. 4, 164쪽, *Jenaer kritische Schriften*, TA, Bd. 2, 295쪽, *Berliner Schriften* (1822~1831), TA, Bd. 11, 298쪽, *Vorlesungen über die Philosophie der Geschichte*, TA, Bd. 12, 535쪽, *Vorlesungen über die Philosophie der Religion* II, Bd. 17, 221쪽 등에서 어떤 식으로든 이 점을 강조하고 있다.

로 고착됨을 우려한 때문이다. 그러나 존재와 사유의 일반성은 언제나 구체적 존재자와 사고 영역의 실재 틀로 들어와야 한다. 그러지 않으면 이 일반성은 사유의 무절제한 날아다님, 다시 말해 시적 상상력이나 판단 착오 또는 실체 없는 유령 세계의 환상일 뿐이다. 이런 점 때문에 헤겔은 구체적 현상계에 어떻게 사유의 일반 원리들이 적용되며 의식 속에 어떻게 존재 세계의 구체성들이 각인되는지를 예나 시대 이후 끊임없이 『의식철학』과 『실재철학』에서 다루고 있다.[2] 본래 『논리학』은 이 철학의 '서론' 또는 '예비학'으로 예나 시대에 기획되었다.[3] 1813년 『논리학』은 이런 생각을 대폭 수정하여 『논리학』의 고유 영역으로 존재와 그 이념의 전개와 그에 대한 사유관계를 체계화하는 것으로 정하고 있다. 이 같은 『논리학』의 특수 과제 때문에 논리적 범주들의 전개가 추상적으로 진행되는 것이다. 특히 「본질론」의 반성규정들은 범주 자체의 가능 근거를 가지고 존재의 근거를 제시해야 하는 목적 때문에 이런 현상은 더욱 두드러진다.

헤겔 『논리학』 특히 「본질론」의 반성의 두 번째 규정으로서의 '구별'은 그것이 반성규정이기 때문에 동일성과 마찬가지의 특징, 즉 존재 세계를 정합적으로 설명하기 위한 사유의 일정한 잣대라는 그런 특징을 가진다.[4] 일반적으로 반성규정들은 개념과 판단을 가능케 하는 사유 규칙을 말한다. 이것은 오성이 오성일 수 있는 토대이며 존재가 존재일 수 있는 토대이다. 전자의 측면에서 반성은 주관적이며 후자의 측면에서

2) G. W. F. Hegel, *Jenaer Systementwürfe* I, II, III, GW, Bd. 6, 7, 8과 *Phänomenologie des Geistes* (1807)(=PhG) , Enzyklopädie (1817)를 참조.

3) G. W. F. Hegel, *Jenenser Logik, Metaphysik und Naturphilosophie*, Hamburg 1967, 130쪽 이하 참조. R–P. Horstmann, Jenaer Systemkonzeptionen, in: *Hegel*, Freiburg/München 1970, 50쪽 참조.

4) 칸트도 이와 같은 생각을 가지고 있다. *Kritik der reinen Vernunft*, Hamburg 1956, B 316 이하 참조(=KrV).

객관적이다. '비추임(Schein)'이라는 말과 그 뜻이 반성에 내포된 것은 이런 이유 때문이며 '구별'이 동일성 및 모순과 마찬가지로 현상의 존재 근거로 작용하는 것도 이런 이유 때문이다.

이 세상에 존재라는 영역을 벗어나 있는 것은 아무것도 없다. 마찬가지로 이 세상에 그 자신과 똑같지 않은 그런 존재자도 없다. 이 존재자의 자기동일성은 있는 모든 것들의 실존의 최소 조건이며 동시에 사유의 최소 조건이다. 그러나 이 세상 어디에 똑같은 것이 있는가? 끝없는 존재와 무의 이행관계에서 자기동일성을 고수할 수 있는 것이 무엇이며 누구인가? 마찬가지로 이 세상에 무엇이 도대체 자기 자신은 물론 타자와 같을 수가 있는가? 상식은 사변보다 훨씬 더 선명하게 '구별'에 대한 이 같은 반성을 제시한다. 헤겔 자신은 '구별이 자체 내에 반성을 가지고 있는 부정성'이라고 이해한다.[5] 이것은 존재의 운동과 변화의 근거로서의 부정의 위력이며 존재의 부정으로서의 무의 위력이다. 이것은 동일성의 부정이면서 또한 동일성 자체이다.[6] 존재의 구체적 규정들은 바로 이 부정의 위력에서 얻은 부산물일 뿐이다. 헤겔에서 처음부터 아무것도 없었던 그런 '무(Nichts)'가 이제 존재의 위치와 그 변화를 규정하는 본질로 자리 잡는 곳이 바로 여기이다.

....

5) G. W. F. Hegel, *Wissenschaft der Logik* (1812/13), GW, Bd. 11, Hamburg 1978, 265쪽(=LI).

6) LI, 265쪽.

2
구별의 세 가지 계기

1. 구별의 첫째 계기—절대적 구별

어떤 경우에나 다 해당되는 것은 아니지만 헤겔이 '절대적'이라는 형용사를 붙여 꾸미는 용어는 일차적으로 그 용어 또는 단어 자체인 경우가 흔하다. 특히 '절대적 구별'을 '구별이라는 개념 그 자체' 또는 '즉자대자적 구별'로 먼저 이해하는 것은 이 같은 예에 속할 것이다. 구별이라는 반성규정은 동일성의 이면으로 출현한 것이지만 구별이라는 말 자체는 동일성도 아니요, 모순은 더더욱 아니다. 절대적 구별은 그냥 구별이라는 말일 뿐이다.[7] 적어도 첫 번째 의미에서는 그렇다는 것이다. 그런

7) 그러나 이 '구별'이 사물들 각기에 응용되고 그 의미 영역이 전적으로 대립하여 갈등하는 상태의 극한 — 이것을 '모순'이라 한다 — 또한 '절대적 구별'이다. 이에 대해서는 PhG, 98쪽 참조.

데 그냥 구별은 '단순한 구별'과 동의어이며 따라서 밖의 어떤 원인에 의한 구별이 아니라 자기 원인에 의한 구별이므로 '본질적 구별' 또는 '본질의 구별'이라고 일컬어진다.[8] 헤겔은 이 구별을 'A와 Nicht-A' 사이의 관계에서 보고 있다.[9] A와 Nicht-A는 한쪽에 단순히 Nicht(아니라는 부정)라는 글자가 덧붙여져 있는 것에서 동일성과 구별될 뿐이다. 결국 절대적 구별의 절대성의 계기는 '단순히 아니라는 부정(das einfache Nicht)'이 되는 셈이다.[10] 두 개의 사물이 서로 다르다는 것은 어떤 동일한 잣대 또는 근거 아래서만 나타나며, 이 근거는 두 개의 사물 밖으로부터가 아니라 그 사물 안으로부터 나타나며, 그 안 즉 '내면'을 결정하는 것은 '현존의 타자 존재(das Anderssein des Daseins)'가 아니라 '반성의 구별'이다.[11] 이것이 곧 절대적 구별의 이차적 의미가 된다. 이런 사물은 이렇고, 저런 사물은 저렇다는 현존의 타자 존재에 의한 구별은 각자가 하나의 직접적 존재로서 일정한 현존을 가진다는 외적 사실에 기초한다. 다시 말해 현존의 외적 구별의 근거는 존재의 타자성이다. 이에 비해 본질의 타자성은 구별이라는 개념 자체에 있다.[12] 이때 타자성은 어떤 타자가 자기 밖에 현존으로 있는 그런 상황에서 이끌어진 것이 아니라 타자 그 자체라는 말 또는 '즉자대자적 타자'라는 단순한 규정에서 유도된 것이다.[13] 헤겔에 의하면 이 규정이 현존의 구체적 구별들과 현존의 타자 존재의 가능 근거가 된다.

'돌멩이는 돌멩이와 같은 것이다'라는 것을 모르는 이는 '돌멩이는 돌

8) LI, 266쪽.
9) PhG, 90쪽.
10) LI, 266쪽.
11) LI, 266쪽.
12) 헤겔은 이 개념 자체를 '자의식'이라고도 부른다. PhG, 125쪽 이하 참조.
13) LI, 266쪽.

멩이가 아닐 수 없다'는 사실도 모른다.[14] 이것은 동일성을 기초로 해서만 구별의 능력이 생겨남을 말하는 것이다. 즉 '돌멩이=돌멩이'의 동일성은 '돌멩이≠돌멩이 아닌 것'의 구별의 기초이다. 그러나 뒤집어서 동일성이란 언제나 타자관계 속에서의 자기관계성에 붙여진 말이다. 또 구별은 이 타자관계의 근원적 표상이다. 그런데 이 둘, 즉 존재의 자기관계와 타자관계는 분리될 수 없는 하나의 사태 또는 사물에 대한 두 측면이다. 이 두 측면의 전체를 전자의 관점에서는 동일성이라 하고 후자의 관점에서는 구별이라 하는 것이다. 헤겔이 구별을 '구별 자체이면서 동일성'이라고 주장하는 것은 이 점을 특히 강조한 것이다. 이때 대강 넘어가서 안 될 것은 구별은 동일성과의 관계 속에서 또 동일성은 구별과의 관계 속에서만 자신의 참된 모습이 나타난다는 점이다. 이 상관관계가 강조되는 곳에서 앞서 이야기되었던 '단순한 구별' 또는 '단순한 동일성'은 부정되고 만다. 특히 부정으로서의 구별이 '전체'이면서 또한 그 전체를 확립하는 계기로 작동하고, 따라서 '자기 자신의 통일이면서 또한 동일성의 통일'로 이해되는 바로 그곳에서 이 구별은 존재와 사유의 '모든 활동성과 자기 운동을 가능케 하는 규정된 원초적 근거'로 확립된다.[15]

이제 구별은 더 이상 단순한 용어 또는 공허한 개념 그 자체로서가 아니라 본질규정의 원인으로 기여한다. 또한 '구별'이 사유 속에 반성으로 확인될 때 비로소 '동일성'과 '구별 그 자체'가 '규정성'으로 정립된다. 다시 말해 이 규정성, 즉 '정립된 존재(ein Gesetztsein)'가 구별의 두 계기가 된다. 이것은 동일성과 구별이 '구별' 속에서 '반성된 동일성'과

14) 이것은 결국 존재가 사유와 함께 동일성에서 시작한다는 말이다. M. Heidegger, *Identität und Differenz*, Tübingen 1957, 19쪽.
15) LI, 266쪽.

'반성된 구별'로 있음을 의미하는데, 이 같은 사태연관을 헤겔은 '차이성(Verschiedenheit)'이라고 부른다. 일상적으로 차이성 또는 상이성은 두 사물 또는 상황이 전혀 별개의 구조로 되어 있음을 지칭하지만 여기서는 내적 '구별(Unterschied)'의 밖으로 드러남을 뜻한다.

2. 구별의 둘째 계기 — 차이성

본래 '차이'는 헤겔이 자신의 철학을 셸링의 그것과 구분하기 위해 강조했던 개념이다.[16] 셸링은 절대적 동일성에서 출발하고 또 그곳으로 되돌아간다. 절대적 동일성은 모든 것들을 하나로 환원시키는 능동적인 어떤 힘이다.[17] 그는 이것이 자연이며 또한 자아라고 생각한다. 이 점에서 자연이나 자아는 주어진 시간 · 공간에서 이 세상을 살다 가는 그런 개개인에 해당되지 않고 오히려 초자연이나 초자아에 속하거나 그것을 직시하는 그런 철학적 통찰에 속한다. 어떤 경우든 그 자연 또는 자아는 신적이며 이 안에 구별이나 차별은 아마도 그림자이거나 관념성의 정도에 따라 나타나는 실재성의 차이일 뿐이다.[18] 헤겔은 이 생각을 뒤집어 놓는다. 그는 셸링의 절대적 동일성은 증명되어야 하는 전제일 뿐이라고 생각한다. 우리에게 나타나는 것은 동일성이 아니라 구별이다. 이 구별을 존립 근거로 하여 주어지는 현존 세계에 대한 '존재론'적 관찰이 바로 이 때문에 헤겔에서는 동일성으로서의 '본질'에 관한 분석보다 앞

16) 이에 대해 G. W. F. Hegel, *Differenz des Fichteschen und Schellingschen Systems der Philosophie*, GW, Bd. 4참조.
17) 이것은 '있음'의 즉자성이지 '무엇'의 반성은 아니다. 이에 대해서는 M. Heidegger, *Nietzsche* II, Tübingen 1961, 209쪽 이하 참조.
18) F. W. J. Schelling, GW, Bd. IV, 337쪽 이하 참조.

선다. 헤겔에서도 물론 「본질론」의 반성규정은 동일성에서 출발한다. 그러나 셸링은 구별을 본질로 하는 현존의 세계에 대한 「존재론」적 해명 없이 곧바로 동일성의 원리를 분석하려 하며 이 점이 헤겔과 다른 점이다.

구별의 현실태로서의 '차이성'은 헤겔에 의하면 그 속에서 '동일성'이 '파괴'되는 장소이다.[19] '동일성'이 '차이성'에서 완전히 파괴되어버린다 함은 차이만을 관찰 지평에 올려놓을 때 차이를 관념적으로 가능케 했던 동일성의 원리는 시야에서 사라져버릴 수밖에 없음을 말하는 것이다. '이 세상에 있는 모든 것들이 서로 다르다'는 것을 질과 양, 그리고 현존의 방식을 가지고 설명하는 것은 헤겔 『논리학』의 구성상 「존재론」에 속한다. 이 같은 명제 또는 생각을 순수사유 원칙들 사이의 관계를 가지고 해명하려 하는 것은 지금 우리가 문제 삼고 있는 「본질론」의 영역이 된다.[20] 이 관점에서 존재하는 각자들은 서로 어떤 관련성을 상정하지 않고도 다른 것으로 나타난다. 이처럼 서로 다르게 나타난 각자의 존립에 대한 독자성이 '상이성'의 첫 번째 특징이다. 여기서 각자는 다른 것들 모두에 대해 '등거리에 등가적으로(gleichgültig)' 있는 것이 되며 또 서로 같지 않은 고유의 독자성이 등가성의 중심에 있는 것이 된다.[21]

그러나 어떤 사물 또는 존재자들 각자의 고유한 '독자성'이란 과연 무엇인가? 있는 것들이 단지 각자 서로 다른 것일 뿐이라는 것만 가지고, 따라서 각자 다른 것과 무관하게 있을 뿐이라는 것만 가지고 독자성의

....

19) 이 동일성을 신의 본성으로 이해하면 '차이' 범주에서 신은 죽는다. 주의해야 할 것은 여기서 '차이'가 '존재와 사유의 차이'가 아니라 '존재의 차이'요 '사유의 차이'라는 것이다.

20) G. W. F. Hegel, *Enzyklopädie der philosophischen Wissenschaften*, 1830, Hamburg 1959 (=Enzyklopädie), §48.

21) LI, 267쪽.

실체가 드러날 수 있는가? '독자성' 개념에 초점을 맞추면 처음에 나타났던 사물 각자의 '등거리성(Gleichgültigkeit)'은 '상이성'이 아니라 '동일성'의 특징처럼 보인다. 왜냐하면 사물 각자의 '등가치성(또는 무관심성)'은 그 각자가 오직 자기 자신일 때만 가능하고 각자가 오직 자기 자신이라는 말은 바로 각자의 자기동일성 이외에 다른 것이 아닐 것이기 때문이다. 이것은 다른 타자들과 똑같이 등가치적 등거리를 유지할 수 있을 때만 자신의 독자성이 확립됨을 의미한다. 이 토대 위에서만 사물 각자의 상이성이 진술될 수 있다. "구별되는 것은 서로 무관하게 등가치적으로 각자 다른 것으로 존립한다. 왜냐하면 그 구별되는 것은 각자 자기 자신과 동일하고 또 이 동일성이 구별자의 지반을 결정하기 때문이다. 차이 나는 것은 바로 그 자신의 반대, 즉 동일성 속에서만 있을 수 있는 것이다"라고 헤겔이 강조하는 것은 바로 이상의 이유 때문이다. 흥미있는 것은 그가 파괴되었다고 주장한 동일성이 관점을 바꾸자마자 그 자신이 부정할 수밖에 없는 데로 진행하여 나타나고 있다는 점이다.

헤겔은 '차이'를 '구별'의 현실태 또는 반성태라 보고 있다.[22] 이때 반성은 구별이 자기를 밖으로 내비침과 이 내비침에 대한 오성적 또는 '지적 직관'의 이중 의미를 가지고 있다. 이 때문에 차이는 구별의 외화이면서 동시에 외화된 구별에 대한 인식적 반성으로 이해된다. 이제 이것을 좀 통속적 사변으로 설명해보자. '차이'는 감각적으로 달리 나타난 여러 사물 또는 사태에 쓰이는 말이다. 여기서 강조점은 각 사물들이 각자 바로 그 자신이라는 것이 아니라 각자는 그 외의 다른 것과 다르다는 것이다. 이때 다름의 기준은 '타자 존재'에 있는 것처럼 보인다(비쳐진다).[23] 왜냐하면 다른 것, 즉 타자 존재가 없다면 '차이' 자체가 불가능할 것이

22) Enzyklopädie, §117.
23) LI, 267쪽.

기 때문이다. 이때 어떤 것이든 그 자신 이외의 다른 모든 것들은 바로 이 어떤 것 앞에 평등하고 따라서 '등가적(gleichgültig)'이며 같은 방식으로 각자 사이의 관계 또한 등가적이 된다.[24] 이 등가성은 글자 그대로 무엇인가 같음을 지칭하는 것이다. 왜 여기서 같음이 내면으로 비쳐지는가? 그것은 앞에서 파괴되었다고 했던 그 동일성의 유령이다. 말하자면 차이의 내면에서는 사라져버린, 혹은 상식 속에서 전혀 포착되지 않던 그런 동일성이 있었던 것이다.[25] 동일성의 원시적 형태가 '어떤 것이든지 그 자신과 같다'는 말로 표시됨은 위에서 이미 언급한 바 있다. 이 동일성 때문에 차이의 근거가 타자에서 자기 자신으로 옮아온 것이다.

헤겔은 '동일성'이나 '구별'은 그것이 개념이거나 이념이거나 관계없이 현실적으로 '차이' 속에서 통합되며 또 그 속에서 각기 하나의 전체를 이룬다고 생각한다.[26] 차이는 사물들의 현존 관찰에서 확인되는 반성의 상황이다. 그런데 이 상황에서 '차이'라는 반성 언어가 가능하기 위한 현실적 조건은 어떤 사물이 타자관계와 자기관계로 판명될 때이다. 전자에서 '등가성'이, 그리고 후자에서 '동일성'이 비추어져 나타난다. 그런데 이 둘은 떼어서 생각할 수 없는 '차이'라는 하나의 전제의 두 계기이며, 동시에 각기 자기에 대립하는 다른 계기를 자체 내에 포함한다는 의미에서 각자가 또한 하나의 전체이다.[27] 헤겔은 여기서 어떻게 하나의 현존재가 다른 현존재들 속에서 반성적으로 정립되는지를 말하고 있는 것이다. 하나의 현존재가 인식적으로 정립되는 것은 '나'에 의해서이다. 그러나 정립을 위해서는 '나(자아)'만 가지고는 안 되며 '대상'이

24) Enzyklopädie, §117, LI, 267쪽.
25) B. Liebrucks, Der menschliche Begriff–Sprachliche Genesis der Logik, logische Genesis der Sprache. Hegel : Wissenschaft der Logik–Das Wesen, in: *Sprache und Bewußtsein, Bd.* 6/2, F/a. M. 1974, 119쪽.
26) LI, 267쪽.
27) LI, 267쪽 참조.

먼저 있어야 한다. 대상이 없는 데서는 정립할 것도 없기 때문이다. 이때 나는 대상의 관찰 목록을 내 속으로 보내고 이 목록을 받아들이는 또 다른 나는 동일 장소에 동일한 것을 저장하고 관리해야 한다. 여기서 대상을 관찰하고 관찰 데이터를 입수하는 그런 나는 그것들을 분석 정리하고 타당하게 배열하는 그런 나와 기능 면에서 다르다. 즉 보는 기능은 눈에 있고 본 것을 저장하고 다시 생각하는 기능은 머리에 있다. 주의할 점은 이 두 기능이 모두 자아라는 것과, 그리고 대상과 직접적으로 관계하는 자아, 예컨대 눈과 그로부터 얻어진 내용들과 관계하는 내적 자아, 다시 말해 머리는 전혀 대립적으로 있다는 것이다. 대립적이라 함은 대상관계적 자아가 끝없는 변화의 흐름에 있고 따라서 전혀 동일성을 가질 필요가 없는 데 비해 자기관계적 자아는 이 변화의 흐름 속에서 불변적 동일성을 가지고 있어야 한다는 것이다. 그렇지 않으면 대상의 현존재에 대한 정립 자체가 불가능하게 된다. 이것은 자아의 동일성(내적 반성)과 구별(외적 반성)에 의해 대상의 동일성과 구별이 정립된다는 뜻도 되고, 대상의 동일성과 구별은 그것이 의식의 형태로 이해될 수 있는 한 뒤집어서 자아의 동일성과 구별을 결정한다는 뜻도 된다. 그리고 이 원리에 따라 현존이 정립될 뿐만 아니라 차이 속에서 같은 것으로, 그리고 같은 것 속에서 차이로 관찰된다는 것이다.

그러나 헤겔은 '차이성'의 정립이 단순한 대상의 정립만을 뜻하는 것이 아니라는 점을 분명히 한다.[28] 현존재로서의 대상 정립을 위한 범주규정은 적어도 「본질론」의 문제는 아니기 때문이다. 「본질론」의 문제는 현존재 규정의 선험적 근거들에 대한 반성이며, 따라서 전통적 의미의 사유의 가능성의 조건들에 대한 탐구이다.[29] 여기서 단지 관념 세계를 떠돌던 동일성과 구별이 한편으로는 내적 반성, 즉 반성 그 자체의 실체

28) LI, 268.

로, 그리고 다른 편으로는 외적 반성, 즉 대상규정의 실체로 구체화된다. 전자에서 '어떤 것은 그 자신과 같다'는 명제의 실제 내용과, 그리고 후자에서 그 어떤 것은 다른 것과 다르다는 명제의 실제 내용으로서 이중 반성의 내용이 구체화된다. 여기서 특히 주의해야 할 것은 차이를 통해 반성이 외화되고 이 외화된 반성에서 동일성과 구별이 다 같이 밖으로 튀어나온다는 헤겔의 생각이다. 밖으로 튀어나온 동일성과 구별은 현실적으로 정립된 어떤 것을 구성하는 두 요소이다. 이 어떤 것은 '차이'를 본질로 하고 있지만 이에 대한 사변적 분석은 차이의 근원에 동일성과 구별이 골조로 나타난다는 것을 일러주고 있다. 이 골조에 의해 차이가 가능하다는 논변이 내적 반성에 의한 설명 방식이라면 차이에 의해 이 골조가 드러난다는 논변은 외적 반성에 의한 설명 방식이 될 것이다. 그런데 차이에 의해 드러난 뼈대로서의 동일성은 구별과 마찬가지로 외적이며, 헤겔은 이 '외적 동일성'을 '동등(Gleichheit)'으로, 그리고 '외적 구별'을 '부등(Ungleichheit)'으로 부른다.[30] 일상적으로 구분하자면 '동일성 또는 동일함'은 관념적으로 같음을, '동등성 또는 동등함'은 실재적으로 같음을 말한다. 헤겔의 용어로는 '동등은 즉자대자적인 그런 동일성이 아니라 단지 정립된 존재로서만 있는 동일성'이며, '부등 또한 같지 않은 것의 즉자대자적 구별 그 자체가 아니라 단지 외적인 구별'일 뿐이다.[31] 헤겔은 여기서 용어 구분을 분명히 함으로써 동일성 또는 비동일성을 섣불리 곧바로 동등과 부등으로 이해해서는 안 됨을 주의하고

29) 이 조건들은 '실존의 근거로서의 본질'이며 '순수 반성규정들'로 이해된다. Enzyklopädie, §15 이하, F. Kaulbach, Wahrheit und Perspektive bei Kant, Hegel und Nietzsche, in: *Philosophie des Perspektismus,* 1 Teil, Tübingen 1990, 144쪽.

30) LI, 268쪽.

31) 같은 곳.

있는 것이다.[32)]

이 세상에 있는 것들을 '있음'의 규정으로 담아내는 것은 주체로서의 자아이다. 이에 비해 그 규정의 객관성을 타당하게 담보하는 것은 현존의 외적 특징들이다. 이 객관적 보편타당성의 주관적 근거는 다시 자아의 사유이다. 대상을 개념화하는 자아를 범주라 한다면 이 범주는 헤겔에서는 외적 반성에 속한다. 철저하게 대상관계를 자기 본성으로 하기 때문이다. 그런데 범주를 가능케 하는 자아의 심연은 대상과 무관한 어떤 것이다. 이 심연이 헤겔에서 내적 반성으로 불리는 세계이다. 이 반성은 대상관계를 부정함으로써만 그 존립이 가능함에도 불구하고 막상 대상관계를 부정하면 자기 자신도 사라져버리는 그런 모순 속에 있다. 이 모순은 대상관계를 자기의 외화된 혹은 '소외된 반성'으로 바꾸면서 해소된다. 이 점을 좀 더 자세히 살펴보자.

어떤 것이든 그 자신과 같다는 동일성의 반성규정이나 어떤 것이든 다른 것일 수 없다는 구별의 규정은 언제나 이중적이다. 같고 다름의 원인이 주체 속에 있기도 하고 객체 속에 있기도 하기 때문이다.[33)] 주체와 객체가 같고 다름을 비추는 반성체일 경우, 그리고 주체를 안이요 객체를 밖이라 할 경우 객체는 주체의 외화이며 소외된 반성이다. 말하자면 객체는 주체가 자신을 밖으로 내비친 것이다. 이 객체를 관찰의 중심에 놓으면 같음이나 다름이 객체를 떠나 있지 않다는 사실이 밝혀지고 바로 이 사실에 기초하여 자아 내의 같음과 다름이 대상의 같음과 다름으로 전환한다. 실제 세계에서의 같고 다름을 동등 부등이라 하는 것은 구체적 사물들의 같고 다름이 언제나 '비교(Vergleichen)'를 기준으로 해

32) LI, 263쪽.

33) 만일 '같음'과 '다름'을 사유하는 주체에만 국한하면 주관주의에 떨어질 수밖에 없다. 이것이 지나치면 하이데거식의 유아론에 도취된다. M. Heidegger, *Identität und Differenz*, Tübingen 1957, 21쪽 이하.

서 나타나고, 또 이런 비교를 통해 차이 속에서 나타난 같고 다름의 상황이 어떤 것이 어떤 것과 동등하다 혹은 부등하다고 진술한다는 데 그 기초를 두고 있다.[34)]

소외된 반성, 즉 외적 규정에서 동등함, 부등함은 별개의 서로 무관하며 분리된 개념인 것처럼 보인다. 이 즉자 상태의 동등, 부등이 하나의 관계 속에 있는 두 계기라는 통찰은 이 두 용어의 관계가 모순이라는 통찰에 일치한다. 어떤 것이 다른 것과 같다는 관점은 어떤 것이 다른 것과 다르다는 관점과 다르다. 한쪽 관점에서 다른 관점은 시야에서 사라지고 이렇게 되면 모순도 사라진다. 그러나 같고 다름이 한 사물의 다른 것과의 관계에서 비교된 규정이고 차이라는 하나의 관계의 두 관계항인 한 이 모순은 근원적이다. 모순의 해소는 관계의 양 항이 같이 질 때이다. 구체적 현존은 언제나 이런 상황으로 이행한다. 현존은 다른 것과의 차이에서 자기의 동일성을, 그리고 자기 동일성에서 다른 것과의 차이를 연출하는 무대이면서 동시에 배우인 것이다.

3. 구별의 셋째 계기 – 대립[35)]

'규정은 부정이다'라는 스피노자의 명제가 헤겔 『논리학』의 대전제임은 알려진 사실이다. 이 명제는 단순히 전제일 뿐만이 아니라 『논리학』을 서술(Darstellung)하는 방법적 역할도 포함한다. 차이를 통해 확인된 결론은 '정립된 존재'의 실재성이다. 정립은 규정을 말한다. 따라서 정

34) 같은 책, 263쪽.

35) 『소논리학』에서 이 '개념'은 '모순' 개념과 마찬가지로 독립 항으로 다루어지지 않는다. Enzyklopädie, §119 이하 참조.

립된 존재는 규정된 존재이며 규정된 존재는 부정된 존재이다. 어떤 것의 정립은 바로 그것의 부정이며 곧 한계이다. 이것은 동시에 다른 모든 것들의 부정과 같다. 동등하다, 부등하다는 것은 존재 정립과 동시에 나타나는 사유와 존재의 상호 부정의 의식적 상황이다. 존재의 정립은 차이에 의해 기초하며, 이 차이의 두 현실성인 동등, 부등의 계기들이 각기 '하나의 부정적 통일'을 이루는 지점이 개념적으로 '대립'이 나타나는 곳이다.[36] 이 같은 서술 방식은 전혀 새로운 것이 아니다. 헤겔은 이미 「존재론」 초두에서 이 방식을 사용하고 있다.

어쨌거나 대립(Gegensatz)은 정립된 존재 각자가 상관관계 속에서 서로 마주하고 있음을 뜻한다.[37] 상투적으로 말하자면 '절대적 구별'과 '차이'의 통일이 곧 대립이다.[38] 동일성과 구별의 원리에 의해 현존 세계가 정립되고 현존 세계는 대립에 의해 특징지어진다. 대립의 일차적 의미는 서로 달리 그냥 그렇게 있음을 말한다. 서로 달리 마주하고 있다는 것은 심리적 갈등이나 경향성을 뜻하는 것이 아니라 차별을 간직한 각자의 상황을 말한다. 이것은 정립된 존재들 각자의 실존의 평등일 뿐이다. 무엇이 이 평등의 근거이며 대립의 근거인가? 그 근거는 외면적으로 규정이다. 규정되지 않은 것 또는 이름 붙여지지 않은 어떤 것도 의식화되지 않기 때문이다. 그러나 규정만 가지고 실존의 실존성이 확보되는

---

36) LI, 270쪽.

37) '대립' 범주의 논리적 · 철학적 의미의 원천은 물리학의 힘 개념이다. 또 이에 대한 심도 있는 관념철학적 탐구는 칸트의 *Versuch den Begriff der negativen Größen in die Weltweisheit einzuführen*, 1763, AA, Bd. 2에서부터 본격화된다. 헤겔은 대립개념이 아니라 수학적 · 물리적 현상으로서의 대립을 「존재론」에서 다룬다. LI, 78쪽 이하 참조.

38) 이 통일을 제대로 설명할 수 있으려면 도대체 어떻게 절대적 구별이 절대 동일성에서 부정되어 나오며 또 본질로 정착되는지, 그리고 도대체 어떻게 구별이 현존세계의 차별화의 기초로 놓이며 현존재들이 동등과 부등의 두 계기를 자기 현존의 근거로 가지는지를 상기하고 있어야 한다.

것은 아니다. 이 확보는 정립, 다시 말해 '규정의 내적 반성'을 기다려야 한다. 이 규정의 내적 반성으로서의 정립은 현존의 실존성을 담보하는 제일 조건이며 또한 대립의 제일 조건이기도 하다. 왜냐하면 정립은 대상이 거기에 그런 방식으로 있음을 인식적으로뿐만이 아니라 존재적으로도 확인하는 것인데 이것은 곧바로 다른 존재자들과의 관계를 동시적으로 생각해야 하는 것이기 때문이다. 즉 정립은 대립과 동시적이거나 적어도 대립을 산출한다.

대립에 대한 보다 근원적인 통찰은 대립이라는 용어 자체가 동일성과 구별을 자기 존립의 계기로 포함하고 있다는 것이다.[39] 이것은 형식적으로 동일성에서 대립에 이르는 수순의 역순이며 따라서 반성의 형태로 관찰되는 사건 관계이다. 이 역순에서 헤겔은 본질의 개념성을 강조하고 동일성과 구별의 대립적 상관이 있지 않는 한 실제 세계의 대립 자체도 있을 수 없다고 보는 것이다. 이 점에서 그는 관념론자이다. 그런데 여기서 기억해야 할 것은 동일성과 구별의 '외화(Veräußerung)'가 동등성과 부등성인데 이 양자관계 또한 개념적 대립이라는 점이다. 이 대립은 실재적 외적 대립의 모형이다. 만일 정립된 존재자들 전체를 '정립된 존재(Gesetztsein)'라 한다면 그 반대는 '비존재(Nichtsein)'일 것이다.[40] 이 존재와 비존재의 근원성이 결국은 개념적 존재 정립의 뿌리가 되고 또 그 외화의 기원이 된다는 것이다.

이 세상에 있는 모든 것들은 즉자적으로는 그냥 그렇게 있는 것이다. 그러나 이에 대한 인식적 규정이나 정립이 가해지지 않은 상태에서는 그냥 그렇게 있는 것은 그냥 그렇게 있지 않은 것이 아닐 것이다. 있고 없음의 판별 잣대는 이 때문에 인식적 규정성이었던 것이다.[41] 이 인식

39) LI, 272쪽.
40) LI, 273쪽.

적 규정성은 곧 존재에서 시작된다. 있지 않은 것이 있음의 규정적 기준일 수 없기 때문이다. 그런데 이 같은 규정은 존재의 객관성마저도 담보해야 한다. 그렇지 않으면 규정은 단지 공허한 환각에 대한 이름일 뿐이기 때문이다. 규정이 존재의 현존화의 기초라면 정립은 본질 근거의 반성적 기초이다. 이 기초 위에서 존재의 일반 규정들이 개념적으로 도출된다. 동일성과 구별의 합성체로서의 '차이'는 한편으로는 현상계의 인식적 판별 기준으로 이해되고 다른 편으로는 존재자들의 존재 방식에 대한 반성적 범주로 생각된다. 어떤 경우든 이 차이라는 범주를 통해 순수사유의 추상의 영역에 있던 동일성과 구별이 동등성과 부등성으로 뒤바뀐다. 이 외화는 실재 세계에 대한 추상적 범주의 적용을 의미한다.

'동등'과 '부등'은 사물들의 현존 방식이나 그 관계의 논리성에 주목하면 '대립'이다. 이 대립은 긍정과 부정으로 구성된다. 헤겔은 동등이 부등을, 그리고 부등이 동등을 전제로 해서만 유도될 수 있는 규정임을 분명히 하고 있다. 이것은 부등이 동등과 함께 있고 이처럼 함께 있음이 전체를 이루는 것을 뜻한다. 그가 동등이나 부등이 모두 '자신의 비존재'를 포함하고 있다고 주장하는 소이가 여기에 있다.[42] 이때 주의해야 할 점은 동등과 부등이 결코 같은 것이 아닌 둘이라는 점이다. 다시 말해 동등은 부등을 자체 내에 내포하고 부등은 동등을 자체 내에 내포한 것으로 각기 하나의 전체를 이루고 있다. 여기에서 전자, 즉 '부등과의 관계를 자체 내에 포함한 자신 속으로 반성된 동등성'은 '긍정적인 것(das Positive)'으로, 그리고 후자, 즉 '동등과의 관계를 자체 내에 포함하고 있는 부등'은 '부정적인 것(das Negative)'으로 불린다.[43] 이 둘은 상관관

41) LI, 43쪽 이하. Enzyklopädie, §86, §87.
42) LI, 273쪽.
43) Enzyklopädie, §119, 120.

계에서 서로 영향을 주고받지만 각자 그 자체가 하나의 독립적인 규정 존재이며 또한 정립 존재이다.[44] 부정과 긍정은 논리적 범주이다. 부정과 긍정의 관계는 존재에 앞서 논리적으로 대립이다. 대립의 원시적 규정은 서로 다른 규정으로 마주하여 독립자로서 관계함에 있다.[45] 이 독립자의 정체는 무엇인가?

독립자 혹은 자립자의 '자립성(Selbständigkeit)'은 어떤 것이 다른 것에 의존되어 있지 않거나 또는 자기 자신의 존재를 위해 자기 이외의 것을 필요로 하지 않는 경우에 붙일 수 있는 말이다. '긍정'과 '부정'은 단지 그 단어 자체로는 자기규정을 위해 타자를 필요로 하지 않는 것처럼 보이나 그 의미에 있어서는 이와는 정반대이다. 대립의 두 계기의 자립성이 붕괴되는 것은 동등과 부등의 관계 연역에서 이미 예고되어 있던 것이다. 긍정은 부정의 산출을 위한 매개요, 부정은 긍정의 산출을 위한 매개라는 점에서 상호 동일한 의존성 속에 있다. 이 의존성은 각 규정이 자기의 '반대(Gegenteil)'에서 나온다는 특징만이 아니라 이 반대 속으로 와해되어 스스로를 상실해버린다는 특징도 가지고 있다. 결국 헤겔은 반복적으로 순환론적 설명에 의존하는 셈이다.

헤겔이 가르치려 한 가장 중요한 것들 중 하나는 어떤 존재나 규정도 하나의 측면에서만 관찰해서는 안 된다는 것이다. 다시 말해 즉자적 상태의 독립적인 어떤 것은 반드시 그 대립자와의 관계 속에서만 제대로 그 모습이 드러나며 이 관계는 전체성의 체계, 역동성으로 생각되어야 한다. 이때 관계의 양상이 전체로서의 관계에 어떤 의미연관의 논리성을 제시할 수 있는지를 고찰해야 한다. 이에 따라 관계는 전체로서의 대립이고 대립의 즉자태는 대립자, 즉 관계 양 항의 몰관계성이다. 어떤 존

44) LI, 273쪽.
45) LI, 273쪽.

재 또는 규정의 자립성은 이 몰관계성에 기초한 규정이다. 그런데 이 몰관계성은 자체 모순이다. 왜냐하면 관계성 속에서만 이 같은 몰관계가 가정될 수 있기 때문이다. 따라서 이번에는 양자의 관계 속에서의 의존성과 상호 매개성이 문제되고 이것이 어떻게 전체로서의 관계에 계기로서 기여하는지를 밝히는 것이 과제가 되는 것이다.

헤겔은 '대립'개념에 대한 주석에서 '긍정적인 것'과 '부정적인 것'이 산술(Arithmetik)에서는 어떻게 나타나는지를 다루고 있다.[46] 산술은 물론 이 두 개념의 엄밀한 규정을 목표로 하지 않고 따라서 이 대립을 실제로 사용함에도 불구하고 그 근본에는 전혀 무지하다. 산술에서 사용하는 대립의 실질적이고도 대표적인 예는 아마 +a와 −a의 관계일 것이다. a를 크기라 하면 이 크기는 긍정적인 것과 부정적인 것의 통일로서의 크기이다.[47] 이 절대값으로서의 크기 a는 '대립(Entgegensetzung)'과는 등가적이고도 무관한 '긍정과 부정의 기초에 놓인 즉자적 통일' 이외에 아무것도 아니다.[48] 말하자면 이것은 대립의 씨앗조차 보이지 않는 '죽은 기초'이다. +와 −가 붙여짐으로써 a는 활기를 띠게 된다. −a는 a의 부정적인 것이고 +a는 a의 긍정적인 것인데 −가 붙여지거나 +가 붙여지거나 관계없이 어느 한쪽만의 규정으로도 이미 대립은 선명하게 나타난다. −a가 a가 아니듯이 +a 또한 a 자체는 아니다. 규정이 곧바로 부정인 이유가 여기에 있다. 대립은 이처럼 즉자적 통일체 또는 동일체에 대한 부정에서 시작된다.

이와는 다른 시각에서 −a와 +a의 대립을 살펴볼 수 있다. a가 각기 대립적 규정의 기초에 깔려 있는 통일이며 따라서 대립적 규정의 처음이

46) LI, 275쪽. Enzyklopädie, §119.
47) LI, 276쪽.
48) 같은 곳.

지만 이 통일은 −a와 +a라는 대립규정이 전제되고서만 생각될 수 있다는 점에서 대립이 처음일 수 있다. 대립해 있지 않는 데서 통일될 것도 없기 때문이다. 이 때문에 헤겔은 통일이란 본시 '대립된 것들의 자신 속으로의 비추임(die Reflexion dieser Entgegengesetzten in sich)'일 뿐이라고 강조하는 것이다.[49] −a와 +a는 두 개의 서로 다른 a이며 이 둘 중 어느 것에 −를 붙이고 어느 것에 +를 붙이느냐, 다시 말해 어느 것에 부정을 정립하고 어느 것에 긍정을 정립하느냐는 이 대립에서 중요한 쟁점일 수 없다. 이것은 현존적 구체적 규정, 즉 +a(positiv)와 −a(negativ) 각자가 모두 그 자체 '하나의 특수하게 존립하는 것(ein besonderes Bestehen)'이며 이 점에서 이 둘 모두가 다 '긍정적(positiv)일 수밖에 없음을 뜻한다.[50] 긍정적이란 말하자면 어떤 것이든 즉자적으로 자기 자신의 고유규정에 머물러 있음과 같은 것이다.

부정과 긍정은 음과 양에 일치한다. 음과 양은 그것들이 실존적으로 얽히든 수학적으로 얽히든 복잡한 양태를 가지고 나타나는 것은 마찬가지이다. 각자의 크기에 따라 관계와 결합의 결과는 달리 나타나며 시야를 어디에 맞추느냐에 따라 음이 강조되기도 하고 양이 강조되기도 한다.[51] 동쪽을 음으로 정하면 서쪽이 양이 되고 서쪽을 음으로 정하면 동쪽이 양이 된다. 같은 백 원을 빚에 초점을 맞추면 갚아야 될 돈이 되고 채권에 초점을 맞추면 받아야 할 돈이 된다. 같은 백 원을 주었다 되받으면 안 주고 안 받은 것과 마찬가지가 된다.[52] 음양의 대립은 이처럼 절묘

49) 같은 곳.
50) 같은 곳.
51) 이와 유사한 칸트의 논의에 대해서는, Kant, *Versuch den Begriff der negativen Größen in die Weltweisheit einzuführen*, 1763, AA, Bd. 2, 171쪽 이하와 174쪽 참조.
52) LI, 276쪽 참조.

하다. 이 절묘한 결과들 각자가 음양관계의 논리적 필연성을 가지는 지양의 상황들이다. 헤겔은 이 결과에서 대립을 가능케 하는 기본 단위가 부정과 긍정, 즉 음과 양인데, 이 음양의 내면이 어떤 '하나라는 것(Eines)', 그리고 이 하나가 다름 아닌 '동일적 관계(identische Beziehung)'라는 것을 보고 있다.

3
차이에 대한 재고찰

'차이'에 대한 전형적인 명제는 '모든 사물들은 서로 다르다' 혹은 '똑같은 두 개의 사물은 이 세상에는 없다'는 것이다.[53] 이 명제는 동일률에 대립된다. 이 명제의 계사 'ist'는 주어와 술어의 동일성을 나타낸다. '모든 사물들'이라는 주어를 'A'라 할 때 이 A는 술어 '하나의 다름'과 같은 것이다.[54] 이것은 A가 A가 아니라는 뜻, 즉 'A=nicht A'라는 뜻이다. 이것은 동일률의 부정이다. 이와 다른 시각에서 A가 다른 것과 같지 않다(ungleich)는 것을 A 일반과 특정 A 또는 A 일반 중의 어떤 성질과의 관계 표현으로 볼 수 있다. 'A 일반'과 '특정 A'는 같지 않으며 이 특정 A는 하나의 차별화된 A일 뿐이다. 그런데 이 차별화된 A는 A 일반에 소

53) LI, 270쪽. "Alle Dinge sind verschieden, oder : Es gibt nicht zwei Dinge, die einander gleich sind."

54) LI, 270쪽.

속된다. 이것은 동일률의 단순한 부정만을 의미하는 것은 아니다. 왜냐하면 A가 A아닌 것을 자체 내에 지닌 그런 A이므로 동일률과 이에 대한 부정을 동시에 포함하기 때문이다. 헤겔이 채택하는 것은 물론 이 입장이다.

헤겔은 차이의 명제가 매우 특이한 구조로 되어 있음을 다각적으로 설명하려고 시도한다. 먼저 그는 '모든 사물이 서로 다르다'고 할 때 '수다성과 무규정적 차이성(die Mehrheit und die ganz unbestimmte Verschiedenheit)'의 범주가 사용되고 있음을 주목한다.[55] 그런데 '전적으로 똑같은 두 개의 사물은 존재하지 않는다'는 말은 앞의 명제와는 달리 '규정된 차이성(die bestimmte Verschiedenheit)'의 범주를 이용한다. 다시 말해 앞의 명제가 모든 사물의 무규정적 차이를 말한다면 뒤의 명제는 특정 수의 특수한 차이성을 말하는 것이다. 어느 경우든 '모든'의 수적 특징이 '사물'과 다르듯이 '두 개의 사물'은 '둘'이라는 숫자와는 다른 것이다. 문제는 특수 차이의 범주가 무규정적 추상적 차이 범주에 포함된다는 데 있다. '이 세상에 두 개의 똑같은 사물이란 없다'는 것을 증명하기 위해 산 속을 헤맬 필요가 없으며, 두 사물이 숫자 둘과 다르다는 것을 강조할 필요도 없다. 차이는 규정에서 생겨난다. 따라서 무규정적 차이는 무규정적 규정에서 생겨나는 셈이다. 무규정적 규정은 경험적 적용 이전의 개념적 구분화를 뜻한다. 개념적 구분이란 용어적 구분 이상이 아니다. 그러나 용어적 구분이 사물들의 경험적 현존 관찰을 무시하고 어떻게 가능한가?

전체성의 범주는 개별자들의 수적 전체에 대한 표상에서 나온다. 이 전체를 구성하는 각 수들은 제각기 다르다. 1, 2, 3, …… 은 제각기 다를 뿐 아니라 전체의 부분으로서 전체 앞에 등거리에 있고 또 각자 전체 안

55) 같은 곳.

에 동등하게 있다. 그러나 각 수는 전체성으로서의 수적 모든 것의 하나의 구성 요소이며 이 점에서 제각기 '하나임'의 단일성을 처음부터 내포하는 것이 된다. 이것은 각 수가 한편으로는 각자 수 자체와 같으며 다른 편으로는 그 자신 이외의 다른 수들과는 근원적으로 다르다는 것을 뜻한다. 이 같은 통찰의 기준은 물론 '비교(Vergleich)'이다. 이제 이 연역 내용을 사물들에 응용해보면 '모든 사물은 서로 다를 수밖에 없고 두 개의 서로 다른 것은 있을 수 없다'는 명제는 자명한 것으로 판명된다. 이때 경험적 현존 관찰은 전적으로 무시된다. 한 가지 주의해야 할 것은 이 다름의 현실태로서의 차이는 구별에 대한 용어적 규정만으로는 입증되지 않는다는 사실이다. 실재하는 사물들의 '차이(Verschiedenheit)'는 단지 사물이 무엇이며 차이가 개념적으로 어떻게 규정되는지의 설명만 가지고는 실재적으로 입증될 수 없다. 사물들이 제각기 서로 다르다는 것이 현실적으로도 확인될 수 있어야 이 증명은 완결된다. 현실적 확인은 그것이 모든 모래알을 일일이 대조하는 것을 요구하는 것은 아니라는 점에서 경험적인 것이 아니다. 어떤 사물이 다른 사물과 같음이나 다름을 '제3의 매개'를 통해 증명하면 현실적 또는 실재적 증명은 끝이 난다.[56] 이를 위해 먼저 사물 또는 존재자들이 각기 그 자신과 같으며 또한 다른 것과는 다르다는 명제를 자명한 것으로 받아들여야 한다. 이와 더불어 '같음이 차이로, 그리고 차이가 규정된 차이, 즉 불평등으로 이행한다'는 것을 나타내주어야 한다.[57] 다음에는 이 이행의 전 과정이 현존 사물에 그대로 투영되어야 한다. 이때 투영의 각 계기들은 현존재의 규정과 정립의 선험적 조건이어야 한다. 결국 제3의 매개자는 실제로는 현존재로서의 사물 자체이나 현실적으로는 그 현존의 정립을 책임지는 동

56) LI, 271쪽.
57) 같은 곳.

일성과 차이를 한 뭉치로 한 동일성이며 또한 차이이다. 이것은 사실 증명이 아니라 동일성과 차이 그리고 구체적으로 규정된 차이 사이의 관계에 대한 헤겔의 순환론적 설명이다.

'전혀 똑같은 두 개의 사물은 존재하지 않는다'는 명제는 경험적으로가 아니라 선험적으로 자명한 것처럼 보인다. 그러나 이것은 우리에게 동일성과 차별성의 개념 이외에 아무것도 말해주지 않는다. 두 개의 사물 각자는 그것이 '하나의 사물'이라는 점에서 같으며 각자 둘이라는 숫자 아래 있다는 점에서 동등한 것이다. 말하자면 똑같은 두 개의 사물이 있음을 '두 개의 사물'은 미리 지시하는 셈이다. 이것은 각자가 모두 '일자'이며 똑같이 '사물'이라는 말이요 이 둘은 같다는 것이다. 그렇다면 앞의 명제는 자명하지도 않고 확실한 것도 아니란 말인가? 그렇지는 않다. 두 개의 사물 각자는 적어도 다른 공간을 차지한다. 각자를 둘러싸고 있는 상황 또한 같지 않다. 이보다 더 근원적인 것은 사물 각자가 관계 속에서만 차별이 생긴다는 점이다. 관계 속에서 비교를 통하지 않은 어떤 것들도 서로 다르다고 할 수 없다. 각자가 스스로 자기 자신인 그런 동일성만이 자존적인 것을 지배한다. 이 자존적 자립적인 것은 다른 자립적인 것과 관계를 맺자마자 차이로 나타난다. 동일성이 차이로 이행한 것이다. 이 차이에서 각자의 동일성은 완전히 부정된 것이 아니고 관계를 제3의 계기로 하여 남게 된다. 이것은 하나의 보편, 즉 동일한 것 내에서 서로 다른 두 개의 '마주함(대립 : Entgegensetzung)'이 가능하다는 것을 보여준다.[58] 하나의 '나무'라는 '보편' 아래 '참나무'와 '도토리나무'의 차이를 여기서 예로 들어도 좋을 것 같다.

하나의 관계의 두 관계항들의 상호 연관성은 관찰자가 관계 지평에서 보느냐 관계항의 지평에서 보느냐에 따라 다르다.[59] 관계 지평은 근원적

58) LI, 272쪽.

으로 동일성을 전제하고 관계항의 지평은 동일성과 차이 양쪽을 전제한다. 참나무나 도토리나무나 다 같은 나무라고 보는 입장은 이 둘이 전혀 다른 나무라고 보는 입장과는 다르다. 이것은 사물 자신이, 다시 말해 참나무와 도토리나무가 서로 같고 다름의 판별을 책임지지 않음을 말하는 것이다. 더구나 이 '같고 다름의 통일(Einheit der Gleichheit und Ungleichheit)'에 대한 반성은 일차적으로 사물의 몫이 아니라 사물을 사물로 규정하고 정립하는 반성자의 몫이다.[60] 이것은 서로 모순되는 계기들을 모순으로 포착하고 그 모순을 해결하려는 행위가 사물 속에 있지 않고 그것을 통찰하고 자체 반성으로 퇴행하는 거대한 어떤 반성의 행위에 있음을 말하는 것이다. 헤겔은 이 점을 분명히 하고 있다.

59) LI, 272쪽.
60) LI, 272쪽 참조.

제4장

헤겔의 반성규정과 모순

헤겔의 『대논리학』을 중심으로

1
모순개념의 불투명성의 근거

헤겔 철학 이해의 첩경은 모순개념의 논리적 구조를 규명하는 데 있다. 이 작업을 위해 너무 많은 것을 전제해서는 안 된다. 다양한 텍스트들을 끌어들여 그 의미를 지나치게 확대하는 것은 단순히 작업상 불필요할 뿐 아니라 모순개념의 진정한 의미 파악에도 방해가 된다.

헤겔의 모순개념에 대한 오해는 그가 살아 있을 때 이미 시작되었고 관 속에 들어가기가 무섭게 이런저런 주장들이 엇갈려 들면서 엄청난 파장을 가지고 유럽의 지성계뿐 아니라 세계사의 흐름까지도 바꾸게 된다.[1] 헤겔에 대한 오해를 조목조목 따져 바로잡는 일보다 더 중요한 것

1) Hegel 철학의 방법과 모순개념에 대한 논쟁들은 A. Trendelenburg, *Logische Untersuchungen*, Bd. 1, Berlin 1840. R. Haym, *Hegel und seine Zeit*, Berlin 1857. K. Rosenkranz, *Apologie Hegels gegen Dr. R. Haym*, Berlin 1857. E. v. Hartmann, *Die dialektische Methode*, Berlin 1868. E. Topitsch, *Logik der Sozialwissenschaften*, Köln 1965 등을 참조.

은 도대체 왜 이 같은 오해들이 생겨나게 되었는지를 밝히는 것이다. 헤겔 자신은 모순에 대한 개념 규정에서 가능한 한 명료화하려고 노력했음에도 불구하고 이 노력은 자신에 대해서나 다른 이에 대해서나 실패한 것처럼 보인다. 왜냐하면 그가 『대논리학』에서 '반성규정'으로 범주화해서 분석하고 있는 모순개념이 그 이전과 이후 저작들에서 생의 이념의 자기실현에서 생겨나는 서로 대립되는 힘들의 첨예한 긴장관계나 대결 양상을 포함하는지 여부는 명석하지도 판명하지도 않기 때문이다. 이로부터 생기는 불투명성의 책임은 전적으로 헤겔 자신에게 있다. 그러나 우리가 헤겔의 전 사상의 형이상학적 존재론적 모순개념의 논리적 정식화가 그의 『대논리학』과 『소논리학』의 본질론에서 완결된다는 가설을 인정한다면, 헤겔에 대한 오해의 책임은 전적으로 헤겔 탐구자들에게 돌려진다. 어느 누구도 이 부분의 체계적이고 독립적인 연구를 만족스러울 만큼 수행하지 않은 채 주먹구구식으로 그 복잡한 조직 체계를 계산하려 한 잘못을 공통적으로 가지고 있기 때문이다.

오해의 대부분은 모순개념에 대한 헤겔의 서술이 예외 없이 일정한 논리적 조건들을 전제하고 있는데 이 점을 무시하고 그 개념을 일반화함으로써 생겨난다. 이때 서로 다른 이율배반적 주장들이 대량으로 생겨나고 이 이율배반은 자연스레 소모적 쟁투들을 수반한다. 여기서는 헤겔 『대논리학』에 나타난 모순개념의 논리성을 명료화함으로써 그에 대한 오해 또는 이해의 척도(Kriterium)를 제공하는 수준에서 만족해야 할 것 같다. 그러나 이처럼 주제 영역을 헤겔 『논리학』의 모순개념으로 제한해버리면 모순개념에 대한 오해의 근원을 입체적으로 밝히는 작업은 탐구의 지평으로부터 숨겨진다. 이 글에서는 단지 모순개념이 『논리학』 내에서 자리하고 있는 본질론적 위치를 밝히고, 그 유래를 추적하고 아울러 이것이 왜 반성규정으로 환원되며 또 그 규정이 다른 개념과 어떤 연관 관계를 가지는지 살펴보는 데 그치려고 한다.

2

모순개념에 접근하기 위한 몇 가지 예비적 이해

애시당초 모순이란 존재 세계에는 없다. 본래 존재 세계에는 존재하는 것들만이 있을 뿐이다. 이곳에 모순은 존재로도 존재자로도 없으며 여기에도 저기에도 없다. 여기에는 이것이 저기에는 저것이 있을 뿐이다. 그런데 존재 세계란 그런 세계가 이 세상에 있다는 데서 생겨난 이름이 아니라 이러저러한 다양한 존재자들을 하나로 묶어서 그 덩어리에 붙인 추상의 이름이다. 이 이름은 로고스(Logos)이며 또한 로고스의 산물이다. 때문에 이 세상에는 구체적으로 존재가 있는 것이 아니라 존재자들이 있는 것이며 추상이 아니라 실재가 있는 것이다.

로고스로서의 존재란 하나의 추상이다. 이보다 더 높은 추상은 존재계에도 비존재계에도 없다. 이 최고의 추상을 헤겔은 '순수존재'라 부른다.[2)] 순수존재는 있음 일반에 대한 규정 이전의 이름이기 때문에 사실은 아직 이름이 아니라 단지 표시일 뿐이다. 이 속에 있는 모든 구체적 존재자들의 개별성들은 순수라는 말 안에서 모조리 사상된다. '사상한다

(abstrahieren)'는 말은 지워서 없애버린다는 뜻도 있고 괄호로 묶어 지금 당장은 계산하지 않는다는 뜻도 있다.[3] 어떤 경우이든 순수존재는 있음의 어떤 성격을 나타내는 것이 아니라, 있음 그 자체의 인식론적 출발점(Anfang)이며 논리적 시초의 성격을 나타낸다.[4] 왜냐하면 어떤 것이든 그에 대한 인식의 시초는 '그것이 있다'는 것이어야 하기 때문이다.

그러나 만일 순수존재가 존재자 전체에 붙여진 추상의 최고 표시라면 그런 순수존재는 존재 세계 자체에는 없다는 말인가? 이 물음에서 우리는 '없다'의 의미에 주의해야 한다.[5] 파르메니데스 이래 서양의 전통 존재론에서, 없음(無)은 '없다'는 것에 대한 단순한 이름이 아니라 '그 자체가 본래 없다'는 것에 대한 일종의 사유 반성이다. 이 점을 통속적으로 설명해보자. 도대체 어디에 무(Nichts)가 있는가? 이 세상에는 있는 것만이 여기저기에 있으며 없는 것은 여기에도 저기에도 없다. 없다는 표현이 가능하려면 반드시 어떤 것의 있음이 전제되어야 한다. '없다'는 것은 무엇인가 '있는' 것 또는 '있었던' 어떤 것이 사라져버렸다는 뜻이지 없는 어떤 것이 있다는 뜻은 아니다.[6] 이 점에서 없음은 있음의 그림자이며 이 둘의 크기는 같다. 즉 존재만한 크기의 무가 언제나 존재와 붙

....

2) Hegel, *Wissenschaft der Logik, erster Band, Die objektive Logik, 1812/13*, hrsg. v. F. Hogemann u. W. Jaeschke, GW, Bd. 11, Hamburg 1978 (=LI), 33, 43쪽.

3) 사상과 추상에 대해서는 Hegel, *Philosophische Propädeutik – Gymnasialreden und Gutachten. Heidelberger Schriften von 1817*, TA, Bd. 4, F/a. M. 1970 (=Philosophische Propädeutik), 164쪽. Hegel, *Enzyklopädie der philosophischen Wissenschaften* II, TA, Bd. 9, F/a. M. 1970 (=Enzy II), 49쪽. Hegel, *Wer denkt abstrakt?* TA, Bd. 2, 575, 578쪽. Hegel, *Phänomenologie des Geistes*, Hamburg 1956 (=PhG), 493쪽 이하 참조.

4) LI, 33쪽.

5) 무(無)는 존재가 아니라 그에 대한 반성으로서의 본질 세계에 속하는 개념이다. 칸트는 이 개념을 초현상계와 현상계를 가르는 반성적 사유의 분기점으로 이해한다. Kant, *Kritik der reinen Vernunft*, Hamburg 1956 (=KrV), A292 참조.

어서 있을 뿐이다.

또 다른 면에서 어떤 것이 있다가 사라져버림은 없음이라는 거대한 검은 구덩이가 있어 그곳으로 있음이 빨려 들어가 사라지는 것이 아니라, 있는 것 각자가 다 자기 크기의 무를 이면에 가지고 있어서 이 무를 드러내는 것으로 이해할 수 있다. 이 경우에 문제는 있음과 없음의 대비가 인식 객체에서가 아니라 인식 주체에서 일어난다는 점이다. 게다가 이 주체가 기억력을 가지고 있는 경우에만 양자의 대비가 가능하다.[7] 이때 인식 대상이 기억을 가질 것을 주문할 필요는 전혀 없다. 여기에서 존재 세계의 있는 것들과 있음의 요소들의 끝없는 변화의 흐름이 순간순간 서로 다른 형태의 있음으로 나타날 뿐, 없어지는 없음의 운동으로 나타나는 것은 아니다. 없음의 운동이 존재론의 한 부분으로 편입되는 것은 이 같은 인식 주체의 인식 능력을 반성적으로 전제하고서만 가능하다. 헤겔이 논리학을 무가 아니라 존재에서부터 시작하는 것은 이 같은 이유 때문이다.

만일 존재가 무와 마찬가지로 인식 주체에 의해 자리 매겨지는 것이라면, 인식 주체의 의식 활동 이전의 세계는 그것이 주체이든 객체이든 없는 것과 같다. 이것은 존재 그 자체의 있음과 그것의 사라짐의 문제와는 전혀 다르다. 적어도 『대논리학』을 시작하는 관문에서는 그렇다는 말이다. 순수존재와 순수무의 동일성은 이와 같은 의식의 무규정성이라는 조건 아래서만 가능하다. 또 이러한 조건의 실재론적 상황에 근거해

....

6) 칸트가 말하는 무의 네 가지 규정, 즉 ens rationis(대상 없는 공허한 개념), nihil privativum(어떤 개념의 공허한 대상), ens imaginarium(대상 없는 공허한 직관), nihil negativum(개념 없는 공허한 대상)들 역시 인식론이 아니라 존재론에 초점을 맞출 경우 근본적으로 이 뜻으로 환원된다.

7) 이것은 칸트의 재생적 구상력에 대한 헤겔의 해석이다. Hegel, Philosophische Propädeutik, 51쪽 이하. Enzy III, 277쪽, 그리고 Hegel, *Logik, Metaphysik, Naturphilosophie, 1804/05*, GW, Bd.7, 60쪽을 참조.

서 헤겔은 변화와 생성(Werden)이 존재와 사유 양쪽의 근원적 구조라고 생각한다. 이 점을 무시하고 헤겔이 동일률과 모순율을 거부한다고 주장한다면 그것은 거짓이다. 어떤 개념이 그에 대한 반개념을 내포할 수 있고 따라서 모순개념이 인식론적으로도 논리적으로도 가능하다는 것은 정립 명제와 그에 대한 반정립 명제 사이의 관계로서의 이율배반적 모순의 가능성과는 다르다. 헤겔이 '존재론'에서 모순을 다루지 않은 부분적 이유가 여기에 있다.

'존재론'의 과제는 '존재'이지 '무'가 아니다. 그런데 존재가 의식의 지평으로 들어오면, 그리고 의식이 존재자들의 끊임없는 존재 변화의 일회성만을 인식하고 각인하는 것이 아니라 변화의 과정 자체를 인식하고 반성한다면 무(無)는 자동적으로 의식의 한쪽을 차지하게 된다. 말하자면 존재와 무의 대비가 의식 속에서 일어난다고 할 수 있다. 따라서 이 대비는 존재의 변화 과정에 대한 감성의 영역에서는 시야에 나타나지 않는다. 감성계에는 '같음'이나 '다름' 또는 이와 유사한 규정 자체를 포함하지 않기 때문이다. 구체적 현존들의 총화로서의 존재 세계는 우리가 흔히 말하는 자연계 이외의 다른 어떤 것이 아니다. 자연을 채우고 있는 것은 물질로 이루어진 구체적 존재자들이며 이에 대한 관찰을 위해 직접적으로 동원되는 것은 주관 속에 있는 인식 능력의 한 부분인 감성이다. 이 영역에서 오성은 수동적이거나 소극적인 능력, 즉 감각을 통해 들어온 것들을 정리하고 정리의 기준을 척도로 제시하는 이상의 능력을 가질 수 없다. 이때 정리의 기준으로서의 척도 자체에 대한 관찰은 존재론의 과제는 아닌 것이다.

'존재론'은 존재를 물질로 이루어진 현존하는 개별자들의 전체성으로 간주하고 또 그것을 나누고 재고 달아보는 것을 통해서 존재의 물리적 본질을 밝혀냄을 주요 과제로 하고 있다. 여기서 즉자적이고 가장 위력적인 인식의 힘은 감성이다. 그러나 존재를 결정하는 본질적 요인은 실은 물리적 존재가 아니라, 오히려 그것의 초물리적 특징을 가지는 어떤 것이라는 사유의 반성과 더불어 '존재론'은 '본질론'으로 이행한다.[8] '본질론'에서는 존재를 단지 감성에 비추인 것으로서가 아니라, 감성으로 들어온 내용들을 정리하는 힘으로서의 오성에 의해 포착되는 존재의 배후 근거 탐구를 일차적 목표로 하고 있다.[9] 여기서 즉자적이고 가장 위력적인 인식의 힘은 오성이다. 특히 이 '본질론'에서 존재와 존재의 근거를 나누는 의식적 작업과 함께 본질의 문제가 나타난다. 헤겔은 본질을 세 가지 계기, 즉 '자체 내 반성으로서의 본질'과 '현상', 그리고 '현실성'으로 나누고 서양의 전통적 인식론과 인식을 규정하는 주관적 조건들과 객관적 조건들의 관계를 자기 자신의 독특한 체계에 맞추어 배열하고 있다.[10] 모순은 여기서 제1계기의 둘째 단계인 "본성 혹은 반성규정"에 놓인다. 더 정확하게는 '동일성', '구별' 다음에 '모순'개념이 다루어진다.[11]

8) LI, 241쪽.
9) Hegel, *Glauben und Wissen oder die Reflexionsphilosophie der Subjektivität, in der Vollständigkeit ihrer Formen, als Kantische, Jakobische, und Fichtesche Philosophie, 1802*, GW, Bd. 4, Hamburg 1968 (=Glauben und Wissen), 325쪽 이하 참조.
10) LI과 Enzy I의 목차 참조.
11) Enzy I에서 모순은 독립항으로 다루어지지 않는다.

3
모순의 유래

거듭 강조되어야 할 것은 감성적 존재 세계 자체에는 모순이 없다는 것이다. 모순만 없는 것이 아니라 동일성도 구별도 그 세계에는 없다. 그 세계에는 즉자적으로 있는 것만 있기 때문에, 그리고 또 있음의 이면으로서의 무가 그 있음과 더불어 가능성으로 있기 때문에 반성규정들은 즉자적 존재의 영역에는 없는 것들이다. '같다(identisch)', '다르다(unterschiedlich)' 또는 '모순된다(widersprüchlich)'는 말들은 존재 세계에 실존을 가지고 있지 않다. 이러한 표현들은 적어도 두 개의 사태 내지는 항의 비교에서 생겨난다.[12] '비교'는 존재 자신이 아니라 그 존재를 비추는 주체 속에 그 지반이 마련된다.[13] 그러나 결코 이 지반이 객관과 무관하게 독립적이라고는 할 수 없다. 주체는 인식적으로 객체와의 관

12) Kant, KrV, B318.
13) LI, 283쪽 참조.

계 속에서만 주체일 수 있기 때문이다. 주체는 존재를 비추는 거울이므로 존재와 동일한 구조로 되어 있어야 한다.[14] 이 동일 구조로서의 주체가 곧 본질의 본질성을 결정하는 주요 계기가 된다.[15] 나의 속에 있는 어떤 대상의 개념과 그것이 지칭하는 대상으로서의 어떤 것이 전적으로 일치함이 의식 속에 각인되면 이로부터 '같음(동일성)'이 개념적으로 나타난다.[16] 같음의 개념화가 같음의 의식화와 같은 뜻을 가질 때 반성은 '추론 또는 심사숙고(Überlegung)', 즉 경험의 배후에 대한 고려를 수반한다.[17]

같음은 반성규정의 가장 기본적인 출발점이다.[18] 그럼에도 불구하고 이 '같음'은 단지 의식 내에만 머무르는 것이 아니다. 왜냐하면 주어진 존재자들과의 관계 속에서만 그 반성은 객관성을 얻을 수 있기 때문이다. 특히 헤겔에게서 반성은 객관적 존재에 대한 '본질의 비춤'으로서 강조되는데, 이것은 반성의 근원적 진원지가 본질이며 그 직접태는 존재 이외의 다른 것이 아님을 나타낸다.[19] 즉 반성은 주관적 심사숙고라기보다 오히려 존재 세계 자체의 어떤 특징인 것이다. 이상의 두 가지 측면, 즉 반성의 주관적 측면과 객관적 측면은 '같은 것'이기도 하고 '다른 것'이기도 하다. '같다' 함은 대상과 그에 대한 관념의 일치에 기초하며 다르다 함은 양 측면의 발생적 기원에 토대를 둔 이해이다.[20] 이 같은 이

....

14) 이 점에서 주체는 '부정의 최고 추상'이다.

15) Hegel, *Differenz des Fichte'schen und Schelling'schen Systems der Philosophie, 1801*, GW, Bd. 4, Hamburg 1968 (=Differenzschrift), 5쪽 참조.

16) Spinoza, *Ethica, Ordine Geometrico demonstrata*, Stuttgart 1980. (=Ethica), Pars II, Prop. VII 참조.

17) KrV, B316.

18) M. Heidegger, *Identität und Differenz*, Tübingen 1957, 17쪽.

19) LI, 258쪽.

20) Spinoza, *Ethica*, Pars II, Prop. VII와 Heidegger, *Identität und Differenz*, 19쪽 참조.

해는 주관주의나 객관주의의 극단적 이원론을 피할 수 있고, 객관을 주관으로 담아내고 주관을 객관으로 대상화하는 인식론의 보편주의를 완수할 수 있는 이점이 있다.[21] 이 때문에 헤겔은 주객의 통일의 논리를 처음부터 중시하게 된 것이다.

그러나 헤겔은 반성개념으로서 '같음'의 논리적 측면뿐 아니라 존재론적 측면을 무엇보다도 중시한다. '어떤 것이 어떤 것과 같다'는 명제는 사실은 논리적 명제이다. 이 명제의 근원은 존재자들의 자기동일성이며 이 동일성은 단순한 논리성만을 포함하는 것은 아니다. 다시 말해 '존재하는 모든 것들은 자기 자신과 같다'는 명제에 내포된 본질 규정은 존재의 자기동일성이며 이에 입각해서만 논리적 동일성이 가능한 것이다. 이 동일성은 의미론적으로 이미 차별의 개념을 포함하거나 그것과 서로 통한다. 왜냐하면 '어떤 것이 그 자신과 같다'는 말은 동시에 그 '어떤 것도 그것 아닌 다른 것과는 다르다'는 뜻을 내포하거나, 그것과 서로 통하기 때문이다. 이때 어떤 것과 그것의 타자 사이의 관계는 즉자적으로는 양자가 단순히 서로 다르다는 것이다. 이로부터 반성개념의 제2규정으로서의 '구별(Unterschied)'이 드러난다. 두 규정, 즉 존재의 자기동일성과 타자 구별성은 존재를 존재로 규정하는 사유 법칙이며 동시에 존재 자체의 법칙이다.

존재하는 모든 것들은 각자 자기 자신과 같으며 타자와는 다르다. 여기에 예외는 없다. '돌멩이는 돌멩이와 같은 것이며 의자와는 다르다'는 명제는 따라서 언제나 참이다. '다르다'는 판정은 '같다'와 마찬가지로 '비교'의 척도가 있은 연후에나 가능하다. 이 비교는 일차적으로는 주관 속에 있는데, 이것이 밖으로 투영되어 존재의 규정에 이르고 있음은 이미 밝혀진 것이다. 그리고 이 규정이 '존재의 자기 같음(동일성)'을 척도

21) 이 같은 전략은 이미 예나 시대에 수립된다.『정신현상학』의 'Einleitung' 참조.

로 한 타자관계의 본질이기도 하다는 점도 이미 암암리에 드러났다. 문제는 이제 이 '자기 같음'과 '다름'의 논리적 관계이다. 헤겔에 따르면 어떤 것이든 그 자신 이외의 것과는 다를 수밖에 없다는 것은 동일성의 법칙에 어긋나는 것이 아니라 바로 그 법칙의 이면이다. 그러나 이 이면이 저절로 보여지는 것은 아니다. 이것이 의식 속에 떠오르려면 존재의 자기동일성에 대한 또 한 번의 반성을 필요로 한다. 구체적으로 '그 돌멩이'가 명실공히 '그 돌멩이' 바로 그것이려면, 단순히 '그 돌멩이'에 대한 '그 돌멩이'라는 규정만으로는 충분하지 않다. '그 돌멩이'의 자기동일성 규정은 '그 돌멩이'의 존재론적 동일성 규정의 필요조건이지 충분조건은 아니다. 왜냐하면 '그 돌멩이'의 자기동일성은 그 밖의 다른 것(타자)들 모두에 대한 부정을 내포하고 있는데, 이 점을 고려하지 않으면 무의미한 동어반복 이외의 아무것도 아니게 되기 때문이다.[22] 이 점이 아마도 헤겔의 동일성 이론을 그 이전의 전통적 동일성 해석과 갈라놓는 분기점이 될 것이다. 다시 말해 헤겔에게서 존재의 자기동일성이란 타자관계 속에서 확보되어야 개념적으로 완결된다는 의미를 함축하는데, 이것은 전통적 동일성 이론에서는 전혀 신중하게 따져보지 않았던 부분이다.

결국 '다름'은 존재의 자기동일성을 담보하는 객관적 조건이다. 모든 것이 그 자신과 같다는 것은 모든 것이 각자의 타자와는 다르다는 것과 같다. 동일성의 두 번째 조건인 타자관계성으로부터의 '다름'은 비교라는 주관 내의 근원적 반성으로부터 생겨나지만, 그것이 존재로부터의 비춤이라는 측면에서 객관 그 자체이다.[23] 동일성과 구별은 똑같이 동일성의 지반 위에 있으며 또한 구별의 지반 위에 있다. 이 두 계기와 더불

22) LI, 261쪽 참조. Hegel, *Logik, Metaphysik, Naturphilosophie*, 1804/05, 9쪽.
23) LI, 261쪽.

어 존재 세계의 '차별화'가 가능해지고 이 차별화를 통해서만 세계의 다양성이 세분화된다.[24)]

다양성은 존재자들의 '구별'에 초점을 맞출 때 나타나는 본질의 현상이며 따라서 즉자적으로는 동일성에 정면으로 대립되는 것이다. 이 같은 구별의 독자성을 헤겔은 '구별개념 그 자체'라는 뜻을 가진 '절대 구별'이라는 개념의 특징으로 구획 짓는다.[25)] 이 개념 지평에서 동일성은 감쪽같이 눈앞에서 사라진다. 그러나 구별이 현존으로 나타나는 곳, 다시 말해 '타자 존재'와의 관계에서 동일성은 다시 나타나는데 이때의 구별은 더 이상 절대적이 아니라 상관적이요, 처음의 상태, 즉 동일성과 구별의 양 계기가 표출되는 그런 상황으로 떠밀려간다. 구별이 구체적 현존 세계의 본질로 나타나는 데에서 이 개념은 '차별(Verschiedenheit)'이라는 말로 변이된다.[26)] 차별은 감각적 존재 세계의 근원적 특징이다. '이 세상에 있는 모든 것은 서로 다르다'거나 '서로 같은 두 개의 사물은 이 세상에는 없다'는 말을 할 수 있는 위치가 바로 이곳이다.[27)]

'두 개의 서로 다른 사물들이 이 세상에는 없다'는 것은 구체적 현상에 대한 '비교'개념의 응용에서 나온 명제이다.[28)] 같음(Identität)과 다름(Unterschied)에서 같은 것과 다른 것의 구체적 성격의 비교 규정을 헤겔은 '동일함과 비동일함(Gleichheit und Ungleichheit)'이라 부르는데 이 양 규정이 '정립된 존재' 속에서 상관관계로 나타나면 '대립(Gegensatz)'이 된다.[29)] 대립은 차이의 양극 관계이다. 어떤 것들이 서로

....

24) '차별화', '차별' 또는 '차별성'은 모두 Verschiedenheit의 번역어이다.

25) LI, 266쪽. 이 '구별개념 그 자체'를 '즉자적 구별'이라고도 한다. Hegel, Enzyklopädie, §117.

26) LI, 267쪽 이하.

27) 같은 책, 270쪽.

28) 같은 곳, 272쪽.

다르다고 하는 그런 인식만 가지고 대립이 나타나는 것은 아니다. 소나무와 그 뿌리, 그리고 잎 등등이 서로 다르다는 이유로 이 특징들의 상관관계를 대립이라고 하면 거짓이다. 마찬가지로 소나무와 참나무, 새와 짐승이 서로 다르다고 해서 이들이 대립 속에 있다고 주장하는 것 또한 거짓이다. 대립이란 그 차이가 단순한 '다름'이 아니라 본질적 차이의 양극화라는 반성에서만 시야 속에 나타난다. 말하자면 어떤 것과 다른 것의 차이가 단순한 차이에서가 아니라 어느 한쪽이 다른 한쪽을 부정한다는 반성적 의식 속에서야 비로소 대립이 나타난다는 것이다. 따라서 대립의 기원은 즉자적으로 의식이며 대자적으로 존재 세계이다. 의식과 존재 양쪽의 대립이 정확히 일치하면 대립의 양 항에 대한 새로운 고려가 요구된다. 이 새로운 고려란 사실은 동일성이 구별을 내포하던 그 시점에 대한 퇴행적 반성 이외에 다른 것이 아니며 이 때문에 다시 같음과 다름, 존재와 비존재에 대한 의미론적 조명이 반복된다.

대립은 '하나의 동일성 속에 있는 서로 다른 두 계기' 사이의 관계에 대한 논리적 범주이다.[30] 이 관계는 처음부터 서로 다르다는 '구별'과 그것의 '통일'이라는 두 개의 서로 다른 범주를 순환적으로 미리 전제한다. 관계의 양 항은 대립자들이다. 한쪽이 '어떤 것'이면 다른 쪽은 그 어떤 것과는 단순히 다른 것이 아니라 마주해(대립) 있는 '어떤 것의 대립자'이다. 각각은 자기 자신과 같으며 관계 속에 있는 자기의 타자와는 다르다. 이 다름은 관계 속에 있는 한, 대립을 본질로 한다. 여기서 관계로 들어오지 않는 어떤 것도 '다름'이나 대립의 개념을 필요로 하지 않는다는 사실이 유도된다. 또 하나 중요한 점이 있다. 관계를 이루는 두 항의 각 항이 각각 그 자신과 같은 한편, 자기의 부정으로서의 타자와는 대립

29) 같은 곳.
30) 같은 곳.

관계에 있다는 점에서 두 항의 관계가 '긍정적인 것과 부정적인 것(das Positive und das Negative)의 상관관계로 전환된다는 점이다.[31] 이것은 대립의 첨예화, 즉 양극화를 말한다.

'긍정적인 것'은 대립 속에 있는 어떤 것의 '자기관계성'에 대한 범주이며 '부정적인 것'은 대립 속에 있는 어떤 것의 '타자관계성'에 대한 범주이다. 어떤 것의 자기관계성과 타자관계성은 전혀 새로운 것이 아니라 이미 '존재'와 '본질' 규정의 시초부터 이용되었던 '동일성'과 '구별'을 결정하는 본질적 요소이다. 이 요소가 여기서 되풀이되어 확인되는 셈이다. 관계의 양 항은 각기 관계의 중심을 자기 쪽에 두고 있는 것으로 관찰될 수 있다. 이 관찰의 지평은 각자가 '정립된 존재'라는 사실을 떠올리면 더욱 분명해진다.[32] 이 시평에서 각자는 모두 긍정적인 것이다. 또 다른 관점은 각자가 관계 속에 있는 한 그것이 대립이든 아니든 타자와 마주해야 한다.[33] 이때 각자는 자기의 긍정적 정립의 성격을 상실하게 되는 위기에 처한다. 이 순간에 비로소 양쪽은 모순관계로 환원된다.[34]

31) 같은 곳, 273쪽.
32) M. Theunissen, *Sein und Schein*, F/a. M. 1980, 147쪽.
33) B. Liebrucks, 위의 책, 131쪽.
34) LI, 279쪽.

4

모순의 논리적 구조

대립적인 양극이 된 두 항의 즉자태는 '긍정적인 것'이긴 하지만, 대립은 관계를 전제해야만 가능한 것이므로 각 항은 '부정적인 것'의 계기도 갖게 된다. 이 때문에 양자는 서로 '배타적'으로, 그리하여 타자에 대한 독립변수로 작용한다.[35] 이 같은 상호 배타성에 의해 존립하는 두 대립자들, 다시 말해 '긍정'과 '부정'을 헤겔은 '자립적 반성규정'이라 이름 붙인다.[36] 이것은 칸트의 '질(Qualität)의 범주'에 나타나는 '실재성과 부정성(Realität und Negation)'에 부분적으로 일치 한다.[37] 특히 헤겔의 '긍정성(Positivität)'은 실재의 정립을 그 본성으로 한다는 점에서 실증성을 포함하고[38] 이 실재의 전면적 배타가 부정성이라는 점에서 칸트

35) 같은 곳.
36) 같은 곳.
37) KrV, B106 이하.
38) M. Theunissen, *Sein und Schein*, F/a. M. 1980, 146쪽.

의 질의 범주와 같다. 하지만 헤겔에서는 이 양자관계가 모순의 관계로 이행하는 반면, 칸트에서는 이 관계가 부정량, 즉 '무한' 또는 '한계(Limitation)' 개념으로 유도된다는 점이 다르다.[39] 어쨌거나 헤겔에서 긍정과 부정은 존재에 대한 본질규정을 가능케 하는 주객 통합의 조건이고 바로 이 때문에 반성규정에 속하는 것이다.

긍정과 부정은 직접적 존립 상태에서 각기 독립적이며 또한 타자에 대해 배타적이다. 이것이 양자관계를 모순으로 확정하는 결정적 계기가 된다.[40] 모순은 결코 하나일 수 없는 서로 다른 것들의 하나임, 즉 통일(Einheit)로 구체화된다.[41] 달리 말해서 동일한 하나의 관계 속에 있는 존재와 비존재의 양 항이 '긍정적인 것과 부정적인 것'으로 분화되어 나타나는 데서 모순이 성립된다. 헤겔이 말하는 '정립된 모순'이란 이처럼 양극화된 긍정적인 것과 부정적인 것 사이의 관계에 대한 용어이다.[42] 흥미 있는 것은 '정립된 모순'은 '긍정적인 것과 부정적인 것' 양 항에 의해 도출됨에도 불구하고 이번에는 거꾸로 '긍정적인 것과 부정적인 것'을 각기 독립된 모순으로 생산한다는 점이다. 도대체 이것이 어떻게 가능하다는 말인가?

모순의 기원은 대립의 양극이다. 다시 말해, 긍정과 부정이 대립의 본질을 결정하면 이 대립은 더 이상 단순한 반대가 아니라 모순이다. 한쪽을 A라 하면 다른 쪽은 그것의 부정으로서의 non A이기 때문이다. 이

39) LI, 279. 이에 대해서는 Kant, *Versuch den Begriff der negativen Größen in die Weltweisheit einzuführen 1763*, AA, Bd. 2, 165~204쪽 참조.
40) LI, 279쪽. 동일한 논리가 '주객관계'에도 적용된다. 이에 대해서는 Hegel, *System der Sittlichkeit, 1802/03*, Hamburg 1923, 26쪽 이하와 *Jenaer Systementwürfe* III, GW, Bd. 8, 213쪽 그리고 PhG, 140쪽 이하 참조.
41) LI, 279쪽.
42) 같은 곳. '정립된 모순(der gesetzte Widerspruch)'은 질적으로 서로 반대 규정을 얻은 두 존재자 사이의 관계이다.

처럼 긍정 부정이 A 또는 non A라는 어떤 특정한 존재자의 모습으로 나타나면 양자 사이의 모순을 '정립된 모순'이라고 부를 수 있다. 여기서 '정립된 모순'은 처음에 단지 관계를 뜻하는 통일성이라는 추상적 범주 규정의 위치를 차지하게 된다. 말하자면 '관계'로서의 '통일성(Einheit)'이 '정립된 모순'으로 바뀐 것이다. 이것은 통일의 분열을 의미한다. 왜냐하면 모순은 언제나 서로 다른 둘을 전제해야 하기 때문이다. 따라서 정립된 모순은 한편으로는 '긍정적인 것'이 '부정적인 것'을, 다른 편으로는 '부정적인 것'이 '긍정적인 것'을 각기 자신 속에 내포하는 것으로 생각된다. 이것은 이중의 모순이며 각 항 속에 자신의 '배타성(Ausschliessenheit)'을 자기의 본질로 가진다는 뜻이 된다.[43] 이것은 모순으로부터 양 항의 새로운 역순규정이라 할 수 있다.

어떤 존재자든 자신의 존재는 자기에게 긍정이다. 여기에 누구도 이의를 제기할 수 없다. 하나의 관계 속에 들어온 서로 다른 둘은 사실은 이미 동일성의 분열로 해석될 수 있다. 그렇지 않다면 관계 자체가 불가능하기 때문이다. 양쪽은 각자 자기 고유 존재의 독립성을 가지는 긍정적인 것인 한에서 각자는 타자에게 자신의 긍정을 요구할 권리가 있다. 그러나 어느 항도 자기의 긍정만으로 이것을 객관화할 수 없다. 이 때문에 타자를 '배제하는' 배타성으로서의 부정을 자기 자신의 활동성의 위력으로 가질 때 비로소 긍정이 완결된다.[44] 이 점에서 부정은 '직접자'가 아니라 긍정의 이면이면서 동시에 긍정을 긍정하는 비동일성이다. 따라

43) 같은 곳, 279쪽 이하 참조.

44) 헤겔의 '배타성 이론'은 '자립성'의 연역으로부터 나오며 이 이론이 가장 탁월하게 응용되는 곳은 '소유권'의 존재론적 정초와 관련된 부분이다. Hegel, *System der Sittlichkeit*, 18쪽 이하, *Jenaer Systementwürfe I*, 308쪽 이하, *Jenaer Systementwürfe* III, 214쪽, B. T. Yoon, *Studien zu Hegels Theorie des Selbstbewußtseins in der Jenaer Zeit*, Göttingen 1992, (=Selbstbewußtseins) 152~222쪽 참조.

서 정립적 모순의 실체는 사실 긍정적인 것에 있는 것이 아니라 부정적인 것 속에 있는 것이 된다.[45]

관계의 한쪽 항이 긍정적인 것이고 다른 쪽이 이에 대한 부정으로서의 부정적인 것이라면, 그리하여 모순이 정립적 모순으로 이해될 뿐 아니라 각 항이 배타적 자립성을 가지며, 또한 이 자립성이 거기에 붙어 있는 배타성, 즉 부정성에 의해 지양된다면, 모순은 해소되는 것이 틀림없다.[46] 이 해소는 긍정적인 것과 부정적인 것이 서로 고정된 자기규정에 머무르지 않고 자신 속에 있는 타자성을 지양함으로써 자신을 자기의 반대로 이행시키는 데 그 본질이 있다.[47] 헤겔 자신의 말을 빌리면 '각자'는 다만 자기의 반대로 이행함 또는 넘어감일 뿐이다.[48] 모순관계의 각 항이 자기 반대로 넘어감은 양 항의 같음(동일성)의 산출이며 이 같음은 그 항이 내포하고 있던 타자성의 완전 소멸이므로 '영(Null)'이다.[49] 즉 모순에 의해 도달한 일차적 통일은 '영'이라는 것이다. 그러나 다른 시각에서 보면 '긍정적인 것'과 '부정적인 것'이 모순의 자립적 두 계기를 결정하며 이 두 계기를 통해 존재 세계가 반성적으로 정립된다. 이 같은 존재 세계에 대한 반성적 정립은 사실은 모순의 결과이며 이 점에서 모순의 결과는 '영'이라기보다는 오히려 '정립된 존재'의 재생산인 것이다. 그리고 바로 이 지점에서 모순이 반성으로 보여진 존재 세계의 역동적 본질로 이해된다.

그러나 모순의 결과로 드러난 존재자로서의 양 항의 관계는 모순의 원인으로서의 양 항의 관계와 다르다. 모순의 원인으로서의 양항의 관

45) LI, 280쪽.
46) 같은 곳.
47) 같은 곳.
48) 같은 곳.
49) 같은 곳.

계는 서로 즉자적으로 자립적인 어떤 것이었다. '긍정적인 것'은 긍정적인 것으로서 자립적인 것이었고 '부정적인 것'은 부정적인 것으로서 자립적인 것이었다. 하지만 관계개념에 대한 반성과 더불어 '긍정', '부정'이 결코 즉자적 자립 존재가 아니라 자기의 반대에 의해 그 존립이 결정되어 있음이 드러나게 된다. 자기 반대로의 이행은 한편으로는 모순의 해소이며, 다른 한편으로는 새로운 모순의 정립이 된다. 모순의 해소는 관계 속의 각 항이 자기 반대로 이행한다는 데에, 다시 말해 그 자신을 상실한다는 데서 보여진다. 새로운 모순의 정립은 그 이행의 결과가 결국은 형식적으로 처음의 상황과 같아졌다는 데서 관찰된다.[50] 여기서 문제는 헤겔이 후자의 상황을 새로운 모순으로 강조하지도 명명하지도 않는다는 사실이다. 다시 말해 상호 타자로의 이행으로부터 양 항이 서로 위치를 바꾼 '긍정적인 것'과 '부정적인 것'의 관계는 비록 위치 변화에도 불구하고 헤겔은 이것을 '자립성의 정립' 또는 '타자와의 관계 속에 있는 자기동일적인 것'이라고 말한다.[51] 이는 '긍정'과 '부정'이 제각기 타자관계를 통해 각자의 동일성을 확립하고, 이 동일성 확립이 곧 각자 자신의 자립성 산출이라는 새로운 반성 지평을 고려할 때에나 가능한 일이다.

'자립성'은 타자 부정을 통해 도달된다. 긍정적인 것과 부정적인 것 사이의 모순은 한편으로는 각자 자신의 '반대'로의 이행을 통해 '영(0)'이 되고, 다른 한편으로는 그 이행이 실은 '반대'에 대한 부정이라는 점에서 대립 속에서의 자립성의 확보가 된다.[52] 각 항의 자립성은 '자기 자신과의 긍정적 통일'을 의미한다.[53] 이 새로운 의미 획득과 더불어 대립

50) 같은 곳, 281쪽 참조.
51) 같은 곳.
52) B. Liebrucks, *Der menschliche Begriff*, 148쪽 참조.
53) LI, 281쪽.

은 사라지고 '근거(Grund)'가 나타난다.[54] 대립의 사라짐은 헤겔에 의하면 '근거로의 퇴행'이다.[55] 왜냐하면 관계 양 항의 동일성의 회복과 더불어 대립은 없어져 버리는데 이 동일성은 관계 그 자체의 형식적 특징과 동일하며 이것은 '근거' 이외에 아무것도 아니기 때문이다.[56] 이 근거는 반성적 관점에서 본 존재의 본질이다.[57] 여기서 헤겔은 근거로서의 본질이 존재와 떨어져 있는 어떤 것도 아니요, 의식적 · 반성적 포착과 별개의 어떤 것도 아니라고 강조한다.[58] 그것은 철두철미 사유에 의해 파악된, 그리고 모순에 대한 규정과 그 해소의 논리에 의해 포착된 '하나의 생성된 것(ein Gewordenes)'일 뿐이다.[59]

54) 같은 책, 281쪽 이하.
55) 같은 곳.
56) B. Liebrucks, 위의 책, 150쪽.
57) LI, 281쪽.
58) 같은 곳.
59) 같은 책, 268쪽.

5
모순의 형이상학적 구조

모든 사물이 각기 긍정적 요소와 부정적 요소의 두 요소로 되어 있고, 이 대립이 모순관계로 포착될 때 '모든 사물은 그 자체 모순된다'는 명제가 가능해진다.[60] 헤겔은 이 명제가 '사물의 진리와 본질'을 무엇보다도 잘 표현해줄는지도 모른다고 생각한다.[61] 그는 '모순'이 '동일성'과 같은 정도의 본질성과 내재성을 가지는 규정이라고 주장한다.[62] 나아가 그는 모순을 동일성과 진리를 파괴하는 어떤 요인으로 간주하는 전통 논리학의 입장을 비판한다. 모순은 헤겔에 의하면 '동일성 속에 포함된

60) 같은 책, 286쪽. 이때 '사물'은 사물에 대한 '이성적 인식'이다. 이에 대해서는 Hegel, *Verhältnis des Skeptizismus zur Philosophie. Darstellung seiner verschiedenen Modifikationen und Vergleichung des neuesten mit dem alten, 1802/03*, TA, Bd. 2, F/a. M. 1971, 229쪽 이하 참조.

61) LI, 286쪽. 이 같은 가정법의 표현은 모순을 더 이상 논리적 영역으로 제한하지 않고 형이상학의 세계로 확대하려는 의도를 내포하고 있다.

62) 같은 곳.

무'요, 무 속에 포함된 동일성의 상관관계이다.[63] 이런 선(先)이해에 입각해서만 동일성의 명제가 의미를 갖게 된다. 다시 말해 이 이해를 토대로 해서만 동일성은 이미 '무'를 포함하며 무와의 관계를 비추어 나타낸다는 인식적 형이상학의 주제로 사유의 전면에 나타날 수 있게 된다.

누군가 모순과 동일성을 별개의 독립 규정으로 간주하고 둘 가운데 어느 것이 본질 세계에 대한 깊이 있는 통찰을 담고 있느냐고 묻는다면 헤겔은 모순일 것이라고 대답할 것이 틀림없다.[64] 이 대답은 '동일성'이 단지 '직접자에 대한 단순규정' 또는 '죽어 있는 존재의 단순규정'에 불과한 데 반해 '모순'은 '모든 운동과 생명의 근원'이라는 이해에 기원한다.[65] 말하자면 어떤 것이든 자기 자신 속에 모순을 내포하고 있는 한에서만 그것은 운동할 수 있으며 '충동과 활동성(Trieb und Tätigkeit)'을 가질 수 있다는 것이다.[66] 여기서 헤겔은 논리적 의미의 모순만을 염두에 두고 있는 것은 물론 아니다. 사물의 세계에도, 존재자들의 세계와 진리의 세계에도 모순은 있을 수 없다는 논리적 논증들을 그 근원에서부터 부정해야 하는 지점이 바로 이곳이다.[67] 모순이 표상과 사유를 불가능하게 한다는 전통 인식론의 토대를 기초부터 뒤흔드는 위치도 이곳이다. 헤겔은 이곳에서 존재가 사유와 일치한다는 인식론의 마지막 테제를 본질의 반성규정에 대한 '주석(Anmerkung)'으로 격하해 처리하고

63) 같은 곳.
64) 같은 곳. 이 점에서 그는 칸트와 반대의 입장을 취한다. Kant, *Kritik der Urteilskraft*, A453. 칸트의 모순의 이해에 대해서는 M. Wolff, *Der Begriff des Widerspruchs–Eine Studie zur Dialektik Kants und Hegels*, Königstein 1981, 39쪽 이하와 W. Lütterfelds, *Kants Dialektik der Erfahrung–Zur antinomischen Struktur der endlichen Erkenntnis*, Meisenheim a. G. 1977, 24쪽 이하.
65) LI, 286쪽.
66) 같은 곳.
67) 그러나 그 논증들의 타당성은 즉자 세계에서 언제나 유효하다.

있는데 그 핵심은 이렇다. 즉 존재 세계를 곰곰이 되돌아보면 지성은 그것을 하나의 사유의 반성 세계로, 그리고 동시에 살아 있는 생명의 세계로 환원해서 다룰 수 있다는 것이다.[68]

모순이 모든 존재자의 '자기 운동의 원리'라면 존재자들은 이 원리에 의해 스스로를 전개하고 '서술(Darstellung)'할 수 있어야 한다. 이 같은 주장은 단순한 물활론이나 범신론의 가정만 가지고는 설명되지 않는다. 모순이 반성의 최고의 절대 규정으로 인식되는 지점은 서로 다른 존재 방식의 다양성들이 모순의 현 상태로 지정되는 터전이 된다. 이것은 물리적 운동조차도 '지금과 여기(Hier und Jetzt)'의 구체성을 모조리 부정한다는 점에서 '현존하는 모순 자체(daseiender Widerspruch selbst)'로 이해하는 곳에서만 가능한 일이다.[69] 헤겔은 이 같은 철학 체계가 라이프니츠에서 확립된다고 믿고 있다.

라이프니츠의 모나드는 자기 운동의 원리로 '충동(Trieb)'을 가지고 있다. 'Trieb'는 '절대적 단순 본질의 실현태'로서 모나드의 Appetitus나 충동이란 말보다 '욕망'이 더 어울리는 번역어일는지 모른다.[70] 욕망(Trieb)은 어떤 것 속에 있으면서 어떤 것의 부정적인 것, 즉 '결여(Mangel)'인 한에서 이미 모순적인 것이다. 살아 있는 것만이 '욕망'을 가지고 있다. 이 존재 세계가 모나드로 되어 있다면 그것은 욕망으로 구성되어 있다는 말이고, 어떤 것이 욕망을 가지고 있다면 그것은 살아 있다는 말이다. 물활론의 소박한 형태가 여기서 나타난다. 살아 있는 생명

68) LII, 179쪽 이하. 헤겔의 '생의 개념'에 대해서는 H. Busche, *Das Leben der Lebendigen Hegels politisch–religiöse Begründung der Philosophie freier Verbundenheit in seinen frühren Manuskriften*, Bonn 1987(=Des Leben der Lebendigen) 참조.

69) LI, 287쪽.

70) Appetitus에 대해서는 Leibniz, Monadologie, 15, 19, in: *Leibniz Werke* Bd.1, Darmstadt 1985, 444쪽.

체는 곧 모순을 내포한다는 것이다. 이에 대한 반성적 통찰을 가능케 하는 것은 사변적 사유이다. 다시 말해 사변적 사유는 '생'과 '존재', 그리고 '사유'에 근원적 모습이 내재함을 인정하는 데서 비로소 작동을 시작한다. 이 같은 라이프니츠 철학의 해석을 통해 헤겔은 우주 전체를 꿰뚫는 로고스의 모순성을 인정하는 셈이 된다.

그러나 앞에서 살펴보았듯이 헤겔의 모순개념은 본원적으로 논리적 범주 연역에서 파생된다. 이것은 칸트의 '질'의 범주와 외형적으로뿐 아니라 내용적으로도 깊은 관련성이 있다. 다만 헤겔은 칸트와 달리 모순이 반성의 근본 구조로서의 '동일성' 및 '구별'과 마찬가지로 '비교'개념을 잣대로 가지고서만 사유 속에 들어온다는 점을 분명히 한다.[71] 비교는 물론 존재 자체의 세계에는 없다. 그것은 오직 의식을 본질로 하는 사유 속에만 있는 것이다. 그러나 반성적 사유에 의한 비교를 통해 '동일성'의 개념이 확보되면 바로 여기에서부터 객관적 존재 세계를 규정하는 최초의 근거를 얻는 것이 된다. 또 이 지점에서부터 비교가 사실은 사유가 아니라 존재 그 자체의 '관계성'을 객관적으로 담보하는 본질의 '투영(Reflexion)'으로 이해된다. 이것은 헤겔의 반성규정 일반이 주관 밖에 존재하는 객관을 재는 존재론적 성격을 처음부터 가지고 있는 것으로 생각해야 한다. 그러지 않으면 도대체 왜 그가 '본질론'을 '개념론'에서, 다시 말해 '주관적 논리학'에서 다루지 않고 '객관 논리학'에서 다루고 또 거기에 귀속시키고 있는지를 알 수 없게 되기 때문이다.[72]

헤겔에서 모순은 '긍정'과 '부정' 사이의 관계를 말한다. 그러나 긍정과 부정 사이의 모순은 사실은 논리적 추상의 영역에만 있을 뿐이다. 현실적 존재 세계에 있는 것은 정립된 어떤 것과 그에 대한 대립으로서

71) LI, 268쪽.
72) 같은 책, 30쪽 이하 참조.

'다른 것(타자)'이다. 말하자면 긍정적인 것과 그에 대한 부정적인 것이 정립된 현존으로 있는데, 이 관계가 실제의 존재 세계의 모순으로 번역되는 것이다. '번역된다' 함은 의식 규정이 덧붙여지지 않은 존재 세계의 어떤 것도 곧바로 모순도 모순 아닌 것도 아님을 강조하기 위해 사용될 수 있는 표현이다. 본래 있는 모든 것들은, 적어도 그것이 시공 속에 현존을 가지고 있는 한 있음의 긍정이요 실재의 긍정이다. 이 점에서 긍정은 언제나 부정보다 앞서 있다. 그러나 현존으로 있는 존재자들은 그 자신과 같아야 하는 존재론적 필연성을 짊어지고 있다. 이 필연성은 동시에 각 존재자들이 자기 밖의 타자일 수 없다는, 다시 말해 타자와 다르다는 '구별'의 범주를 내포하고 이로부터 긍정적인 것과 부정적인 것의 대립이 극단화된다. 이 극단화된 대립이 곧 모순이며 이 전체의 논리적 전개 과정은 존재의 내적 규정으로서의 본질의 과정과 정확하게 일치한다.

모든 존재자들 각기는 즉자적으로 독립적이며 현존적이라는 점에서 긍정적인 것임에도 불구하고 반성적 의식이 그 중 하나를 선택하여 그것을 'A'라고 규정하면, 그 A 이외의 모든 것들은 하나로 묶여 'A 아닌 것'이 된다. 이때 놀랍게도 무수한 '다른 것들'의 다양성이 모조리 닳아 없어지고 오직 'A가 아니다'라는 부정적 특징만이 남는다. 긍정과 부정, 그리고 긍정적인 것과 부정적인 것은 이런 식으로 표상화된 것이다.[73] 그런데 모든 존재자들은 이 특정 A와 같은 권리를 가진다. 즉 A를 타자로 밀어낼 수 있는 자립적 존재로서의 권한, 다시 말해 타자 부정의 권한을 가진다. 이 같은 점을 고려하면 긍정적인 것과 부정적인 것은 관계의 서로 다른 두 항의 각각에 분여된 어떤 규정이라기보다 각 항이 이 두 요소를 동시에 내포하는 것으로 볼 수 있다. 그렇다면 결국 타자로의 이행

73) LI, 281쪽.

은 언제나 자기 자신의 고향으로의 귀향이 되는 셈이다.[74] 그리고 이 점에서 긍정적인 것은 언제나 그 부정으로서의 부정적인 계기를 내포한다고 말할 수 있고 그리하여 이성적 개념은 반드시 모순을 내포한다는 주장이 정당화된다.[75]

헤겔에서 모순은 즉자적으로는 개념이나 명제의 '혼란(Verwirrung)'이거나 주체 쪽에 붙어 있을 수 있는 '오류(Fehler)'이다. 그러나 그는 이 같은 이해가 개념의 본성 자체에 대한 반성적 분석을 경험하면서 반대의 상황으로 전도된다는 점을 강조한다. 이 경험의 지평에서 '혼란' 또는 '오류'는 본질에 대한 직시에 의해 교정된다. 이때부터 '변화의 필연성에 대한 의식'이 모순의 경험자에게 덧붙여진다.[76]

글자의 뜻으로 보자면 '긍정적인 것(das Positive)'은 '수립된 존재(das Poniertsein)', '정립된 존재(das Gesetztsein)'이며, '부정적인 것(das Negative)'은 '외적 반성에 속하는 주관적인 것'으로 직접적으로 존재하는 대상에 속하거나 현존하는 그런 어떤 것은 아니다.[77] 또 '부정적인 것'은 즉자적으로는 객관에 정립된 어떤 것을 위해 있는 것이 아니요, 이 점에서 그것은 독자적 실재이다. 하지만 다른 시각에서는 바로 객관적 정립자인 긍정적인 것과의 관계 속에서만 부정적인 것은 그 의미가 나타난다는 점에서 그것은 독자적 실재가 아니다. 헤겔은 이 둘 사이의 관계를 '빛'과 '암흑'의 관계로 비유한다.[78] 일차적으로 빛을 긍정적인 것으로, 그리고 암흑을 부정적인 것으로 볼 수 있다. 그러나 또 다른 측면에서 보면 빛은 무한한 확장과 생동적으로 밝혀주는 '힘'을 그 본성으

74) 같은 책, 283쪽 참조.
75) 같은 곳 참조. Hegel, *Verhältnis des Skeptizismus zur Philosophie*, 229쪽.
76) LI, 284쪽.
77) 같은 책, 284쪽.
78) Hegel, Differenzschrift, 16쪽. LI, 284쪽.

로 하므로 '근원적으로 부정성의 본질'을 가지고 있다.[79] 다시 말해 빛은 빛일 수 없는 다른 모든 것을 비추어 그 모습을 드러나게 해준다. 이에 비해 암흑은 모든 다양의 차별들을 감추어 '하나의 무차별자'로 정립하는 태반, 다시 말해 '아무것도 서로 다른 것을 구분하지 않고 생산하는 모태'이다.[80] 이 점에서 암흑은 '긍정적인 것'이다. 암흑의 부정성의 근거는 빛의 '결여'에, 그리고 빛에는 어떤 암흑도 있을 수 없다는 점에 있다. 이때 암흑은 단지 자기 자신과만 동일한 개념상의 어떤 것이다. 그러나 암흑의 위력은 빛을 회색으로 바꾸어놓으며 또 때로는 능동적으로 빛 자체를 없애버린다. 여기서 빛과 어둠은 '관계'를 통해서만 자기의 전모를 드러낸다.[81]

헤겔은 모순의 양 항에 빛과 암흑뿐 아니라 '덕목(Tugend)'과 '악덕(Laster)'을 비유로 끌어들임으로써 모순의 의미를 걷잡을 수 없을 정도로 확장한다. 그에 의하면 우리의 실천적 삶을 결정하는 긍정적 원리는 '덕목'이다. 이것은 단순한 개인의 도덕적 인격의 완성이 아니라 우리 모두 함께 삶의 주관적 원리이다. 이 원리는 그에 대한 부정인 '악덕'과의 투쟁을 통해 얻어지며 이 점에서 부정의 부정으로서의 본성을 동시에 갖는다. 악덕이 덕의 결핍이라면, 그리하여 그것이 덕의 부정이라면 덕은 악덕의 결여요 따라서 악덕의 부정이다.[82] 이 때문에 덕은 '선'이요, 악덕은 '악'이 된다. 이것을 헤겔은 긍정 부정의 관계와 같은 방식으로 설명한다. 즉 선과 악은 즉자적으로는 서로 다른 독립적 규정이지만 대자적으로는 각각 타자에 대한 부정을 통하지 않고는 자신의 규정을 확보할 수 없다는 것이다. 헤겔이 '투쟁' 또는 '최고의 투쟁' 등의 언어

---

79) LI, 284쪽.
80) 같은 곳.
81) 같은 곳.
82) 같은 곳.

를 사용하는 것은 이런 면을 고려하고 있는 것이다.[83] 그리고 이 부정이 결국은 자기 자신의 서로 다른 두 요소 중 하나에 대한 부정일 때 이것은 자신에 대한 본질성의 부분적 부정이 되며 이 부정을 통해 각 항은 자기 자신에게로 되돌아온다. 이러한 과정에 '진리'와 '비진리'의 현상학적 관계도 응용된다.

본래 진리란 '객체와 일치하는 앎으로서 긍정적인 것'이다.[84] 이것은 실증적인 것이라고도 할 수 있겠고 정합적인 것이라고도 할 수 있을 것이다. 그러나 한편 '앎'은 '무지의 부정'이며 타자와 부정적 관계를 형성하고, 객체에 녹아들어 그 객체를 부정함으로써 자기의 실증성을 확립하기도 한다. 그런데 문제는 '오류(Irrtum)' 또한 이와 같은 형식성을 가진다는 것이다. '오류'는 오류이지 앎이 아니라는 점에서 자기 정립적이요 긍정적이다. 의도적이든 아니든 오류는 앎을 부정하고 자신의 명제를 참이라고 주장하고 내세운다. 그는 결국 앎과 오류는 다 같이 앎의 형식성을 그 본질로 한다고 생각한다. 그리고 이 둘은 하나의 항을 이루어 '무지(Unwissenheit)'에 대립된다. 물론 그 배후에는 우리가 앞에서 고찰한 모순에 대한 보다 확장된 생각이 깔려 있다. 헤겔은 여기서 앎의 현상성과 오류의 인식론적 역할, 그리고 이 상관관계의 정립과 그 지양의 변증적 성격을 『정신현상학』을 회고하면서 정리하고 있는 것처럼 보인다.

83) 같은 곳.
84) 같은 책, 285쪽.

제5장

삶의 이념과 현실

헤겔의 『논리학』을 중심으로

1
논리적 범주인 삶

헤겔 이전의 전통 철학에서 '삶(生)'은 존재론이나 형이상학의 문제가 아니었고 논리학의 범주는 더더욱 아니었다. 삶의 개념과 그 원칙의 문제는 실천철학과 윤리학의 영역에 배치하는 것이 철학의 일반적 관습이며 또한 불문율로 되어 있었다. 헤겔은 이 같은 전통을 단호히 거부하고 삶의 구조와 그 과정에 대한 분석이 모든 학문의 출발이 되어야 한다고 생각한다. 학문이 로고스(Logos)의 내용이요 결과이듯이 삶 또한 로고스의 내용이요 결과라는 것, 게다가 학문이란 삶과 더불어 시작하고 끝나며 따라서 삶의 과정과 본질을 제대로 파악하면 학문의 방향과 목표가 옳게 설정된다는 것, 그리고 삶의 궁극이념은 세속적 인간적인 것이 아니라 초월적 신적인 것임을 그는 『논리학』의 도처에서 강조한다.[1]

이 글은 헤겔의 『논리학』에서 왜 '삶'은 논리적 범주이며, 어떻게 이것이 로고스에 의해 개념화되는지, 또 생의 기원과 끝, 그리고 그 과정을 지배하는 원리는 무엇인지의 문제 해명을 주요 과제로 하고 있다.[2]

2

논리학과 삶의 관계

1. 논리학의 과제와 그 대상

우선 헤겔 논리학의 특수한 성격과 더불어, 어떻게 헤겔이 삶의 문제를 논리적 이념의 과제로 설정하는지를 살펴볼 필요가 있다. 그는 오성

1) Hegel의 'Logik'은 추상적 사유법칙의 형식화 이론이 아니라 '철학'이요 또한 그 '예비학(Propädeutik)'이다. 그러나 'Logik'은 동시에 '형이상학'이다. Hegel, Wissenschaft der Logik, *1812/13*, in: *Hegel Gesammelte Werke* (=GW), Bd. 11, in Verbindung mit der Deutschen Forschungsgemeinschaft, hrsg. v. Rheinisch-Westfälischen Akademie. der Wissenschaften, hrsg. v. F. Hogemann u. W. Jaeschke, Hamburg 1981(=LI), Einleitung. B. Liebrucks, Der menschliche Begriff. Sprachliche Genesis der Logik, logische Genesis der Sprache, in: *Sprache und Bewußtsein*, Bd. 6/1, F/a. M./ Bern 1974, 169쪽.

2) 헤겔 논리학의 근본이념에 대해서는 Chr. Iber, *Metaphysik absoluter Relationalität*, Berlin/N.Y. 1990, Einleitung 참조.

적 논리학이 '사상 형식'만을 다루는 한 공허하고 죽은 학문이라는 것을, 있을 수 있는 모든 경험적 사례들을 모조리 다루는 한 그것은 적어도 논리학은 아니라는 점을 무엇보다 강조한다.[3] 헤겔은 논리학이란 다음의 두 조건, 즉 첫째는 '절대적 진리'를 그 대상으로 삼아야 하고, 둘째는 이 진리를 '사상과 개념의 형식'으로 파악해야 한다는 조건을 충족해야 한다고 보고 있다.[4] 절대적 진리란 '즉자대자적 진리'로서의 '이념'이며, 이 이념에 대한 사상과 개념 형식으로서의 근원적 파악은 인식과 행위의 조화로서 '절대적 앎(absolutes Wissen)' 이외에 다른 것이 아니다.[5] 따라서 논리학의 조건에 대한 충족은 실제에서는 '순수개념의 전제들'에 대한 완전한 탐구를 요구한다. 순수개념의 전제들이란 '순수사유와 추상적 본질성을 담아내는 형식'이면서 동시에 '존재와 존질의 규정들'의 토대를 말한다.[6] 이 점에서 논리학은 단순한 개념의 인식론이 아니라 이념의 인식론인 셈이다.[7]

이념은 헤겔에서 추상도 순수 형식도 아니다. 이념은 '구체적'인 것이요, 따라서 언제나 '실재하는 대상'과 관계하고 있는 현실적 존재이다.[8]

....

3) G.W.F. Hegel, Wissenschaft der Logik, 1816, GW, Bd. 12, hrsg. v. F. Hogemann u. W. Jaeschke, Hamburg 1981.(=LII), 179쪽. 헤겔의 '논리적인 것'과 '논리학'의 의미에 대해서는, B. Liebrucks, Der menschliche Begriff, 167쪽 이하 참조.

4) LII, 179쪽. 전통 논리학뿐 아니라 헤겔 당시의 논리학 조차도 이 점을 무시하고 있다고 헤겔은 보고 있다. 이 같은 생각은 그의 예나 체류 초기 시대부터 시작 된다.

5) 같은 책, 178쪽. D, Henrich, Kant und Hegel, Versuch der Vereinigung ihrer Grundgedanken, in: *Selbstvehältnisse–Gedanken und Auslegungen zu den Grundlagen der klassischen deutschen Philosophie*, Stuttgart 1982, 189쪽 참조. 이 같은 이해는 라이프니츠의 '적합한(adäquat)' 인식의 개념에서 유래한다. G. W. Leibniz, Metaphysische Abhandlung, in: *Kleine Schriften zur Metaphysik*, LW, Bd. 1, hrsg. v. W.v. Engelhardt u. H. H. Holz, Darmstadt 1985, 127쪽.

6) LII, 179쪽.

구체적인 존재의 내용의 질서가 아니라 그 내용을 담아내는 순수한 형식만을 문제 삼는 형식논리학에서 이념은 더 이상 있을 곳이 없다. 이념을 문제 삼을 수 없는 논리학이 생명의 문제를 다룰 수는 더더욱 없다.[9] 생명이란 본래 이념의 구체적 내용이며 그 본질일 뿐 아니라 '순수개념의 전제(die Voraussetzung des reinen Begriffs)'이기도 하기 때문이다.[10]

헤겔은 논리학의 궁극적 대상이 이념이지만 이 이념의 '직접적' 형태는 '삶'이라고 이해한다.[11] 말하자면 순수사유와 추상적 본질성의 형식이면서 또한 존재와 본질의 규정들의 직접적 토대는 삶이라는 것이다. 여기서 삶의 개념은 논리학의 저편에 떠돌아다니는 쓸모없는 단편이 아니라 모든 학문의 기초학인 논리학의 궁극적 · 직접적 이념으로 들어오게 된다.[12] 삶의 개념은 더 이상 단지 경험적 '심리학'이나 '인간학'의 천박한 대상이나, 밑도 끝도 알 수 없는 우연적 경험윤리학의 들러리가 아니라 바로 논리학의 중심 과제인 직접적 이념인 것이다.[13]

....

7) 헤겔이 초기에 끊임없이 Logik을 Metaphysik과 연계해서 강의한 것은 이 같은 생각 때문이다. K. Düsing, *Das Problem der Subjektivität in Hegels Logik*, Bonn 1984, 76쪽 이하. 이 이념은 '필연적 진리의 원천'인 '지적 이념(intellektuelle Idee)'과 같은 것이다. G. W. Leibniz, *Neue Abhandlungen über den menschlichen Verstand*, LW, Bd. 1/2, 33쪽.

8) LII, 179쪽. I. Kant, *Kritik der reinen Vernunft*, Hamburg 1956(=KrV), A312 이하, B302, B356 이하, B367 참조.

9) LII, 179쪽. 헤겔은 일찍이 '존재'와 '삶'이 같은 구조로 되어 있다는 점을 전개한 적이 있다. *Hegels theologische Jugendschriften*, hrsg. v. H. Nohl, Tübingen 1907, 268쪽. K. Düsing, *Das Problem der Subjektivität in Hegels Logik*, Bonn 1984, 48쪽 참조.

10) LII, 179쪽.

11) LII, 179쪽. F. P. Hansen, *G. W. F. Hegel : "Wissenschaft der Logik". Ein Kommentar*, Wüzburg 1977, 156쪽.

12) F. P. Hansen, 위의 책, 155쪽. K. Düsing, Die Idee des Lebens in Hegels Logik, in : *Hegels Philosophie der Natur*, Hrsg. v. H. F. Fulda, u. R–P. Forstmann, Stuttgart 1986, 277쪽 참조.

2. 논리적 삶과 자연적 삶

직접적 이념으로서의 삶의 개념은 우리가 흔히 살아 있는 것들에서 볼 수 있는 '자연적'이고 생리적인 삶의 개념 규정과는 근본적으로 다르다. 첫 번째 차이는 이러하다. 즉 직접적 이념인 삶의 개념은 논리학의 대상이요, 따라서 '순수이념으로서의 논리적 삶(logisches Leben als reine Idee)'이다.[14] 말하자면 여기서 생은 논리적 '필연성'에 따라 찾아진 논리학의 이념인 것이다. 요컨대 이념 속의 논리적 삶의 전제 조건은 '주관적'이면서 동시에 '객관적'인 그런 '개념'이다.[15] 이와 달리 '자연철학'에서 다루는 '자연적 삶(Naturleben)'은 '지속의 외면으로 내동댕이쳐진' 삶이요, 따라서 근본적으로 '비유기적 자연'에 제약된 삶이다.[16] 이 속에서 삶의 이념은 '다양한 현실적 형태들'로 조각조각 흐트러진 것으로 관찰될 뿐 아니라 또 그렇게 존재하며, 따라서 이 같은 현실 속의 다양한 형태화가 곧 자신의 전제인 것이다.[17]

논리적 삶과 자연적 삶의 두 번째 차이는 후자에서의 삶은 자연에 있어 '최고의 단계'로 나타나고 '현상'하지만, 전자에서의 삶은 이념 속으로 삼투하고 또 이념 속에 내재한다는 데 있다.[18] '자연에 있어 삶이 최

13) 이 이념은 인식의 모든 조건의 무조건적 토대라는 점에서 칸트가 말하는 '무제약자'이다. KrV, A323, B367, B379. *Kritik der praktischen Vernunft*, Hamburg 1963 (=KpV), B193, B194 참조. 이념은 논리적으로는 '개념과 실재의 통일'이다. K. Düsing, Naturteleologie und Metaphysik bei Kant und Hegel, in: *Hegel und die "Kritik der Urteilskraft"*, hrsg. v. H. F. Fulda, u. R. P. Horstmann, Stuttgart 1990, 149쪽.

14) LII, 180쪽. K. Düsing, Die Idee des Lebens in Hegels Logik, 281쪽.

15) LII, 180쪽.

16) 같은 곳.

17) 같은 곳. 그러나 어떤 경우든 삶의 본래성은 '성스러운 비밀'인 '유한자와 무한자의 관계' 속에 있다. *Hegels theologische Jugendschriften*, hrsg. v. H. Nohl, 309쪽 이하.

고의 단계로 현상한다' 함은, 첫째는 자연에서는 삶은 자연의 산물이며 그것도 자연의 외적 산물이라는 것, 그러나 둘째는 이 같은 자연의 외면성이 생의 주체에 의해 지양된다는 것을 의미한다. 반대로 '삶이 이념 속으로 삼투하고 또 이념 속에 내재한다' 함은, 첫째, 로고스는 삶의 '단순한 자기 내 존재(einfaches Insichsein)'요 따라서 삶의 내면이라는 것, 둘째, 이 단순한 자기 내 존재는 삶의 이념에 진정 일치하는 '외면' 바로 그것이라는 것을 의미한다.[19] 따라서 논리적 삶에서 개념은 더 이상 주체의 주조물이 아니라 '삶 자체의 영혼'으로 내재하는 것이다. 특히 이 삶 자체의 영혼으로 이해되는 '개념'을 헤겔은 '객체를 통해 객체에 자기의 실재(Realität)를 매개하려는 충동(Trieb)'이라고 강조한다.[20] 그는 자연적 삶이 자연의 외면에서 출발하여 이념에 도달하므로 그 삶의 외면의 종말은 '그 자신의 한계'로 간주되지만, 논리적 · 이념적 삶은 자기 '실재'의 모습이 현실 속에서 외적 형태를 가지는 것에 있지 않고 '개념 형식' 속에 내적 모습을 가지는 데 있다고 생각한다. 그리고 논리적 삶의 이 내적 모습이 직접적으로는 '충동'이라는 것이다.

그러나 자연적 삶과 논리적 삶의 구분이 개념적으로 필요할 뿐 아니라 가능하다고 해도 실제로 이 둘이 떨어져 있는 것은 아니다. 이 점은 '정신'개념을 양쪽에 대입해보면 금방 나타난다. 삶이란 살아 있음, 살아감, 즉 생(生)을 뜻하는데 이 삶은 예외 없이 자연 속에 나타나야 한다는 점에서 자연적이며 이 점에서 '정신'개념과 무관한 것처럼 보인다. 그러나 다른 편에서 삶이란 자연의 즉자적 · 기계적 메커니즘을 벗어나

18) 같은 곳.

19) 같은 곳. 이 측면에서 '개념의 통일'은 '살아 있는 육체로서의 유기체의 통일'과 같다. F. P. Hansen, 앞에 인용한 책, 156쪽.

20) LII, 180쪽. G. W. F. Hegel, *Differenz des Fichte'schen und Schelling'schen Systems der Philosophie*, GW, Bd. 4, hrsg. v. H. Buchner u. O. Pöggeler, Hamburg, 1968(=Differenzschrift), 47쪽 참조.

려는 개별적 생명 주체의 노력 속에 나타나야 한다는 점에서 정신적이며 이 점에서는 자연개념과 무관한 것처럼 보인다. 그러나 사실은 자연과 정신의 통일이 삶이다. 자연적 삶은 생 이념의 외출이고 논리적 삶은 자연적 삶의 정신적 개념화이다.[21]

자연적 삶과 논리적 삶에서 다 같이 '삶'이라는 용어를 사용함에도 불구하고 그 의미 내용은 전혀 다르다. 자연적 삶은 생명체의 살아 있음의 뜻이지만 논리적 삶은 생의 이념의 로고스적 활동의 뜻으로 쓰이며 따라서 '정신의 삶'과 같은 의미를 가지고 있다.[22] 정신의 삶은 살아 있는 것들의 자연 본능에 의한 삶과는 근본적으로 다를 뿐만 아니라 오히려 그와는 반대의 뜻을 가지고 있다. 자연적 삶에서 본능이 삶을 위한 수단이라면 정신적 삶에서는 오히려 자연적 삶 자체가 그의 '수단'이다.[23] 자연적 삶의 예속에 별수 없이 매여 있는 한 그 주체는 단지 자연물일 뿐이며 반대로 자연적 삶을 극복하고 그로부터 해방되는 한 그 주체는 비로소 정신적 삶의 관문으로 들어가는 것이기 때문이다.[24]

그런데 좀 소박하게 보자면 자연적 삶이든 정신적 삶이든 그 주체는 '살아 있는 하나의 개체(ein lebendiges Individuum)'이며 이 개체는 예외 없이 제 '몸(Körper)'을 가지고 있다.[25] 말하자면 살아 있다는 것은 적

21) '정신'은 언제나 '현실' 속에 나타난다. 다시 말해 '현상하지 않는 정신은 존재하지도 않는다'. Hegel, *Philosophie der Religion* I, TA, Bd. 16, hrsg. v. E. Moldenhauer u. K. M. Michel, F/a. M. 1970, (=Philosophie der Religion I) 34쪽.

22) LII, 180쪽.

23) 같은 곳.

24) 이 주체는 절대자를 실현하는 주체이다. "내가 무제약적인 것(무제약자)을 실현하려면 그것은 나에 대해 객관이어서는 안 된다. 절대자는 자아와 같은 것이다." *F. W. J.* Schelling, *Neue Deduktion des Naturrechts*, in *Schelling Werke* (=SW), Bd. 1/3, hrsg. v. H. Buchner, W. G. Jacobs u. A. Pieper, Stuttgart 1982, §2. Schelling, *Vom Ich als Prinzip der Philosophie oder über das Unbedingte im menschlichen Wissen*, SW, Bd. 1/2, §IX 참조.

어도 '감각적 실존 속의 유한자'인 제 몸을 가지고 있다는 뜻이요,[26] 이처럼 '살아 있는 몸체'를 가진 개체만이 살아 있는 것이다. 정신은 바로 이 살아 있는 개체의 몸속에 삶으로 있고 이 점에서 삶은 또한 정신의 '몸'인 셈이다. 여기서 몸은 자연적 삶의 외면이기도 하며, 따라서 삶은 예외 없이 '외면성의 규정'을 자기 본성으로 가지고 있다.[27] 자연적 삶의 '외면'이 현실 속에 다양한 형태로 개체화하는 규정이라면 정신적 삶 또는 논리적 삶의 외면은 '정신의 목적과 활동'의 규정이다.[28]

'정신의 목적과 활동'의 규정을 자기 외면의 규정으로 하고 정신 자체를 자기 내면의 규정으로 하는 이념적 삶을 헤겔은 '즉자대자적으로 절대적 보편성'으로 보고 있다. '보편성'이란 본래 서로 다른 개체 각기에 공통적으로 들어 있는 본질적 특징으로 실체의 본질을 말한다. 헤겔은 이 보편성이 이념으로서의 개념, 다시 말해 살아 있는 개념이라고 이해한다.[29] 살아 있는 개념이란 단순한 삶의 개념이 아니라 모든 존재자들을 생동적으로 포착해내고 빈틈없이 담아내어 그 모든 것의 '실체'로 기여하는 로고스를 말한다.[30] 따라서 이 개념은 '모든 것 속에 현재하는 영

---

25) LII, 180쪽. K. Düsing, Die Idee des Lebens in Hegels Logik, 290쪽 이하 참조.

26) Hegel, Die Philosophie der Religion I, 174쪽.

27) LII, 181쪽. *Hegels theologische Jugendschriften*, 346쪽. 이는 삶의 '자립성', '관계성', '대자 존재와 타자 존재'의 성격을 종합적으로 함축한다. H. Busche, *Das Leben der Lebendigen. Hegels politisch-religiöse Begründung der Philosophie freier Verbundenheit in seinen frühen Manuskriften*, Bonn 1987, (=Das Leben der Lebendigen), 300쪽.

28) LII, 181쪽.

29) 이 '살아 있는 개념'은 인식적으로 '자아의 주객 동일성'을 함축하는 '주관성'이다. 이 Subjektivität 개념은 셸링의 선험적 관념론의 근본 토대이기도 하다. F. W. J. Schelling, *System des transzendentalen Idealismus*, Hamburg 1957, Einleitung과 21쪽 이하, A. Hager, *Subjektivität und Sein. Das Hegelsche System als ein geschichtliches Studium der Durchsicht auf Sein*, Freiburg/München 1974, 176쪽 이하 참조.

혼(allgegenwärtige Seele)'이며 다양한 존재자들과의 관계 속에서도 변하지 않고 자기동일성을 유지하는 어떤 '하나인 것(一者 : Eins)'이다.[31)]

'절대적 보편'은 이 '하나의 것(一者)'이 서로 다른 무수한 존재자들의 공통분모로 나타날 때 이 공통적인 것에 붙여지는 이름이요, 때문에 이 이름은 그 존재자들과의 외적 상관관계를 상정한다.[32)] 따라서 '절대적 보편'은 이 '하나의 것'의 또 다른 이름인 것이다. 다시 말해 '하나인 것'은 개념의 내면적 본질인 '자기관계성'에서 유도되며 '보편적인 것'은 개념의 외적 본질인 '대상관계성'에서 유도된다. '자기관계성'은 '개념의 자기동일성'의 논리적 구조인데 이 구조에 의해 서로 다른 다양한 존재자들이 하나 속에 묶인다. 뒤집어 말하면 서로 다른 존재자들을 하나로 묶으려면 이 존재자들과 일일이 상관관계를 맺고 또 그 가능성을 고려해야 하며 따라서 개념의 대상관계성이 전제되어야 한다. 그러므로 개념의 대상관계성과 자기관계성은 서로 동근원적이며 각기 타자의 구조를 결정하는 본래적 계기가 되는 셈이다.

이제 '이념적 삶'은 '살아 있는 개념'이고 또한 '절대적 보편'이며 '일자(一者)'요, 하나인 것이다.[33)] 우리 밖에 널려 있는 존재자들은 본시 서

30) LII, 181쪽.

31) 같은 곳. 스피노자에서 이 일자(一者)는 세계 실존의 근거로서 신이다. K. Cramer, Gedanken über Spinozas Lehre von der All-Einheit, in: *All-Einheit*, hrsg. v. D. Henrich, Stuttgart 1985, 154쪽.

32) G. W. F. Hegel, *Vorlesungen über die Geschichte der Philosophie* I, TA, Bd. 18(Geschichte der philosophie I), 326쪽. 헤겔은 헤라클레이토스의 사상을 빌려 이 같은 '일자(das Eine)'를 '생명의 원리'로 파악한다.

33) 『정신현상학』에서 이 '살아 있는 개념'은 '자아' 또는 '정신' 혹은 넓은 의미에서 '자기의식'으로 지칭되는데 이는 '주체성'과 같은 뜻이다. G. W. F. Hegel, *Phänomenologie des Geistes*, Hamburg 1952 (=PhG), 20쪽. '자기의식'의 존재론적 성격에 관해서는 R.-P. Horstmann, Ontologischer Monismus und Selbstbewußtsein, in : *All-Einheit*, hrsg, v. D. Henrich, stuttgart 1985, 230~246쪽 참조.

로 어떤 연관을 가지고 그렇게 있는 것은 아니다. 그것들은 별다른 근거나 이유를 가지고 주어진 시간, 공간 속에 조화롭고 질서 있게 있다가 사라지는 것이 아니라 그냥 아무렇게나 여기저기 흐트러져 있으며 아무 연고나 관계도 없이 제각기 독립적으로 존재하는 것이다.[34] 살아 있는 개념으로, 그리하여 개념적 생명으로 존재자들을 파악하지 않는 한 그렇다는 말이다. 단지 '겉'밖에 볼 수 없는 우리의 감각적 지평에 '개념의 단순규정'으로서의 '삶'과 그 '영혼'은 아예 나타나지도 않거나 또는 물리적 현상 중의 하나로 보여질지 모른다.[35] 그러므로 '삶'과 '영혼'은 감각이나 감각 내용을 다만 정리하기만 하는 반성적 오성이나 오성적 '반성'에서 제대로 포착될 리가 없다.[36] 어느 것, 어느 곳이든 존재의 다양 속에 단순규정으로 '개념의 통일'을 이루는 삶, 즉 물질의 영혼이며 존재의 생명인 삶의 개념—이것은 오성적 반성철학에서 '절대적 모순(absoluter Widerspruch)'이요 '알 수 없는 비밀(unbegreifliches Geheimnis)'로만 생각될 뿐이다.[37] 더구나 '개념'을 '삶의 실체'로 파악하는 사변적 명제에 대해 그것은 속수무책일 수밖에 없다. 이와 달리 개념 자체를 문제 삼는 반성철학에서 이 모순은 로고스의 진정한 본질로, 따라서 신비할 것도 신비하지 않을 것도 없는 투명한 빛으로 이해된다.

....

34) 세계를 단지 기계론이나 동력인(nexus effectivus)으로만 해석할 경우 '삶'과 같은 통일적 원리는 보이지 않는다. Kant, *Kritik der Urteilskraft*, Hamburg 1924 (=KU), §61 참조.

35) LII, 181쪽 참조.

36) 같은 곳. 헤겔이 말하는 '오성' 또는 '반성적 오성'은 일상인들이 가지고 있는 '이기적 관심을 합리화하는 능력(Rationalisierungsvermögen für egoistische Interessen)'을 지칭한다. H. Busche, *Das Leben der Lebendigen*, 35쪽. 인식적으로 '오성'은 진정한 인식이 아닌 '단순한 현상의 상관관계'에 고착된 파악 능력이다. J. Függe, *Die sittlichen Grundlagen des Denkens. Hegels existentielle Erkenntnisgesinnung*, Hamburg 1953, 105쪽.

37) LII, 181쪽. '오성'은 반정립을 고착화하는 태도이다. Chr. Iber, *Metaphysik absoluter Relationalität*, Berlin/N.Y. 1990, 7쪽.

3 삶개념의 실존적 짐꾼인 개체와 그 현실태인 유(類)

1. 살아 있는 개체의 영혼과 육체 — 그 논리적 이념성

같은 시간, 같은 공간을 점유하는 실존은 이 세상에 하나뿐이다. 두 개의 같은 것은 있을 수 없으며 이 점에서 모든 존재자들은 자립적이고 독립적이며 유일하다. 같은 논리가 생명체에도 그대로 적용된다. 이 세상에 똑같은 개체란 있을 수 없다. 잔디밭의 잔디들이 서로 다르듯 벌통 안의 벌들 또한 서로 다르다. 모두는 제각기 자기 자신일 뿐 결코 그 타자가 아니다. 그러나 다른 편, 서로 다른 개체들이 하나의 같은 이름에 묶인다. 잔디밭에 각기 서로 달리 있는 개별적 잔디들을 뭉뚱그려 우리는 잔디라고 부르고 벌통 안의 서로 다른 벌들을 한꺼번에 꿀벌이라고 부른다.[38] 이처럼 개별자들을 하나로 묶는 이름이 이념의 짐꾼인 살아 있는 개념의 가장 초보적인 모습이다.[39]

'삶의 이념'은 가장 합리적이고 이성적으로 생각된 '삶의 개념'이다.

그리하여 헤겔은 삶을, 살아 있는 것들 모두 속에 공통적으로 들어 있는 생동하는 위력으로, 동시에 그 위력은 언제나 '개체' 안에 직접적으로 활동하며 그 활동의 개념적 실존 연관의 전 범위를 '삶의 과정'으로, 그리고 개체가 하나의 집단으로 그 과정을 구성하는 전체를 '유'로 분류한다. 이 세 요소들은 그에게서 단지 서로 다른 물리적 혹은 생물학적 요소가 아니라 하나의 유기적 논리적 전체인 이념의 계기요, 삶의 창조적 운동을 추진하는 개념의 연속적 · 계기적 흐름이다. 따라서 이 흐름을 직접적으로 담지하는 살아 있는 개체란 사실은 자연적 생명체라기보다는 그 생명체에 대한 개념적 이념이며 또한 논리적 개념인 셈이다.

이념은 존재에 논리적으로 앞서지만 현실적으로는 언제나 존재가 이념보다 먼저 현싱한다.[40] 이 때문에 삶의 이념이 아니라 그 이념의 개념화된 현상체인 개체가 먼저 나타난다.[41] 다시 말해 삶이라는 추상적 이념이 아니라 살아 있는 것들이 우리 앞에서 각자의 특수하고 고유하고 유일한 자신의 삶을 가꾸고 꾸려나가는 것이다. 그러나 진정한 논리, 즉 로고스만이 개체를 가꾸는 변함없는 주인은 '영혼'이며 이 영혼이 '자기 스스로 속에 완전하게 규정된 개념 그 자체'라는 것을 통찰하며, 또 이

....

38) 한 그루의 나무가 저와 같은 다른 나무를 낳는다. 이 다르면서 같은 나무는 동일한 '유'에 속한다. 이 '유' 안에서 그 나무는 '결과'이면서 동시에 '원인'이요, '산출된 것'이면서 동시에 '산출하는 것'이다. KU, §64.

39) LII, 173쪽 이하 참조.

40) 여기서 이념과 존재의 관계는 법칙과 현상의 관계와 같다. LII, 341~346쪽과 그 해설서 K. J. Schmidt, *G. W. F. Hegel : "Wissenschaft der Logik – Die Lehre vom Wesen"*, Paderborn/München/Wien/Zürich 1997, 147~151쪽, 그리고 PhG, 102~129쪽 참조.

41) '개체(Individuum)'는 더 이상 나뉠 수 없는 유일한 하나라는 점에서 '일자'의 또 다른 표현이다. 생의 무한성이 '유'의 본성이라면 유한성은 개체의 현상적 실존이다. H. Buchner, Philosophie und Religion im einzigen Ganzen des Lebens, Zu Hegel "Systemfragment von 1800", in: *All–Einheit*, hrsg. v. D. Henrich, Stuttgart 1985, 203쪽 참조.

개념이 안주하는 유일한 것은 다름 아닌 개체라는 것을 알 수 있다.[42] 특히 이 개체는 '스스로 움직이는 원리'인 영혼으로서의 생명을 주체 안에 가진다는 점에서 이념의 주체적 계기요, 그 주체의 객관적 실존을 외적으로 가진다는 점에서 이념의 실재적 계기이다.[43] 게다가 개체의 몸이 없으면 영혼은 안주할 집이 없고 영혼이 없으면 개체의 몸은 빈 껍질일 뿐이다. 요컨대 영혼은 개체의 몸을 통해 객관화되고 개체의 몸은 영혼을 통해 삶을 얻으며[44] 따라서 이 둘은 상호 목적이면서 또한 수단이다. 다시 말해 영혼은 개체의 몸의 영혼이요, 개체의 몸은 영혼의 몸인 것이다.[45]

이제 개념의 객체는 '살아 있는 현존(lebendiges Dasein)'이요, 육체를 가진 영혼이며 혼을 간직한 몸(Leib)이다.[46] 이 객체의 객관성이 삶의 실재를 결정하며 그 처음의 구체적 모습인 살아 있는 개체는 따라서 부분과 전체, 주관과 객관, 주어와 술어를 별개의 본질로 나누고 그것을 고착화하는 오성적 시각에서 제대로 종합될 리 없다.[47] 더구나 어떤 것이든 다만 기계론적 인과관계 속에서 물리적 현상체로만 보는 눈에는 '생명

....

42) LII, 183쪽. 여기서 말하는 '개념'은 모든 객관을 포괄하는 '주관성'이다. A. Hager, *Subjektivität und Sein, Das Hegelsche System als ein geschichtliches Studium der Durchsicht auf Sein*, Freiburg/München 1974, 206쪽.

43) LII, 183쪽. K. Düsing, Die Idee des Lebens in Hegels Logik, 285쪽.

44) LII, 183쪽.

45) LII, 187쪽, K. Düsing, 위의 글, 286쪽 참조.

46) LII, 183쪽. K. Düsing, 위의 글, 283 쪽 참조.

47) G. W. F. Hegel, *Enzyklopädie der philosophischen Wissenschaften* I, TA, Bd. 8, F/a. M. 1970ff (=Enzy I), §80과 비교. 오성은 '규정성 일반의 능력(das Vermögen der Bestimmtheit überhaupt)'이며 동시에 그 '원리'이다. H. Röttges, *Dialektik und Skeptizismus–Die Role des Skeptizismus für Genese, Selbstverständnis und Kritik der Dialektik*, F/a. M. 1987, 61쪽.

48) LII, 183쪽 이하.

체' 조차도 '죽어 있는 것(ein Todtes)' 으로 보일 뿐이다.[48] 그래서 진정한 로고스의 통찰에서 '살아 있는 것' 은 거기에 개념이 내재하므로(immanent) 생명체의 합목적성이 그 내면적인 것으로 포착된다' 고, 헤겔은 강조한다.[49] 여기서 개념이 생명체에 내재적이라 함은 '생명체' 라는 개념은 예외 없이 삶의 이념의 궁극목적과 그 목적을 실현하기 위한 수단을 자기 속에 가진다는 뜻이지, 자연적 생명체가 자신의 생과 그 객관화에 대한 개념을 소유한다는 뜻이 아니다. 이렇게 볼 때 생명체의 자기 삶을 꾸리기 위한 수단은 동시에 삶의 '목적의 도구이며 또한 그 수단' 이 된다.[50]

생명체가 살아가는 생의 과정의 본질적 특징은 '욕구(Bedürfnis)' 와 더불어 삶이 시작한다는 데 있다.[51] '욕구' 란 자연적 삶에서 목마름과 배고픔과 같은 상황을 해소하기 위해 그 대상을 추구하는 자기 감정을 말한다. 욕구는 살아 있는 주체를 이중적 방향으로 규정한다. 첫째로 욕구는 내면 속에 밀폐된 자기 감정을 밖을 향해 열어젖히고 그리하여 주어진 존재 세계의 객관성이 자기를 위해 정리되도록 요청하는 주체의 능동적 힘이다. 그러나 둘째로 욕구 때문에 개체는 자기의 고유한 주체적 독립성을 지탱하지 못한다. 욕구에 매달린 자아가 얻을 수 있는 것은 주체적 자아의 고유성과 독립성이 아니라 오히려 그 반대인 주체성의 '상실' 이다.[52] 이 주체는 오직 대상과의 부정적 관계 속에 자기 실존을 가지며 이는 어떤 식으로든 예속성의 계기를 함축하기 때문이다. 욕구에 의한 살아 있는 주체의 이 같은 이중 규정, 다시 말해 주체적 자아 정립과

49) LII, 183쪽. 이 합목적성은 '자연목적(Naturzweck)' 의 본질이다. KU, §64와 비교.
50) Hegels theologische Jugendschriften, 347쪽. H. Buchner, Philosophie und Religion im einzigen Ganzen des Lebens–Zu Hegels "Systemfragment von 1800", 205쪽 이하.
51) 이는 삶이 합목적성을 자기 법칙으로 가지고 있기 때문이다. K. Düsing, Naturteleologie und Metaphysik bei Kant und Hegel, 149쪽.
52) LII, 187쪽.

그 상실은 그러므로 모순관계에 있는 것이 된다. 이 모순의 기원은 본시 삶개념의 이중성에서 기인한다. 순수개념으로서 삶의 이념은 생명체의 내적 영혼으로 언제나 자기동일적이며 따라서 그 자신 이외에 어떤 다른 것(타자)도 필요로 하지 않는다. 이에 비해 현실적 실존으로서의 삶의 개념은 예외 없이 육체라는 자연적 현존재를 가지며 언제나 '대상관계적'이다.[53] 이 두 가지 요소가 삶의 이념 그 자체 속에 내재하며 이 때문에 헤겔은 삶을 '절대적 모순'이라 부른다.[54] 이 모순은 삶의 구체적 과정에서 그때그때 상황에 따라 모습을 달리하며 나타난다.

삶의 절대적 모순이란 사실은 삶의 개념이 내포한 서로 적극적으로 대립되는 두 요소 사이의 논리적 모순이다. 그러나 헤겔은 이 논리적 모순이 자아 감정 속에 나타나면 '아픔(der Schmerz)'이 된다고 강조한다.[55] 모든 생명체가 자기 정립을 위한 자아 감정을—이 감정은 심리적 정서가 아니라 개체가 자기 삶을 영위하기 위한 기본 조건으로서 생명력을 말한다—갖는 한 산다는 것 자체가 모순이요, 따라서 고통이며 또한 아픔이다. 요컨대 모순이 삶에서 구조적인 것처럼 고통 또한 구조적이요, 그러므로 모순과 고통은 '살아 있는 것들의 특권(Vorrecht der lebendigen Naturen)'이요 그 징표이다.[56] 이 단계에서 살아 있는 것들은 기계적 삶의 순환에 무기력하게 내맡겨진 자연 존재자들이 아니라 제각기 모두 '실존하는 개념(existierender Begriff)'인 그런 생명체들이요[57] 그리하여 모순과 고통의 강도가 강하면 강할수록 더욱더 활기 있고 생명력 있는 현존체가 되는 것이다.[58] 왜냐하면 생명체는 자신 속의 '부정

---

53) K. Düsing, Die Idee des Lebens in Hegels Logik, 283쪽 참조.

54) LII, 187쪽. K. Düsing, 위의 글, 286쪽.

55) LII, 187쪽. B. Liebrucks, Der menschliche Begriff, in: *Sprache und Bewußtsein*, Bd. 6/1. 486쪽 참조.

56) LII, 187쪽.

성(Negativität)'을 타자관계로 밀어 넣고 타자들의 부정성을 자신 속으로 삼투시킴으로써 고통을 극대화하고 또 그것을 해소하려는 '무한한 힘'을 현실화하기 때문이다.

모순과 고통 속에 살아가는 객관화된 생명체를 뭉뚱그려서 우리는 '유기체(Organismus)'라 부른다.[59] 이 유기체의 궁극목적은 삶의 지속인데 그 지속은 개체적 삶을 통해 실현된다.[60] 그런데 개체적 삶의 '개별성(Individualität)'이 살아 있는 것들의 자기 자신의 고유성을 결정하고 또 이 고유한 개별성 때문에 살아 있는 개체들은 특이하며 또 서로 구별되는 것이다.[61] 이 구별을 가능하게 하는 것은 단지 겉으로 드러난 모양이 아니라 그 서로 다른 모양을 찍어내는 내적인 힘인데 헤겔은 이 힘을 '각기 개별적이고 특수한 종적(種的)인 계기의 충동(Trieb jedes einzelnen, specifischen Moments)'이라고 이해한다.[62] 이 힘에 의해 각 생명체는 자기 고유의 특수 실존을 산출하면서 또한 자기의 특수성을 보편성으로 고양시켜 자기의 종(種)과 유(類)를 실현한다. 이것은 살아 있는 개체의 삶의 한 과정이며 이 과정은 그 개체의 개별성의 내부에서부터 시작하는 생동적 운동이다.

57) 같은 곳.

58) "…… 필연적 분열은 삶의 절대적 요인이며 삶은 영원히 반정립에서 구성된다. 전체성은 최고의 생명력 속에서 최고의 분리로부터 재생을 통해서만 가능하다." Differenzschrift, 13쪽. "삶의 다양성의 정도는 분열의 힘에 비례한다." 같은 곳 14쪽. 윤병태, 「안다는 것의 의식적 구조」, 『청년기 헤겔철학』, 용의숲, 2007, 292쪽 참조.

59) B. Liebrucks, *Der menschliche Begriff*, 486쪽 참조.

60) '개체'는 '유'를 구성하는 '수다성(Vielheit)'의 범주이다. 개체는 오직 상호 대립 속에서 현상할 뿐이다. G. Portales, *Hegels frühe Idee der Philosophie. Zum Verhältnis von Politik, Religion, Geschichte und Philosophie in seinen Manuskriften von 1785 bis 1800*, Stuttgart/Bad Cannstatt 1994, 213쪽.

61) LII, 184쪽.

62) 같은 곳.

2. 실재적 현실인 보편적 삶으로서의 유(類)

개체의 삶이 충동에서 시작한다는 것은 그 유적 삶이 충동에 뿌리박고 있으며 충동에 의해 보존된다는 말이다. 이 충동적 개체가 운명적으로 만나는 또 다른 개체는 자기와 똑같은 충동적 개체이며, 그들 자신을 결정하는 '내재적 계기'는 '외면성'이다.[63] 이 외면성은 개체의 자기관계적 과정을 '삶의 전체성(lebendige Totalität)'으로 지속시키는 객체이지만, 삶의 개념 영역에 속하는 규정은 아니다. 이 외면성을 본질로 하는 충동적 두 개체의 관계는 바로 이 외면성 때문에 현실 속에 살아 있는 생명체의 '대립적' 관계로 객관화된다.[64] 이 관계는 개체 속에 단지 '내면적 또는 주관적'으로 남아 있던 보편성을 진정한 보편자로 고양하려는 '갈망(Verlangen)'을 내포하는데, 이 '갈망'을 헤겔은 '유의 충동(Trieb der Gattung)'이라 부른다.[65] 이 '유의 충동'은 상관관계에 돌입한 두 개체가 가진 '상호대립적 특수한 개별적 개별성의 지양을 통해서만' 실현될 수 있다.[66] 이 때문에 각 개체는 관계 속에서 '그들의 갈망의 긴장(Spannung ihres Verlangens)'을 보편적으로 만족시켜 유적 보편 안으로 스스로를 녹아들게 하며, 이렇게 실현된 그들 각자의 동일성이 곧 분열에서 자체 내로 반성된 유의 부정적 통일을 성취하는 것이다.[67] 이 동일성이 '삶의 개체성 자체'로 이해된다.[68] 왜 그러할까?

……………

63) LII, 190쪽.
64) 같은 곳. PhG, 135쪽 이하 참조.
65) LII, 190쪽.
66) LII, 190쪽. PhG, 139쪽.
67) LII, 190쪽. *Jenaer Systementwürfe III*, GW, Bd.8, hrsg. v. R.-P. Horstmann, Hamburg 1976 (=JS III), 175쪽 참조.
68) LII, 190쪽. 그 자연적 현상은 후손을 갖는 것인데 이는 '자연목적'의 결과이다. J. G. Fichte, *Grundlage des Naturrechts nach Prinzipien der Wissenschaftslehre*, FW, Bd. III, Berlin 1971, 308쪽.

두 충동적 개체의 만남은 유기적 자연현상에서 암수의 만남이다. 암수 한 쌍으로 되어 있는 대표적 유기체는 고등동물이고, 고등동물의 최고 정점은 인간이다.[69] 『논리학』에서 '유' 다음에 곧바로 '진리'와 '선'의 문제를 다루는 '인식의 이념'이 주제화되는 것으로 보아 '유'의 내용의 규정들은 '인간'에 속한 것이 틀림없다.[70] 그렇다면 앞에서 충동적 두 개체의 만남은 남녀의 만남을 말한다.[71] 성인 남녀의 갈망적 만남은 사랑으로 이어지고 사랑이 단지 장난이나 유희가 아니라 보편적 유의 토대로 이해되면 결혼으로 이어지고 결혼은 아이의 출산과 더불어 가정을 이루게 된다. 가정을 출발시키고 지속시키기 위한 내적 원리인 사랑과 외적 원리인 소유, 그리고 소유의 권리와 타인에 대한 의무의 인륜적 실재적 규정들은 『법철학』이나 '현실정신' 또는 '객관정신'의 영역에 속하지 『논리학』에 속하는 것은 아니라고 헤겔은 생각한다.[72] 『논리학』은 이 실재적 · 인륜적 상황에 대한 개념적 설명을 제시해야 한다. 특히 '유'를 주제화하는 곳에서 그는 어떻게 하나의 살아 있는 개체가 자기와 똑같은 개체와의 관계에서 유로서의 개체를 산출해내는지 하는 문제를 가지

69) 인간은 '이념의 거울(Spiegel der Idee)'이요, 또한 그 '장인(Werkmeister)'이다. M. Riedel, *Theorie und Praxis im Denken Hegels. Interpretation zu den Grundstellungen der neuzeitlichen Subjektivität*, F/a. M./ Berlin/Wien 1976 (=Theorie und Praxis), 179쪽.

70) 오직 인간만이 선악의 구분과 그에 대한 인식을 가지기 때문이다. Philosophie der Geschichte, 50쪽 이하.

71) 남녀관계와 결혼의 문제는 『법철학』에서 인륜성의 실체로 나타난다. G. W. F. Hegel, *Grundlinien der philosophie des Rechts oder Naturrechts und Staatwissenschaft im Grundrisse*, 1821, TA, Bd. 7 (=Rechtsphilosophie), F/a. M. 1970, §142~§169 참조.

72) 이 주제들은 특히 예나 시대에 체계 구상과 관련하여 심도 있게 다루어지고 있다. G. W. F. Hegel, *System der Sittlichkeit 1802, Jenaer Systementwürfe* I의 Philosophie des Geistes, 1803/1804, GW, Bd. 6, 280~326쪽, *Jenaer Systementwürfe* III의 Philosophie des Geistes, 1805/1806, GW, Bd. 8, 202~287쪽 참조할 것.

고 결론을 내리려 하고 있다. 여기서 헤겔은 살아 있는 두 개체, 요컨대 서로 갈망하는 두 개체의 상관관계에서 각자가 가진 특수한 개별성의 지양을 통해 자기동일성을 실현한다고 보고, 이 동일성을 '삶의 개체성'이라 한다. 남자와 여자가 결합을 통해 남성과 여성이 아니라 성별의 지양을 통해 인간이라는 보편규정을 얻고 또 그것을 실현하려는 개념적 속성에 의해 자기들과 똑같은 또 다른 개체를 생산하게 되는데, 이 동일성을 그는 '삶의 개체성 자체'라고 표현한 것이다. 그렇다면 이 같은 삶의 개체성은 결코 '삶의 개념'에서부터 산출된 것이 아니라 그것을 실현하려는 '현실적 이념'에서 생겨난 것이다.[73)]

'현실적 이념'은 불변의 개념이나 이념의 형식이 아니라 처음에는 '단지 자신을 객관화해야 하는 개념'이고 다음에는 '살아 있는 한 개체의 씨앗(Keim eines lebendigen Individuums)'인 그러한 '현실적 개념(wirklicher Begriff)'이다.[74)] 이것은 단순히 삶의 개념이 아니라 삶의 개념의 개념이요 또한 그 실재이다. '살아 있는 한 개체의 씨앗'은 추상적 개념도 이념도 아니다. 그것은 누구나 감각으로 볼 수 있는 개념이요 이념이다. 다시 말해 '세속적 공동 지각(gemeine Wahrnehmung)'조차 어려움 없이 볼 수 있는 개념—이것이 바로 '외적 현실성을 가지는 주관적 개념'인 '살아 있는 한 개체의 씨앗', 다시 말해 '생명체의 씨앗'인 것이다.[75)]

그러나 '생명체의 씨앗'은 처음에는 예외 없이 '개별성의 완벽한 구체화(vollständige Concretion der Individualität)'를 자기 속에 내포하고 있

....

73) LII, 190쪽. 그러므로 '생명(Lebendigkeit)'은 '유의 실체'라고 할 수 있다. G. W. F. Hegel, *Vorlesungen über Platon (1825–1826)*, hrsg. v. J.-L. Vieillard-Baron, F/a. M./ Berlin/Wien 1976, 1979, 87쪽.

74) LII, 190쪽.

75) 같은 곳.

다.[76] 따라서 그 씨앗은 그 생명체가 가질 수 있는 모든 특징, 모든 특수한 성질들을 보유하는 셈이며[77] 그것이 아직은 세상 밖에 모습을 드러낸 것이 아니라는 점에서 감각으로는 결코 볼 수 없는 '개념의 내적 형식 안에 있는 전 생명체(ganz Lebendiges in der innerlichen Form des Begriffes)'이다.[78] 이 개념의 내적 형식은 곧바로 구체적 개체들을 통해 나타나는데, 이것이 곧 '이성(異性)관계를 통한 번식(Fortpflanzung der lebenden Geschlechter)'이다.[79] 생명의 씨앗이 감각으로 보여지는 단계는 바로 이곳이 틀림없다.

생명의 씨앗이 싹트고 성장하고 번식하고 병들어 죽는 순환은 끝이 없으며 이 끝없음이 곧 '유의 과정(Prozeß der Gattung)'이다.[80] 유한한 것은 오직 개체의 외적 실존일 뿐 그가 가꾸는 삶의 보편적 이념은 유의 과정 속에서 영원하다. 이 영원은 물론 한편으로는 개체의 죽음을 담보로 하며 이것은 '유의 부정적 통일'의 결과이다.[81] 다른 편으로는 이 영원은 개체의 생산을 담보로 하며 이것은 유의 긍정적 통일의 결과라고 할 수 있다. 결국 '실현된 유'는 개체의 탄생이든 죽음이든 상관없이 그 개별성을 지양하고 남는 잔여물이다. 이 단계에서 특히 헤겔이 강조하는 것은 '번식'이 '짝짓기(Begattung)'에 의해 현실화된다는 것, 그리고 짝짓기와 더불어 '살아 있는 개성의 직접성(Unmittelbarkeit der lebendigen Individualität)'은 사멸한다는 것, 또 이 과정은 '개별성

76) 같은 책.
77) Philosophie der Geschichte I, 31쪽 참조.
78) LII, 191쪽.
79) 같은 곳.
80) 같은 곳. 이 과정은 자연에서 개체의 '세대화 과정(Generationsprozeß)'으로 나타난다. H. F. Fulda, *Das Problem einer Einleitung in Hegels Wissenschaft der Logik*, F/a. M. 1965, 243쪽.
81) LII, 191쪽.

(Einzelheit)의 산출과 그 지양'인 유의 과정이라는 것이다.[82] 이 유의 과정은 '이념이 대자적으로 생성해가는 보편성'과 정확하게 일치한다.

82) 같은 곳, 191쪽.

4

삶의 현실로서 이념

개체의 자연적 삶은 직접적으로는 다른 어떤 것을 위한 것이 아니다. 탄생에서 죽음에 이르는 삶의 일련의 과정은 언제나 그 삶을 짊어진 구체적으로 살아 있는 그 개체의 사적(私的) 사건일 뿐이다. 이 과정은 당사자 자신 이외에 누구도 대신할 수 없고 동참할 수 없으며 바로 이 때문에 이 세상에서 유일무이한 개별적 삶의 길로 이해되는 것이다. 그러나 개체 탄생의 유래가 어디이며 무엇인가, 또 번식과 재생의 결과는 무엇이며 개체가 가고 나면 무엇이 남는가에 대한 사변적 반성이 시작되면 자연에서조차 개체 자신의 것만인 그런 삶의 과정은 없다. 살아 있는 개체는 그 자신의 것일 수 없는 다른 개체에서 탄생하며 자신의 것일 수 없는 다른 개체 및 대상들과의 관계 속에서 자기의 생을 누려가며 자신의 것일 수 없는 데로 사라진다. 이 점에서 산다는 것 자체가 타자에 대한 빚(부채)이다. 헤겔은 이 빚을 삶의 '전제'라고 부른다.

삶의 전제들 중 가장 중요하고도 결정적인 것은 개체의 탄생과 번식과 죽음에 직접적으로 영향력을 행사하는 유이다.[83] 이 유는 개별적 생명체 전체를 꿰뚫고 있는 삶의 보편적 개념이다.[84] 살아 있는 어떤 개체든지 유에 속하기 마련이지만 동시에 어떤 살아 있는 개체도 자신이 유에 속함을 의식하지 않으며, 그는 오직 자신의 개별적 삶의 필요만을 안전에 두고 있다. 그 개체에게 중요한 것은 자기 자신의 삶이지 보편적 삶 또는 유적 삶이 아니다. 바로 살아 있는 개체의 이러한 속성이 그 개체의 삶의 개체성을 강화시키며 이 개체성의 토대 위에서 그 개체를 통일하는 보편적 삶의 이념이 현실 속에 현상화되는 기초가 된다.[85] 결국 개체는 자기 밖의 타자 존재들을 부정적으로 통일함으로써 자기 자신을 정립하며 이 같은 '타자 존재의 부정적 통일'을 통한 자기 확립이야말로 생의 이념을 현실 속에서 실현하는 것이다.[86]

분명 살아 있는 개체는 이념과 실재의 모순이요, 개별과 보편의 모순이요, 자기와 타자의 모순이요, 개념 자체의 모순이요, 존재 자체의 모순을 한꺼번에 떠안은 실존자이다. 생명체가 보편적 이념을 이념 자체로서가 아니라 삶의 '충동'을 가지고 삶을 시작하고 지탱하고 마감하는 것은 당연한 일이다.[87] 다시 말해 '생의 이념'의 완결이 '유'이지만 이 보편

83) 이 '유'가 형이상학적으로 '모든 존재 속에 있는 존재'인 '일자(das Eine)'이다. 헤겔은 분명 스피노자의 '실체'이론을 존재론뿐 아니라 개념론에서도 도입하고 있다. B. Spinoza, *Ethica*, Stuttgart 1977, I, II부와 Hegel, LI, 50쪽 이하, 그리고 LII, 190쪽 이하 참조. '유'는 '개별자에 대한 위력(Macht gegen das Einzelne)'이다. Hegel, *Jenenser Logik, Metaphysik und Naturphilosophie*, hrsg. v. G. Rasson, Hamburg 1923, 116쪽. 이 위력의 부정적 측면은 소멸과 파괴이며 개체는 '시간'속에서 '불(흙-필자)'로 돌아간다. H. Schmidt, *Hegel als Denker der Individualität*, Meisenheim a. Glan 1957, 56쪽.

84) F. P. Hansen, 앞의 책, 158쪽. Hegel, *Jenaer Systementwürfe I*, 187쪽 이하 비교.

85) LII, 189쪽.

86) LII, 같은 곳. F. P. Hansen, 앞의 책, 159쪽.

87) LII, 190쪽.

적 유는 예외 없이 '개별적 형태로' 실현되는 것이다.[88] 이처럼 즉자적 유이며 또 그 유의 실현인 개체가 '대자적'으로 삶의 이념 그 자체일 수는 없는 상황에서 개체의 모순은 절정에 이른다.

그러나 개체의 이 같은 상황이 개체뿐 아니라 이념 자체의 현실을 결정한다. 이념은 헤겔에서 현실이 건널 수 없는 저승이 아니라 바로 개체를 통해 로고스, 즉 이성으로 번역되고 현실화한 이승이다.[89] 살아 있는 개체가 이념과 실재의 모순이라면 그것은 동시에 삶의 이념 자체의 모순이요, 그 현실적 운명이다. 로고스가 어둠의 피안을 떠도는 환상이 아니듯이 이념 또한 추상의 어지러운 말 뭉치가 아니다. 이념은 개체적 삶의 모순과 고통에 의해서만 비로소 자기 자신일 수 있다는 점에서 개체적 삶의 현실과 정확하게 같으며 자신의 순수 추상을 던져버림으로써 현재 속의 살아 있는 말씀이요 그 영원자이다.

88) 같은 곳.

89) "이성적인 것은 현실적이고 현실적인 것은 이성적이다"(Rechtsphilosophie, 24쪽)라는 헤겔의 명제는 이러한 이해의 토대 위에서 해석되어야 한다. 이와 동일한 이해가 이미 1795년 4월 15일 셸링에게 보낸 편지에도 나타난다. *Briefe von und an Hegel*, 1785–1812, hrsg. v. J. Hoffmeister, Bd. 1, Hamburg 1952, 24쪽 참조.

IV부
관념론의 실천이념적 토대
— 헤겔

제1장

헤겔의 소유개념

1

인간과 소유의 토대

1831년 헤겔이 죽으면서 자기의 모든 저서들까지 가지고 관 속으로 들어간 것은 아니었다. 자신의 지적 아들일 수밖에 없는 우파와 좌파 모두에게 그가 욕을 먹기 시작한 것은 전적으로 자신이 남겨놓은 철학의 책임이었고 또 이에 대한 비판이 시대의 요청이었는지도 모른다. 그러나 다른 편에서 헤겔 사상의 부활이 다양한 방식으로 준비되고 있었다. 특히 그의 법철학 사상은 그의 죽음과 더불어 철학적으로는 사라져버린, 단지 '역사적으로만' 의미 있는 사상사의 자료일 수는 없다. 차라리 그것은 아직도 이 시대의 거의 모든 사회과학의 유령으로 또는 영혼으로 출현한다는 평이 옳은 말일 것이다. 그러므로 헤겔 『법철학』의 영향이 그 책 출판 이후 이상하리만큼 단기간에 끝났다고 보는 만프레드 리델의 견해는 옳지 않다.[1] 헤겔 생전의 간스, 그리스하임, 그리고 사후의 로렌츠 폰 슈타인, 마르크스와 엥겔스, 에르드만, 루게, 슈탈, 라살레, 그밖의 현대에 이르기까지 무수한 영향력 있는 이들의 법철학의 이론적 모형들은 긍정적이든 부정적이든 헤겔 사상의 그늘 아래서 주조된 것들이다. 따라서 헤겔 『법철학』이 단지 역사적 의미만을 가지는 사상상의 한 문건으로 간주되어서는 안 된다. 지금도 우리는 인간의 실천적 삶을 결정하는 역사적 · 사회적 삶의 사회성과 역사성을 문제 삼을 때는 언제나 헤겔의 수원지로부터 물줄기를 댈 수밖에 없지 않은가?[2)]

헤겔 『법철학』은 한편으로는 아리스토텔레스에서 영국 고전 경제학까지의 서양의 정치경제이론의 비판적 종합이며, 다른 편으로는 17, 18세기 근대 자연법이론의 체계적 완성이다. 전자의 의미에서 『법철학』은 '국가학'이며, 사회적 인간의 경제생활의 범위가 여기에 속하게 되고, 후자의 의미에서 『법철학』은 근대 시민사회의 출현과 더불어 강조된 인간의 생존권에 이성의 권리 부여로서의 근원법이며, 노동권과 직업 선택의 자유, 그리고 이를 위한 사회와 국가의 인륜적 법칙성 등이 이에 속한다. 헤겔이 전통적 정치학과 근대 자연권 사상의 종합에 성공할 수 있었던 것은 시대적 변화와 문화적 차이의 현실적 주체인 '인간의 개념' 자체에 주목하고 인간의 삶을 구성하는 다양한 계기들 사이의 관계를 논리적으로 적절히 연결할 수 있었기 때문이다. 그는 '인간의 개념'의 본질을 '자유' 속에서 보고 있다.[3)] 물론 헤겔의 자유개념이 관념의 추상성만을 뜻하는 것은 아니다. 이미 그는 학창 시절 봉건주의의 신분적 예속 고리들이 종말을 고하는 역사적 흐름의 절정을 누구보다 주의 깊게 통찰하고 있었고 프랑스혁명의 뼈대가 인간의 '개념'의 현실적 정의임

....

1) M. Riedel, *Studien zu Hegels Rechtsphiolosophie*, F/a. M. 1969, 100쪽 이하.

2) 헤겔 철학 일반이 소유이론에 기초해 있다는 슈내델바흐의 주장은 결코 과장이 아니다. 이에 대해서는 H. Schnädelbach의 Zum Verhältnis von Logik und Gesellschaftstheorie bei Hegel, in: *Aktualität und Folgen der Philosophie Hegels*, hrsg. v. O. Negt, F/a. M. 1971, 62~84쪽 참조.

3) Hegel, *Grundlinien der Philosophie des Rechts oder Naturrecht und Staatswissenschaft im Grundrisse*, 1821 (=RP), § 2, § 4 참조.

을 다양한 상징들로 나타내고 있었다.[4] 봉건적 신분제도의 와해는 새로운 세계 질서로의 개편을 위한 자유의 이념을 준비하게 된다. 예속으로부터 해방된 자유인들은 그들이 자유롭다는 형식적 조건에서 평등하다. 이 같은 역사적 상황으로부터 헤겔은 본질적으로 인간은 자유이며 누구나 이 자유 앞에 평등하다는 근대 시민사회의 자연권사상을 재정립한다.

인간은 자유이며 자유 앞에 평등하다는 형식적 규정은 우리에게 무엇을 말해주는가? 이에 대한 변증법에 입각한 현상학적 설명 방식이 헤겔 『법철학』의 근본 내용을 결정한다. 여기서 이 내용을 엮어내는 상황에 대한 약간의 설명이 필요한 것 같다. 신분적 예속으로부터의 해방은 개개인들에게 자신들의 생계와 신변 안전에 대한 책임을 부여한다. 이 책임은 완수해도 좋고 그러지 않아도 괜찮은 그런 종류의 의무가 아니라 그것을 수행하지 않으면 곧바로 죽음이 닥치는 그런 종류의 것, 다시 말해 절대명령이다. 인간은 육체를 가지고(소유하고) 있고 이 육체를 지속하기 위해 먹고 마실 최소한의 소유물을 필요로 한다. 이 소유물을 얻기 위한 방식이 노동이며, 노동을 통한 욕망 충족 체계의 완결은 곧 노동권과 소유권의 사회적 · 법적 제도 확립에 의해 가능하게 된다. 근대 자연법이론이 이에 대한 경험적 논증 방식을 제공하는 데 비해 헤겔은 처음부터 인간에 대한 '사변적 지식'의 토대 위에서 '근본적으로' 인간의 삶과 노동의 근원성을 논증해나간다.[5] 이때 이 근원성의 주관적 조건들은 정신의 이념이며 객관적 조건들은 소위 헤겔에 의해 '인륜성'이라는 용어 아래 포섭되는 가정, 시민사회, 그리고 국가이다. 이 글에서 필자는 헤겔이 파악한 시민사회의 근본이념, 즉 사유재산의 이론적 기초에 특히 주목하려고 한다.

4) '자유', '공포', '죽음', 'Stoizismus' 등의 헤겔 용어들은 긍정적이든 부정적이든 언제나 프랑스혁명과 연계되어 있다.
5) Hegel, RP, 12쪽 이하.

2

헤겔의 소유개념 이해를 위한 두 가지 선결 주제

1. 객관정신의 체계적 위치와 법(Recht) 개념

1817년 하이델베르크 『철학전서』에서 '객관정신'이라는 이름 아래 정리된 일련의 문제의식들의 목록은 그 후 헤겔이 죽을 때까지, 다시 말해 법철학 강론에 이르기까지 부분적인 수정이 거듭되지만 그에 대한 본질적 체계 구성 골격은 불변으로 유지된다. 사실상 이 문제군들은 헤겔 사유의 원천에서 유래된다. 대학에 다닐 때부터 헤겔은 삶에 대한 역사적 · 사회적 규정성에 주목하고 이의 해명을 위해 이론철학으로 들어왔었다. 베른에서 프랑크푸르트에 이르는 가정교사 시절의 지적인 노력들은 삶과 연관되는 모든 현상들과 그 배후를 구성하는 형이상학, 그리고 이것들을 체계화하기 위한 논리학에 대한 실험적 탐험들이었다. 예나에서 그는 한편으로는 이 탐험의 결과들에 대한 사변철학적 이론화에 몰두하고 다른 한편으로는 체계적 정리화에 대한 설계를 시작한다. 이 이론화는 1812년부터 4년여 동안에 걸쳐 완성되는 『대논리학』의 인식론에 따라 완결된 도면으로 나타나게 된다. 이에 자신을 얻은 헤겔은 뒤이어서 청년기에 여러 곳에서 예고했고 예나에서 시도했던 전 철학의 체계화에 대한 설계를 『철학전서』에서 제시한다.[6] 여기서 체계 전개사와 철학 분과들 사이의 관계에 대한 수정 과정을 문제 삼지 않을 경우 『법철학』의 내용을 결정하는 '객관정신'은 '인간학'과 '정신현상학', 그리고 '심리학'을 내포하는 '주관정신'에 대립적으로(사실은 '주관정신'을 지양한 것으로) 나타난다.[7] 말하자면 객관정신은 '예술', '종교', '철학'[8]으로 대표되는 절대정신의 전 단계, 즉 '정치경제학'을 의미한다.

『철학전서』 이래 '객관정신', 즉 『법철학』의 시금석은 '소유'개념이다.[9] 소유개념을 분석하기 전에 먼저 『법철학』에서 'Recht'란 말의 의미를 확실히 해야 할 것 같다. Recht는 개념적으로 법이 아니라 권리라는 뜻이다. 따라서 그것이 법이 될 수 있기 위해서는 법칙(Gesetz)의 의미를 얻어야 한다. 이것은 자연이 자연법칙이 아니라 자연이며 자연이 법칙이 되기 위해서는 법칙(Gesetz)의 의미가 덧붙여져야 하는 것과 같다. Recht가 법칙의 의미를 얻으려면 권리 속에 법칙의 계기가 감춰져 있고 이것에 어떤 조건이 주어지면 현실 속에서 그 계기가 실재(Realität)로 나타나야 한다.[10] 이 같은 사태는 권리가 인간의 본질적 규정이라는 점이 인정되면 간단하게 마무리된다. 따라서 적어도 헤겔의 『법철학』은 '권

....

6) Enzyklopädie에 제시된 철학의 체계와 그 내용은 헤겔이 그 이전에 구상했던 것과는 상당한 차이가 있고 또 구체적 내용들의 설명에서도 그 이전의 저작들과는 엄청난 부정합이 있음에 주목해야 한다.

7) *Heidelberger Enziklopädie* (= H. Enzy), 제3부 목차 참조.

8) 같은 곳.

9) H. Enzy., § 488, RP, § 41 이하.

10) 권리가 법칙이 되려면 권리에 대한 만인의 필연적 동의가 있고 이것이 강제력에 의해 보증되어야 한다. 이 같은 조건은 시민사회와 그 질서의 수호로서의 경찰력만 가지고서는 충족되지 않으며 국가의 통일적 위력이 덧붙여져야 한다.

리의 법칙적 체계학'이라는 편이 적절할는지도 모르겠다. 이때 권리에 대한 법칙적 체계화는 소유개념에서 시작하고 소유권은 이 개념의 통일체적 확립에서 완결된다. 결국 헤겔 『법철학』의 두 제목에 공통되는 'Recht'의 본질은 '소유권'이라는 의미가 된다.[11)]

권리의 본질이 소유개념에 있다는 것은 권리가 결코 도덕의 영역이 아님을 천명한 것이다. 권리 문제를 도덕에서 갈라낸 최초의 체계적 철학자는 칸트이다.[12)] 칸트는 권리와 권리의 보호라는 문제 영역이 전통적 의미의 도덕철학이 아니라 법철학에 속함을 이론적으로 논증하고 있다. 그러나 이에 대한 실험적 분석은 칸트보다 앞서서 피히테에 의해 수행되고 있다. 다시 말해 칸트가 이 부분을 최초로 주제화한 *Metaphysische Anfangsgründe der Rechtslehre*가 1797년인 데 비해 피히테는 이 주제를 한 해 전, 즉 1796년에 *Grundlage des Naturrechts nach Prinzipien der Wissenschaftslehre*에서 매우 훌륭하게 완결하고 있기 때문이다.[13)] 그러나 논리적 인식론의 확고한 점으로부터 실천철학을 수립하려 한 관념론의 일반적 흐름의 수원지는 역시 칸트이다. 이뿐 아니라 칸트는 자아의 소유의 근원성에 대한 사유의 유산을 헤겔에게 곧바로 넘겨준다. 이 때문에 특히 칸트의 권리와 소유에 대한 의미 영역을 개략적으로라도 살펴보는 것은 헤겔의 시민사회의 근본이념을 이해하는 데 무엇보다도 필수적인 단계가 된다.

11) 『법철학』의 본래 제목은 *Grundlinien der Philosophie des Rechts oder Naturrechts und Staatwissenschft im Grundrisse*이다. '혹은'이라는 연결사에도 불구하고 이것은 분명히 서로 다른 뜻을 가지는 두 개의 제목이다.

12) Kant, *Metaphysik der Sitten*의 체계 참조

13) 칸트와 피히테의 상호관계성에 대해서는 I. H. Fichte가 편집한 *Zur Rechts- und Sittenslehre* I, Fichtes Werke, Bd. III, v 이하 참조.

2. 칸트에서 제시된 소유의 근원성 – '외적 나의 것'과 '너의 것 일반'

칸트 인식론은 경험을 가능케 하는 주관적 조건의 분석이 뼈대를 이룬다. 이 조건을 총체적으로 감싸는 본질은 '자아' – 혹은 '나는 생각한다' – 이다.[14] 인식론적으로 말할 때 '자아' 혹은 '나'는 '사유' 혹은 '생각함'에 일치한다. 이것은 무조건적으로 내가 곧 사유와 같다는 뜻이 아니다. 나와 사유가 같은 경우는 꼭 하나, 즉 내가 대상을 인식하고, 대상 인식의 주체가 그 대상을 재구성하며 이 재구성의 능동적 · 수동적 기능을 자아라고 가정하는 한에서이다. 따라서 인식하지 않는 경우 나는 생각함이 아니다. 생각하지 않음은 주체가 나일 수 없음의 가장 간단한 특징이다. 그렇다면 생각하지 않을 때 나는 내가 아니란 말인가? 이 맹점을 제거하는 가장 확실한 방법은 '나는 생각한다'는 명제를 '나는 생각을 가지고 있다'로 바꾸는 것이다. 이렇게 바꾸어놓으면 생각이 나의 것, 즉 나의 소유가 되어버린다. 생각은 육체와 마찬가지로 나의 것, 나의 소유이지 나 그 자체는 아니다. 그런데 여기서 전혀 새로운 다음과 같은 어려움이 생겨난다. '나의 것'은 '나의 것'이지 '너의 것'이나 '그의 것'이 아니며, 마찬가지로 '나의 생각'은 '나의 생각'이지 '너의 생각'이나 '그의 생각'이 아니다. '나'와 '너'와 '그'를 갈라내지 않으면 소유개념 자체가 불가능하고 이것들을 갈라내면 소유란 결국 사유(Privateigentum)가 그 본질이 되는데 이렇게 되면 특히 '생각의 객관성과 보편성'을 설명하기가 대단히 곤란해진다. 왜냐하면 '나의 생각'이 '생각 일반'일 수는 없고 기껏해야 '나의' 사유일 뿐이기 때문이다. 모든 '나의 표상'을 수반하는 "나는 생각한다"는 인식론적 본뜻이 실은 '내 속에' 어떤 것이 표상할

---

14) Kant, *Kritik der reinen Vernunft* (= KrV), B132 참조.

때 그것은 최소한 '나의 것'이며 '나에게' 표상된 것이라는 점을 칸트가 강조한 것은 결코 우연이 아니다.[15] 그러나 앎의 주관적 요소의 선험성을 문제 삼을 때 생각의 자아 소유성의 의미 영역은 자아의 형식성 아래서 추상된다. 이 같은 추상은 처음부터 앎이 나의 앎, 즉 나의 소유로서의 앎임을 미리 전제하고서만 가능한 일이다. 이 때문에 소유에 대한 물음이 앎의 형식성에 대한 물음보다 앞서는 것이다.

『순수이성비판』이 출판되기 훨씬 이전에 칸트는 앞에서 제기한 소유의 근원성을 사유(思惟)가 아니라 육체와 관련하여 다루고 있다.[16] 인간이 자기 자신을 가지고(소유하고) 있다는 말의 가장 자연스러운 이해는 인간이 제 육체를 가지고 있다는 것일 것이다. 나는 내 육신을 가지고 있으며 '육신은 나의 자아의 일부(내 소유의 일부)'이다.[17] 그리고 이 육신은 내 것이기 때문에 내 마음대로 할 수 있다.[18] 인간이 육신을 점유하고 있고 그것이 바로 내 것이라는 이 소박한 견해는 그러나 칸트의 소유개념과 그에 입각한 법철학의 관념적 출발이 된다. 물론 이 출발은 데카르트적 의미의 엄격한 심신이원론의 전통 위에 서 있다. 내가 정신과 마찬가지로 육신을 가지고 있다는 것은 자아가 정신과 육체의 소유주라는 뜻이다. 이쯤 되면 자아는 단순히 생각이나 혹은 육신 중의 어떤 하나가 아니라 이 둘의 통일체로 이해된다. 이 지점이 곧 데카르트적 이원론이 극복되는 곳이기도 하다.

심신의 통일체로서의 자아는 심신의 소유주로서 자아와 같다. 칸트는

---

15) 같은 책, 물론 『순수이성비판』에서는 자아의 사유의 사적 소유성의 문제만이 제기될 뿐, 그것의 일반 구조는 *Metaphysik der Sitten*에서 분석된다.

16) Kant, Bemerkungen zu den Beobachtungen über das Gefühl des Schönen und Erhabenen, 1765, in: *Eigentumstheorien von Grotius bis Kant*, hrsg. v. R. Brandt, Stuttgart/Bad Cannstatt 1974 (=B. B.) 참조.

17) 같은 책, 177쪽.

18) 같은 곳.

소유주로서의 자아의 자연스러운 특징이 '행동인'이면서 동시에 '자유인'이어야 한다고 생각한다. 행동의 원시적 형태는 제 몸이 자기 것이라는 점을 외부에 선포하고 또 외부로부터 인정받아야 한다. 그러기 위해서 행동은 외부 혹은 타인에 의해 강요되어서는 안 된다. 그런 행동은 내적 의지의 독립적 추진력에 기초해 있고 따라서 행위란 그 기원에 있어서 자유를 요청하는 셈이다.[19] 외적 억압에 의한 행동 기계적 반복 또는 반복적 운동의 원인은 자기 밖에 있고 따라서 그 운동체는 자유롭지 않다. 내가 내 것을 내 마음대로 할 수 있을 때 나는 비로소 내 것의 참된 주인이다.[20] 이 조건을 자아는 제 육신과 정신에서 관념적으로 충족하며 이로부터 객관적으로 그것을 선포하고 인정시킬 실질적인 근거를 얻는다.

인간은 그 관념이나 현실에서 평등한 것이 아니다. 태어날 때부터 자기 자신의 주인으로(sui iuris) 탄생해야 그것이 진정한 인간이라고 하는 정의(定義) 때문에 평등하다.[21] 이것은 자기 자신은 제 것이라는 말과 동어반복이다. 소유주로서 자아와 자아의 것, 그 행동의 근원적 자율성과 의지의 자유가 칸트에서 비교적 섬세한 이론으로 법철학적 체계에 편입되는 것은 사유의 인식론적 구조를 형식주의로 포착한 후 10여 년이 지나서이다. 인간의 자유와 평등이 단지 이성의 요청으로서뿐 아니라 실천적 삶의 내적 진리로 입증되는 시기도 이때이다. 이것은 칸트가 인간의 '본성'은 '나면서부터' 자유롭고 바로 이 점에서만 평등하다는 것을 법철학의 이념적 기초로 체계화하는 시점에 일치한다. 여기서 기억해야 할 사실은 이 자유와 평등의 이념이 이미 『순수이성비판』에서 자아의

---

19) 같은 책, 178쪽 참조.

20) 같은 책, 177쪽 이하 참조. 칸트에서 사적 소유의 기초는 '자아 점유(Selbstbesitz)'이다. '점유(Besitz)'는 소유(Eigentum)의 시작이다.

21) Kant, *Metaphysik der Sitten* 1797, Hamburg 1922 (=MS), 237쪽 참조.

'자발성'과 '동일성'의 형식으로 자리 잡는다는 점이다.[22] 이 형식은 추상적이며, 동시에 선험적이다. 이 같은 자아의 선험성이 실천적 영역으로 들어와서는 '선천성'으로 나타나며 이것을 칸트는 '내면적' 나의 것 혹은 '선천적 나의 것'이라 이름 붙인다.[23]

그러나 '나의 것' 다시 말해 나의 소유의 의미를 규정함에 있어서는 인식론적 형식주의와는 반대의 상황을 나타낸다. 다시 말해 『순수이성비판』에서 자아의 내적 형식은 단순히 인식의 주관적 조건이 아니라 총체적 조건이다. 따라서 여기서는 철저하게 이 조건의 분석이 문제 된다. 이에 비해 『인륜의 형이상학』에서 자아의 내적 형식은 소유의 선천성을 뜻한다. 이것은 인간의 '본성에 의한' 규정이기 때문에 '법적 행위'의 실제적 규범화와는 무관하다.[24] 그런데 소유라는 것은 언제나 실제적이고 외적인 행동에 의해 확인되는 것이다. 이 때문에 '법이론'은 자아의 선천성이 아니라 그 '후천성(Erworbenheit)'을 문제 삼는다.[25] 이것이 바로 왜 칸트가 처음부터 법이론을 '외적 나의 것, 너의 것'으로 이해되는 후천적 소유에서 시작하는지 하는 물음에 대한 적절한 답이 될 것이다.

칸트가 말하는 '외적 나의 것, 너의 것' 일반은 '소유의 획득', 다시 말해 어떤 것을 내 것으로 함을 뜻하지 않는다.[26] 차라리 그것은 우리가 어떤 대상을 갖는다고 할 때 형성되는 '점유 그 자체'의 구조를 말한다.[27] 칸트적 용어로 '점유'는 '사용 일반의 가능성의 주관적 조건'으로 풀이

....

22) Kant, KrV, "순수오성개념의 연역" 재판 참조.

23) Kant, MS, 237. 여기서 선천성은 Angeborenheit를 뜻하며, 선천적 나의 것은 'das angeborene Mein'의 번역어이다.

24) 같은 곳.

25) 같은 곳.

26) R. Saage, *Eigentum, Staat und Gesellschaft bei Immanuel Kant*, Sttutgart/Berlin/Köln/Mainz 1973, 12쪽.

27) 같은 곳.

되는데[28] 이것은 한편으로는 칸트의 「법론」의 전개를 위한 예비적 규정으로, 다른 편으로는 사물에 대한 '나의 것, 너의 것'의 관념론적 출발점으로 기여한다. 단순화해서 말한다면 이것은 소유 일반에 대한 관념적 추상적 규정이 외적 사물 사용의 조건들을 충족함으로써만 내용적으로 채워진다는 것을 의미한다. 소유가 '외적'인 물리적 점유에서 시작되고, 따라서 점유는 나 혹은 자아가 '물리적'으로 사물들과 연결되어야 가능하다면, '나' 또는 '나의 자유'는 바로 이 점유 때문에 대상에 예속된다.[29] 이것은 '나'의 대상에 대한 자율권에 어긋난다. 이 같은 모순을 극복하기 위한 대안이 곧 '물리적 점유'와 '지성적 점유'의 구분이다.[30] 다시 말해 이 구분은 어떻게 '내(자아)'가 외적 어떤 것을 '점유하지 않으면서 점유할 수 있는지'의 모순을 해결하는 데 유효하다.[31] '물리적 점유'는 우리가 어떤 사물을 직접적으로, 그리고 또 감각적으로 차지하는 것이므로 경험적 점유 또는 '자연적' 점유라고 할 수 있다.[32] 이에 비해 '지성적' 점유란 직접적 혹은 자연적으로 어떤 것을 내가 차지하지 않고도 나의 것임을 확인하는 '법적 · 권리적 점유'를 말한다.[33] 물리적 점유를 가지고서는 도대체 지성적 혹은 이성적 소유권에 도달할 재간이 없다. 차라리 점유의 형식적 개념 연역으로부터만 이성적 소유의 구조가 나타난다. 결국은 소유의 진정한 권리는 시간 · 공간의 제한을 받지 않

28) Kant, MS, § 1.
29) R. Saage, 위의 책, 13쪽.
30) Kant, MS, § 2 참조.
31) G. Lehmann, Kants Besitzlehre, in: *Abhandlungen der deutschen Akademie der Wissenschaften zu Berlin. Klasse für Philosophie, Geschichte, Staats–, Rechts–und Wirtschaftswissenschaften, Jahrgang 1956*, Nr. 1, Berlin 1956, 6쪽.
32) 같은 곳.
33) Kant, MS, § 1, 칸트는 이 구분을 아헨발(Achenwall)에게서 비판적으로 받아들이고 있다. Achenwall, *Ius Naturae in usum auditorum, Göttingen* 1950, § 106 참조.

으므로 경험적 또는 물리적이지 않으며 반대로 물리적 점유가 이 지성적 점유의 조건을 채울 필요도 없어진다.

칸트는 외적 사물의 점유와 소유에 대한 이상의 이율배반적 이해와 그에 대한 해소를 가지고 그의 「법론」의 기초를 세우고 있다. 이것은 『법철학』이 기본적으로 인간의 삶의 개념과 자아 보존의 원리 위에 수립되어야 한다고 믿은 헤겔에 의해 철저하게 비판된다. 칸트에게서 인간의 삶이나 자아 보존의 문제에는 적어도 「법론」의 '구성적 의미'는 없다.[34] 그에게 보다 중요했던 것은 인간은 본래 이 '땅덩어리'를 가질 수 있는 '하나의 근원적 권리', 다시 말해 자기 자신이 창조하지 않은 이 '땅'을 이용할 수 있는 '권리'가 있다는 것을 선험적으로 입증하는 것이다.[35] 이것이 그의 점유론의 출발이 되고 있다. 그러나 그는 인간이 자기 실존을 재생산하고 보존하는 권리나 그것을 위한 수단에 대해서는 침묵한다. 더불어 소유의 고전적 수단으로서의 노동과 그 생산물의 관계에 대한 문제는 그의 철학의 뒷전으로 밀려난다. 다시 말해 어떤 사물에 대한 인간의 점유 권리는 삶을 유지하는 권리에 접하기는 하지만 삶 그 자체가 가지고 있는 욕망과 그 충족의 원리에 그 기원을 두고 있지 않다. 오히려 그에게 권리는 더 이상 환원할 수 없는 '외적 나의 것, 너의 것' 일반의 개념적 필연성에서 유도되며 이것이 실재적으로 생존의 공간에 대한 점유의 보편성으로 나타난다. 이 때문에 칸트는 홉스에서 루소로 이어지는 '자연권 이론'의 골격을 외형적으로 그대로 사용하고 있음에도 불구하고 사실에서는 자신의 인식론적 이원론의 구상에 따라, 그리고 실천이성의 실제 원리에 따라 「법론」을 전개하게 되는 것이다.[36]

34) R. Brandt, 위의 책, 180쪽.
35) Kant, MS, § 13 참조. 이것이 태양에는 적용되지 않는다. 즉 누구도 태양을 자기 것이라고 할 수 없고 그럴 권리도 없다(Kant, B. B., 177쪽).
36) 아마도 이 점이 칸트 「법론」이 보여주는 새로운 시각일 것이다.

3
헤겔의 소유와 사유이론

1. 소유이론의 존재론적 기초

헤겔의 소유론은 발생론적으로 삶과 생명의 물화 원칙에서 시작한다. 칸트가 제기하기는 했지만 더 이상 발전시키지는 않은 명제, 즉 '나는 내 몸과 마음을 나의 소유로 가지고 있다'는 명제는 헤겔 소유이론의 기본 전제로 이용된다. 내 몸과 내 마음이 내 것이라는 이 생각에 삶과 생명의 물화 원칙을 접목하여 실험적으로 정리한 것들이 『철학전서』의 '객관정신' 이전의 실천철학적 주제에 관련된 단편들과 유고들이다. 이 유고와 단편들에서 소유개념이 짜여지는 이론 체계를 간략히 살펴보면 다음과 같다.

'삶의 물화'는 살아 있는 생명체들이 제 몸을 가지고 있다는 사실에서 시작된다. 이 세상에 제 육신을 가지지 않은 생명체는 없다. 그런데 육신은 곧 물체이다. 즉 물체가 생명을 담지하고 있으면 우리는 그것을 육신 혹은 몸이라 부른다. 물체와 육신의 자연적 혹은 물리적 경계는 어떤 물질이 '기계적'인 또는 '화학적'인 운동에 지배되느냐 혹은 '유기적' 운동에 지배되느냐에 따라 결정된다.[37] 헤겔에서 생의 문제는 이 유기적 운동과 관련하여 나타난다.[38] 이것은 어떤 물체는 기계적 운동만을, 또 다른 물체는 화학적 운동만을, 그리고 그 밖의 생명 있는 생명체는 유기적 운동만을 수행한다는 의미가 아니다. 헤겔이 보기에 이 세계 혹은 우주의 모든 존재들은 언급한 세 가지 방식으로 설명될 수 있는데, 단순한 물리적 존재자들과 구별되는 생명적 존재자들은 두 운동, 즉 물리적 운동과 화학적 운동의 종합적 지양태로서의 유기체이며, 이 유기체는 특수한 운동의 장으로서의 새로운 세계 해석을 필요로 한다. 다시 말해서 생명체는 유기체이며 이 유기체와 관련된 세계는 단순히 '물리주의'나 '화학주의'를 가지고는 그 본질이 드러나지 않는다.[39] 만일 생명 현상이 생명체를 통해서만 나타나고 그 생명체가 생을 지속하는 장소를 세계라고 한다면 이미 그 세계 자체는 보편적 삶의 이념의 담지자로 이해되어야 한다.[40] 바로 여기가 헤겔에서 세계를 땅덩어리로, 그리고 그 땅덩어리를 '삶의 씨앗'이 뿌려지는 위치로 해석되는 곳이다.[41] 이제 땅덩어리는 더 이상 죽은 채 드러누워 있는 대지가 아니라, 삶의 물화를 시작하고 완

....

37) Hegel, *Jenaer Realphilosophie, Vorlesungsmanuskripte zur Philosophie der Natur und des Geistes von 1805–1806*, hrsg. v. J. Hoffmeister, Hamburg 1969, Naturphilosophie 부분 참조.

38) Hegel, *Jenaer Systementwürfte* I, hrsg. v. K. Düsing u. H. Kimmerle, Georg Wilhelm Friedrich Hegel GW, Bd. 6, Hamburg 1975, 210쪽 이하와 Hegel , *Enzyklopädie der Philosophieschen Wissenschaften im Grundrisse*, 1830 (=Enzy), hrsg v. Eva Moldenhauer u. K. M. Michel, TW, Bd. 9, F/a. M. 1970, 337 이하 참조.

39) 같은 책 참조.

40) GW, Bd. 6, 210쪽 참조.

41) 같은 곳. 이것이 바로 이 지구를 생의 보편성의 개념이면서 동시에 형식으로 보는 이유가 된다.

결하는 생의 과정 그 자체이며 또한 '생명력'으로 결실되는 '생의 전체성'임이 틀림없다.[42)]

삶의 물화의 객관적 조건은 결국은 생명이 육신에 언제나 붙어 있으며 그 육신이 이 땅 위에서만 지속할 수 있다는 것으로 요약될 수 있을 것이다. 그러나 삶을 가능케 하는 주관적 조건은 생명 혹은 생명력이 주체적으로 가지는 능동적 위력이다. 이 위력이 효력을 발휘하는 곳에서만 육신은 생명체일 수 있으며 이 땅은 생명체의 밭으로 간주될 수 있다. 이때 삶이란 생명화 작용의 전체성 혹은 그 과정으로 이해되며 이 생명화 작용이 곧 물화이다. 생명화 작용은 형식적으로 주체가 대상에 연결되는 그런 구조를 가지며 내용적으로는 그 연결을 주체의 욕망 충족의 수단으로 삼는 실존적 상황을 연출한다.[43)] 다시 말해서 삶의 물화는 욕구를 가진 주체가 그 욕구를 충족해나가는 과정으로 나타난다. 그리고 이 삶의 물화가 주체의 능동성의 모든 규정들을 소유로 받아들이게 되는 토대를 마련한다. 이제 '나'는 정신이 아니라 정신을 가지고 있으며 의식이 아니라 의식을 가지고 있으며 육신이 아니라 육신을 가지고 있는 것이다. 그리고 이 모든 것은 내가 살아 있다는 것의 징표들이다.

삶의 물화의 원초적 의미는 삶이 생명 현상으로 내 몸속에 나타난다는 것과 이 생명 현상이 실은 욕망 충족의 반복적 운동을 통해 지속한다는 두 가지로 압축된다. '나'는 내 몸을 가지고서만 살 수 있는데 이 몸이란 것이 끊임없이 배고픔과 목마름을 채워주어야 움직인다. 이 배고

42) 뒤에 Enzyklopädie에서 헤겔은 지구, 즉 땅덩어리를 '직접적 혹은 즉자적 존재자'로 그리고 '무생명적' 유기체로 규정한다(Enzy II, TW, Bd. Bd, 9, § 338). 여기서 무생명적 혹은 '죽은 채 누워 있는(totliegend)' 유기체란 지질학적 구성 성분들의 전체로서의 지구를 말하는데 이 전체가 '생명'을 결실하는 실재적 조건으로 이해되는 지점에서 그 자체가 생의 터전이며 생명성 자체이다(Enzy II, TW, Bd. 9, § 341과 I Zusatz 참조).

43) GW, Bd. 6, 241쪽 이하 참조.

픔과 갈증을 풀기 위해 나 혹은 자아는 적어도 자기 자신이 아닌 다른 것을 자기 임의로 사용할 수 있어야 한다. 내가 내 몸을 가지고 있다는 것 그리고 이 몸을 지속하기 위해 내 밖의 어떤 것을 소유해야 한다는 것, 이 두 가지가 헤겔의 소유이론의 존재론적 기초로 놓인다.

2. 소유개념의 인륜적 기초

앞에서 다룬 소유개념의 존재론적 기초는 사실은 자연권 사상의 소유론에서 빠진 부분에 대한 헤겔의 보충으로 보아도 무방하다. 그는 역사 경험적으로 관찰되는 인간의 사회화와 이 사회화를 가능케 하는 소유와 소유권의 확보로서의 국가에 대한 존재론적 기초를 놓고 싶었던 것이고, 이 점이 그를 근대 자연권론자들과 갈라놓는 표지판이 된다. 헤겔은 인간과 그 삶이 경험적 또는 역사적으로 제약된다는 점을 부인하지 않는다. 그가 문제 삼는 것은 이에 대한 경험론적 설명 방식일 뿐이며, 따라서 소유이론의 인륜적 기초는 역사적 현상으로서의 부르주아 시민사회의 출현에 대한 사변적 근거화 이외에 다른 것이 아니다.

법철학에 관련되는 문제 영역들이 정신철학의 일부인지 혹은 정신철학의 체계적 전부인지의 구분이 확실치 않은 1817년 이전의 유고나 단편들에서 소유이론은 일차적으로는 '가족의 생계'에 연결되어 있다. 특히 예나 시대의 정신철학에서 헤겔은 인간의 삶의 사회성을 자연과 구분하여 인륜성이라 이름 붙이고 어떻게 인간이 바로 인간이라는 개념에 따라 이 인륜성을 실현하는가 하는 문제에 주의를 집중하고 있다.[44] 다

44) B. T. Yoon, *Studien zu Hegels Theorie des Selbstbewußtseins in der Jenaer Zeit*, Göttingen 1992, 3장 2절 참조.

시 말해 각 단편들의 미세한 체계 구상의 차이에도 불구하고 예나 시대의 정신철학은 다음을 강조한다. 즉 인간이 자신의 생을 꾸려나가는 법칙성들은 절대정신으로 이해되는 '절대적 삶'으로 수렴되며 이것을 실현하는 것은 다름 아닌 인간의 삶이라는 것이다.

인간의 삶은 이중적이다. 태어나고 제 육신을 꾸려가고 성장하고 짝을 짓고 번식하고 죽어가는 생의 자연적 또는 동물적 과정에 정신 고유의 의식화 과정이 덧붙여진다는 의미에서 그렇다. 의식은 인식론적 용어이다. 인간이 의식을 가졌다는 것은 인간이 대상을 자기화하며 자기를 대상화하는 인식 능력을 가졌다는 뜻이다. 인간이 자기 몸과 자기 의식을 가졌다는 것은 천부의 소유권이다. 이것이 천부인권이라면 배고픔과 목마름을 풀기 위해 외적인 어떤 것을 소유하거나 사용하는 권리 역시 천부의 권리이다. 그렇지 않다면 삶의 권리 자체가 양도할 수 없는 것은 아니기 때문이다. 그러나 인간 혹은 자아가 자기 밖의 어떤 것을 갖기 위해서는 움직여야 한다. 소유하기 위한 목적을 가진 인간의 이 같은 행위가 바로 노동이다. 욕망의 충족은 적어도 헤겔에게서는 노동을 통해 이루어져야 한다. 이 원시적 구조가 뒤에 가서 헤겔 법철학 전체를 꿰뚫는 통로로 놓인다.

나와 대상의 관계는 삶의 물화와 똑같이 이중적이다. 내가 대상을 나의 눈(직관이든 오성이든)을 통해 보고, 따라서 나를 대상 속에 정립한다는 인식의 구조에, 내가 대상을 욕구하고 그리하여 그 대상이 나의 것이기를 원하고, 따라서 나를 그 대상 속에 정립한다는 행위의 구조가 덧붙여진다는 의미에서 그렇다. 따라서 인간의 욕구는 언제나 의식과 지성을 수반한다.[45] 이 조건을 가지고서만 인간은 절대적 인륜성을 실현할 수 있다.[46] 그런데 의식을 수반하는 욕망하는 주체에 대립하여 마주한

45) GW, Bd. 8, 200쪽.

대상은 최소한 두 종류가 있다. 하나는 '자연'이며, 다른 하나는 '인간'이다.[47] 욕망하는 인간은 노동을 통해 자연을 인식하고 가공하여 그것을 또한 자신의 사용권(지배권) 아래 두게 된다. 이 형식적 과정이 인간과 인간관계에 그대로 적용된다. 주목해야 할 것은 이 적용이 임의적인 것이거나 우연적인 것이 아니라 필연적이라는 점이다. 인간과 인간관계가 욕망하는 자아와 욕망되는 대상관계에 있고 주객이 질적으로 다른 특수자로 규정되어 필연적으로 마주한다면 이때 주객은 한 남자와 한 여자여야 한다.[48] 주객의 인식적 관계가 남녀관계라면 인식의 원리는 여기서 '사랑'이다.[49] 이 점이 동물 세계의 암수관계와는 다른 것이다. 사랑 그 자체는 눈에 보이지 않는 이념으로서의 욕망이다. 이념은 언제나 물화된다. 인식의 원리로서의 사랑이 두 사람을 연결시키고서 물화되면 '아이'가 생겨난다.[50] 아이의 탄생과 더불어 사랑만 가지고는 감당할 수 없는 새로운 상황이 전개된다. 아이를 가진 부부의 집합체를 '가정'이라고 하는데 이 가정의 형성원리는 앞서 말한 대로 사랑이다. 그러나 이 사랑은 자신의 지속을 위해 사랑 아닌 다른 것을 필요로 한다. 이 사랑의 타자가 곧 생계 수단으로서의 가족 재화이다. 먹지 않고 살 수 있는 사람은 없다. 마찬가지로 가정은 의식주를 가져야 한다. 그렇지 않으면 가정은 와해된다. 이것은 가정이 두 개의 원리, 즉 하나는 내면적 통합의 원리로서의 사랑과[51] 다른 하나는 외면적 분리의 원리로서 소유에 지배됨을 뜻한다.[52] 헤겔에서 시민사회의 일차적 이해는 가정이 하나의 '법적 인격

46) Hegel, *System der Sittlichkeit, 1802/03*, Hamburg 1967 (=SdS), 7쪽.
47) '자연철학'과 '정신철학'을 구분하는 외적 기준의 근거가 여기에 있다.
48) Hegel, SdS, 17쪽.
49) 같은 곳, GW, Bd. 6, 301쪽 이하, GW, Bd. 8, 213쪽.
50) GW, Bd. 8, 213쪽.
51) 헤겔에서 사랑은 언제나 '통합'의 범주이다. 초기의 기독교 관련 단편들을 참조할 것.

(eine rechtliche Person)'으로 간주되고 이렇게 간주된 가정이 다른 가정과 반목적 관계를 맺는 투기장을 말한다.[53] 반목적 투쟁관계는 점유 개념이 가지는 분리의 성격에서 나오며 이에 대한 의식철학적 시나리오가 곧 헤겔의 유명한 인정투쟁의 대본이 된다.

자아가 자기 자신의 소유주로 규정되는 기초 사실은 인간이 육체를 가지고 있다는 것이며 이 때문에 주체는 '점유자로서' 정의되고 인간관계는 점유자와 점유자의 관계로 나타난다.[54] 그런데 소유의 최초의 직접태로서 '점유'는 그 자체가 '부정'을 포함한다.[55] 점유의 본래적 의미는 주체가 자기 밖에 있는 어떤 것을 점거함에 있다. 그런데 이 점거는 타인이 그것을 동시에 점거함을 능동적으로 부정한다. 이것은 점유가 처음부터 타자와 부정적 관계를 맺도록 하며, 그 자체가 부정임을 암시한다. 좀 통속적으로 이해해보면 이렇다. '내가 내 몸을 가지고 있다'는 것과 '내가 내 몸을 점유하고 있다'는 것은 같은 말이다.[56](이것은 내가 의자나 책상을 점유하고 있는 상황과 다르지 않다.) 뒤집어 설명하면, 내가 내 몸을 가지고 있다는 것은 다른 이에 의해 내 몸이 점유되어 있지 않고 그럴 수도 없다는 것이 된다.[57] 마찬가지로 내가 비어 있는 어떤 의자를 점유하고 있다면 동일한 시간에 다른 이가 그것을 점유할 수 없다. 이것은 자신

52) 1805/06년의 정신철학에서는 생계와 그것을 위한 노동은 사랑의 대상화의 중요계기로 이해된다. GW, Bd. 8, 213쪽 참조.

53) 『정신현상학』 이전의 인정투쟁은 가정과 가정관계에서 유도된다.

54) Hegel, SdS, 26쪽.

55) B. T. Yoon, 위의 책, 165쪽.

56) 이 두 명제가 다른 점은 전자에서는 '점유'와 '소유'의 완전한 일치가 나타나는데 비해 후자에서는 '점유'와 '소유'는 일치하지 않는다는 것이다. 점유는 어떤 것을 점거한다는 말이요, 소유는 어떤 것에 대한 주체 자신의 사용권을 실현함을 말한다.

57) 다른 이가 내 몸을 제 의지대로 사용하고 구속할 수는 있다. 헤겔에서 이 같은 종(노예)은 '인격'으로서의 인간이 아니다. 이에 대해서는 *Phänomenologie des Geistes*, Hamburg 1952(=PhG), 144쪽과 RP, 7, § 57 참조.

의 점유가 다른 이의 부정을 결과한다는 뜻이 된다. 이 같은 이해는 내 것은 내 것이지 결코 네 것이나 그의 것도 아니요, 우리의 것도 아니라는 선험철학의 근본 테제와 만난다. 헤겔에게서 새로운 것은 점유의 이 같은 성격 때문에 자아와 타자를 포함한 비아(Nicht–Ich) 사이에 생사를 건 한바탕의 인정투쟁이 생겨난다는 점이다.[58)]

3. 소유이론의 법철학적 기초

하이델베르크 시대에 이를 때까지 헤겔은 소유의 문제 혹은 욕망 충족의 문제를 따로 떼어서 법철학적 관점에서 정리한 적이 없다. 1801년부터 1817년까지의 단편들 및 유고들은 '정신'이 어떻게 '의식'의 도움으로 이 땅 위에서 자기 자신을 실현하고 있는가에 대한 체계학상의 해답을 추구하는 실험적 노력의 산물들로 보인다. 헤겔에서 정신은 언제나 삶의 전체성에 대한 이념으로 이해된다. 이 전체성은 완결된 형태로 누군가에 의해 우리에게 주어지는 것이 아니라 욕망 충족의 시원적 운동의 질적 고양을 수반하는 끝없는 반복과 그 반복을 가능케 하는 활동성으로서의 노동 및 소유의 계기들에 의해 완성된다. 이제 노동과 소유의 관계를 살펴보면 다음과 같다.

헤겔에서 노동은 의식의 활동에, 다시 말해 의식을 수반하는 활동성에 그 근원을 두고 있다. 이 점이 물체의 기계적 혹은 물리적 운동과 구분되며 단순한 생명 활동을 하는 식물 혹은 동물의 유기체 운동과도 구

58) 인정투쟁에 관해서는 L. Siep, Der Kampf um Anerkennung, in: *Hegel–Studien*, Bd. 9, 1974, 155~217쪽과 *Anerkennung als Prinzip der praktischen Philosophie*, Freiburg/München 1979이 성실하다.

분된다.[59] 노동이 의식을 수반하는 활동성이라면 그것은 인간의 본질 이외에 아무것도 아니다. 왜냐하면 노동은 오직 인간에게만 속하며 인간이 인간인 이상 노동해야 하기 때문이다.

제 몸의 소유가 태어남의 제일 조건이듯이 제 몸의 지속은 살아감의 제일 조건이다. 이 지속의 원리가 바로 노동이며 그러므로 노동은 삶의 원리인 셈이다. 여기서 노동은 욕망 충족의 수단으로 기여하며 자연을 인간 자신의 지성과 의도에 따라 형성하는 계기를 얻는다.[60] 이것은 근본적으로 노동과 그 생산물의 점유의 일치를 가정하는 것처럼 보인다.[61] 다시 말해 주체가 기획하고 의도한 자연의 형성물, 즉 노동의 생산물이 주체 자신의 욕구 충족을 위해 직접적으로 기여하는 경우에만 노동은 삶의 능동적 활동성인 것처럼 보인다는 것이다. 확실히 헤겔은 관념적으로 가정 설립 이전의 상황에서는 욕망과 충족의 통합성을 문제 삼는다. 따라서 거기에서 소유와 노동은 분리되어 있지 않다. 적어도 노동의 전 과정이 노동하는 주체에 속한다는 점에서 그렇다.

그러나 현실 세계에서 그런 상황은 존재하지 않는다. 그런 세계가 없음은 노동이 본질적으로 소유와 분리되어 있고 따라서 노동 주체와 소유 주체가 갈라져 있다는 헤겔의 통찰에 의해 더욱 보강된다. 이것은 근대 시민사회의 시대적 특징에 기인하는 역사적 사실이 아니라 적어도 헤겔에 의하면 '인간의 개념'에 의한 선험적 사실이다.[62] 그런데 여기서

59) Hegel, *Jenaer Realphilosophie*, hrsg. v. J. Hoffmeister, Hamburg 1969, 164쪽 참조.

60) GW, Bd. 8, 185쪽 참조. '개념의 노동' 혹은 '정신의 노동'이라는 말들을 기초하는 근본사상이 곧 여기에 감춰져 있다.

61) 대상에 이름을 붙이고 또 어떤 대상을 머릿속에 기억하는 등의 인식의 주체적 요건들 역시 헤겔에 의하면 노동이다. 이 노동에 이름을 붙이는 작업과 이름 사이에 소외를 수반하는 간격은 없다. 이에 대해서는 *Realphilosophie*, 188쪽 이하, 203쪽 이하 참조.

62) GW, Bd. 8, 214쪽.

노동이 소유와 분리되어 있다는 것, 다시 말해 노동의 자기소외는 노동의 결과물이 곧바로 가정의 공동 재산이 되지 않고 일단 시장에서의 교환을 거쳐 간접적으로 가족 재화로 편입된다는 사실 위에 서 있다. 이것은 자아, 즉 노동 주체에 부과된 이중의 사회성을 뜻한다.[63] 하나는 소유가 무조건적으로 타인의 인정을 필요로 한다는 것이다. 또 다른 하나는 각기 노동의 산물이 타인의 욕구 충족의 수단으로 중첩되며 이 중첩에 일정한 규칙이 부여된다는 것이다. 이 이중의 사회성이 가로세로의 축 위에서 서로 가로지르는 지점이 바로 소유가 점유와 같은 수 없다는 것을 확인하는 곳이기도 하다.

인간이 인격인 한 누구나 사물을 점유할 권리가 있다.[64] 이 명제가 헤겔의 인륜성이론의 출발점을 이룬다. '점유'란 어떤 사물이 '내 것'이라는 의미인데,[65] 이 말은 인격이 자기 앞의 모든 사물들을 관리할 수 있는 '위력'이라는[66] 전제에 어긋난다. 왜냐하면 어떤 한 인격의 점유권은 그 밖의 다른 이의 점유권을 배제하고서만 가능하기 때문이다. 여기서 헤겔은 타인의 점유권 자체를 인정하지 않는 제3의 세력, 다시 말해 '불법'이 인간의 권리와 법 확립의 필연적인 존재론적 계기임을 주장하는 셈이다.[67] '점유'는 어떤 사물이나 (토지를 포함하여) 물건들을 '감각적으로' 차지하는 것을 뜻한다.[68] 각 인격은 모든 사물들을 점유할 수 있는 권리가 있고 이 점에서 만인은 평등하다. 그런데 점유는 앞에서 잠시 언급했듯이 그 개념이 가지는 의미 자체가 독점을 내포한다. 즉 내가 어떤 것을 점유한다는 것은 다른 이들이 그것을 점유함을 절대적으로 부정한

63) 여기서 노동 주체는 가정이라는 인륜성의 단위를 대표하는 인격(Person)이다.
64) GW, Bd. 8, 216쪽.
65) 같은 책, 212쪽.
66) 같은 책, 216쪽.
67) 같은 곳.
68) 같은 곳.

다. 그러지 않고서는 어떤 것을 점유한다는 것 자체가 성립되지 않는다. 점유의 이 같은 독점성은 단지 그 개념이 가지는 형식성일 뿐이다. 이 형식성에 내용을 제공하는 것이 '인정(Anerkennung)'이며, 여기에 헤겔이 어떤 연극적 대본을 덧붙이든 관계없이 그 본질은 사회적 규범화의 실재적 장치인 것이다. 다시 말해 점유는 타인들이 인정해주지 않으면 현실적으로 불가능하다. 문제는 타인들이 그 점유를 인정해야 할 어떤 필연적인 이유도 없다는 데서 생겨난다.[69] 한편으로는 이미 자기네들의 사물에 대한 형식적으로 평등한 점유권이 부정되었고 따라서 다른 한편으로는 자기네들의 인격 자체가 '손상'되었기 때문이다.[70] 부정되고 손상당한 쪽에서 수행해야 할 것은 생사를 건 결투의 요청이며 따라서 이 투쟁은 헤겔에 의하면 피할 수도 타협할 수도 없는 국면으로 돌입하게 된다. 신기한 것은 이 투쟁이 끝난 상태에서 비로소 보편으로서의 점유권이 개념적으로 확보되고 여기에서 비로소 점유는 '소유'가 된다는 것이다.[71] 말하자면 점유가 법적으로 인정되면 소유가 된다는 것이다. 이것은 반대로 소유권이 확보되는 곳에서만 점유가 가능하다는 뜻도 된다.

그러나 헤겔이 소유개념의 법철학적 세부 규정들을 제대로 정립하기까지는 『정신현상학』 집필 후 10년의 기간을 필요로 한다. 그 이유는 소유개념을 정립하는 데 어떤 이론적 어려움이 있어서가 아니라 철학의 전 체계에 대한 기존의 구상들에 대한 수정이 그때까지 아직 끝나지 않았기 때문으로 보인다. 실제로 1817년 '객관정신'의 '법' 혹은 '권리' 아래서 다루고 있는 소유의 종류와 그것을 구성하는 여러 계기들은 로마법에서 유래되고 칸트와 피히테에서 정리된 내용과 크게 다르지 않다.[72]

69) 이 점을 가장 선명하게 다루고 있는 곳은 SdS, 38쪽 이하이다.
70) 이에 대해 GW, Bd. 6, 307쪽 이하 참조.
71) GW, Bd. 6, 325쪽.

'객관정신' 또는 '법철학'의 서술 방식의 특이성 이외에 헤겔에게 새로운 점이 있다면 이 글에서는 논외로 하는 주제, 즉 '객관정신' 혹은 '법철학'의 철학 체계 내에 있어서의 위치 정립과 그 근거, 그리고 아울러 노동의 부정적 성격에 대한 새로운 의미 부여일 것이다. 어쨌거나 점유와 소유관계에 대한 하이델베르크 이후의 사상을 간단하게 요약하면 대체로 다음과 같다.

칸트에서 '생득적 권리'로 이해되는 '자유'와 '평등'을[73] 헤겔은 '인격'의 근본'이념'으로 해석한다.[74] 이것은 앞에서 언급했던 '인간은 나면서부터 자기 자신의 주인이며 자기 자신의 육체와 정신은 자기 자신의 것(소유)'이라는 데서 유래한다. 그러므로 헤겔에서는 처음부터 인격이 소유권의 주체로 정의되는 셈이다. 그런데 소유권의 근원은 '물권(Recht an Sachen)'이다.[75] 주체로서의 인격은 단순한 관념이 아니라 실재요, 이 실재 속에서만 자유와 평등이 사실로 실현되기 때문이다. 여기서 재차 중요한 것은 칸트 이래의 관념론 특히 헤겔에서 점유(occupatio)를 개인의 사회화의 기초로 포착하고 있다는 것이다.[76] 그 이유는 인격, 즉 소유권을 가진 주체가 자기 밖의 것들과 두 종류의 관계를 맺기 때문인데, 이 두 종류의 관계 중 하나는 그 주체가 형식적으로 동등한 다른 인격과 상호 인정된 독립체로 관계를 맺으며, 다른 하나는 그 주체가 질

72) 정신의 단계적 발전에 따른 기술(Darstellung)의 방법은 물론 헤겔만의 특징이라 할 수 있다.

73) Kant, MS, 43쪽 이하.

74) Hegel, RP, § 29, H. Enzy, § 481.

75) Hegel, RP, § 42, H. Enzy, § 486. 이것은 외적 물리적 사물에 대한 소유권만을 뜻하는 것이 아니라 정신적인 것들도 물화된 형태도 따라서 사물도 나에게 속하게 하는 권리를 포함한다(RP, § 42 Anm. 참조).

76) 칸트의 사회화 이론에 대해서는 R. Saage, *Eigentum, Staat und Gesellschaft bei Immanuel Kant*, Stuttgart/Berlin/Köln/Mainz 1973, 21~30쪽 참조.

적으로 전혀 다른 사물과 관계 맺는다는 것이다. 이 두 번째의 관계 맺음은 사회적 인정을 전제하고 가능케 하는 것이다.

그런데 인격이 자유이고 따라서 어떤 사물이든 그 위에 자신의 의지를 놓을 수 있을 때, 다시 말해 내가 갖고 싶은 물건을 내 것으로 할 수 있는 그런 권리를 내가 가지고 있을 때, 나와 물건의 관계에서 나는 그 물건에 대한 절대적 소유권을 가지는 것이 된다. 만일 의지가 자유이고 그 자유가 절대적이려면 이 의지를 방해하는 어떤 요소도 있어서는 안 된다. 이 같은 논리상에서 인간의 사물에 대한 권리를 헤겔은 "모든 사물에 대한 인간의 절대적 소유권"이라고 부른다.[77] 그러나 이 권리는 내용이 없는 추상이다. 이 권리는 단지 주체로서의 인격과 객체로서의 무인격 사이의 관계에서 나온 형식적 권리이다. 이제 이 권리는 현실적으로 '점유'의 상황이 발생함과 동시에 제한된다. 『법철학』은 '점유'를 보다 더 알기 쉽게 세속적으로 설명한다. 내가 어떤 것에 '외적 지배권'을 행사할 수 있을 때 나는 '그 어떤 것'을 점유하고 있는 것이 된다.[78] 이때 '그 어떤 것'은 전적으로 나의 욕망 충족의 자연적 목적하에 있으며 따라서 여기서 아직은 이성적 의미의 '소유'의 실현은 나타나지 않는다. 다만 이 점유 속에서 자유의지로서의 자아가 대상화되어 의지의 현실성을 이루고 이것이 '소유규정'의 출발을 이룰 뿐이다.[79] 점유의 이 같은 성격에서부터 소유는 근본적으로 '사유(私有)의 성격'을 갖는다.[80] 다시 말해 점유의 본질이 내가 어떤 것을 가짐에 있고 그 가짐의 주체가 인격이며, 이 인격은 언제나 나 개인의 사유라는 연역에서 헤겔은 소유가 곧

77) "absolutes Zueignungsrecht des Menschen auf alle Sachen." Hegel, RP, § 44.
78) 같은 책, § 45.
79) 같은 곳.
80) 같은 책, § 46.

사유라는 주장을 하게 된다. 이 말은 공동 소유가 불가능하다는 것은 아니다. 강과 하천, 바람과 공기 등은 비록 그것들을 개인적으로 이용할 수는 있다 해도 '그 본성상' 사적 점유의 대상이 아니다.[81] 따라서 헤겔이 말하는 사적 소유의 외적 필연성은 인격이 현실적으로 실현될 수 있는 사물들 앞에 놓여 있다는 것이 된다.

헤겔은 점유가 이성적 과정에 따라 수행되면 소유가 된다고 생각한다. 이것은 역으로 비이성적 방식으로 습득되는 모든 물(物)들은 소유가 아님을 뜻한다. 헤겔이 '불법'이라는 제목하에 다루는 법적 현상들의 제 규정들이 여기에 속한다. 그러나 무엇이 이성적 과정이냐는 물음에 답하기는 그리 쉬운 일이 아니다. 적어도 불법이 아니면서 점유의 의지나 혹은 그에 대한 노력 없이 굴러떨어지는 소유도 있을 수 있고 상속이나 계약 또는 선물 이외에 횡재를 통한 소유도 있을 수 있으며 그 밖에 이와 유사한 구체적 점유 현상들을 이성적이라고 할 수 있는지는 꼼꼼히 따져보아야 하겠기 때문이다. 여기서 한 가지 확실한 것은 타인의 인격을 손상하지 않는 일체의 법적 · 권리적 현상들은 이성의 자기실현의 객관적 형태들로 이해되어도 된다는 것이다. 그러나 칸트에 의해 '근원적 획득의 계기들'[82]로 정리되는 점유의 진정한 계기들은 헤겔에서 '취득권(Zueignungsrecht)'에서 이성적으로 실현된다.[83]

헤겔의 취득권은 두 가지 점에서 중요하다. 우선 주인 없는 어떤 대상을 자기 것으로 인식한다거나 혹은 자기 것으로 표시하는 것은 헤겔에 의하면 소유의 '부정적 조건'이거나 적어도 '소유의 개념'일 뿐 그 실현은 아니다. 다시 말해 내가 어떤 주인 없는 사물에 마음을 두고 그것을 의욕한다고 해서(apprehension) 내 것일 수 없으며, 그 물건에 내 이름

81) 같은 곳. 아마 헤겔 시대에는 신선한 공기나 물을 사고파는 일은 없었나 보다.
82) die Momente <attenendenda> der ursprünglichen Erwerbung.

을 써놓는다거나 그것이 내 것이라고 선언한다고 해서(declaratio) 내 것이 되는 것은 아니다. 최소한 그것이 내 것이 되기 위해 그에 대한 외적 객관성이 확보되어야 하는데 이것이 바로 노동의 계기이다.[84] 그리고 이 노동의 계기가 자유로운 인격의 의지에 의해 취득을 유도하고 완결할 때 비로소 소유의 참된 의미가 완결되며 여기서 '취득'이 곧바로 '소유'이며 '취득권'이 곧바로 '소유권'이 된다. 이 때문에 헤겔은 자연물에 대한 '보편적 취득권'이 외적 행위로서의 '점유 취득의 활동'을 통해 현실화된다고 강조하는 것이다.[85]

헤겔은 외적 사물에 대한 단순한 점취 및 그 활동과 그를 위한 질료의 가공(노동)이나 기술의 숙련 혹은 진보와 같은 정신적 도야만 가지고서는 '소유'의 완성된 전체라고 할 수 없다는 것을 분명히 한다.[86] 소유는 자유의지의 실현, 즉 인격의 실현이기 때문이다. 따라서 진정한 의미의 소유와 소유권은 자유의지가 객관적으로 완결되는 곳, 다시 말해 인륜성의 정점인 국가에서만 가능하게 된다. 그러므로 내용적으로 근대 시민사회의 사법(Privatrecht) 이론을 재구성하고 있는 '추상법' 아래서 헤

83) Kant, MS, § 10, Hegel, 위의 책, § 52 이하. 참고로 칸트의 '근원적 획득의 계기' 들은 다음의 셋이다. 첫째는 누구에도 속하지 않은 어떤 대상을 '지각(Apprehension)'하는 것, 다시 말해 제 것이라고 지각하는 것이다. 이 Apprehension은 따라서 시간 공간상에 존재하는 임자 없는 사물에 대한 점유의 제1계기이다. 따라서 이 점유는 '감각적 점유(possesseio phaenomenon)'이다. 둘째는 이 대상에 내가 마음을 두고 있다는 점유 또는 행위의 표시(Bezeichnung/declaratio)인데 이 표시는 다른 이들이 이 대상을 넘보지 못하는 것이 되어야 한다. 세 번째 계기는 '이념', 즉 외적으로 보편적인 법칙을 수립하는 의지의 '행위(Akt)'로서 '점유 취득(Zueignung/appropriatio)'인데 이때 행위는 다른 이들이 내 임의적 점유 의지에 동의하도록 하는 그런 행위이다(Kant, MS, § 10과 R. Saage, 위의 책 22쪽 이하 참조).

84) Hegel, RP, § 52.

85) 같은 곳.

86) 같은 곳.

겔이 다루는 소유와 그 계기들은[87] 소유권의 절대적 완결이 아니라 소유 개념의 범위와 그 한계의 규정으로 이해해야 한다.

소유는 내가 어떤 것을 내 것으로 점유한다는 뜻이다. 이 때문에 소유권의 시작은 물권(物權)이며 소유가 '점취(Besitznahme)'에서 출발하는 것이다. 우리가 주인 없는 어떤 대상을 내 것으로 하는 원시적 방법들에는 내 손으로 어떤 것을 움켜쥐는 것[88] 또는 노동을 통해 질료를 자기 구상에 따라 '형성'하는 것을 예시할 수 있다.[89] 그 밖의 무수한 역사 경험적 현상들은 헤겔에서 이 두 이념형에 맞추어진다. 그러나 우리는 내가 차지한 땅덩어리 혹은 경작지를 움켜쥐고 다닐 수도 짊어지고 다닐 수도 없는 노릇이며 내가 지은 집을 메고 다닐 수도 없고 내 밭에 심은 과실나무를 끌고 다닐 수도 없는 일이나. 여기서 헤겔은 육체적 점취와 형성 이외의 제3의 계기가 관념적으로뿐 아니라 실제로도 필요하다고 생각한다. 이 제3의 것이 내 것이라는 '표적(Zeichen)'이다.[90]

칸트에서 이 표적은 단지 이름표요, 따라서 아직 타인의 인정을 얻어낸 것은 아니다. 그에 있어 외적 인정을 유도하는 것은 점취와 행위(appropriatio)이지 표시나 표적은 아니다. 다시 말해 표적은 칸트에서 노동과 형성의 점취 행위의 전 단계일 뿐이다. 헤겔은 이것을 슬쩍 바꾸어놓는다. 그에게 표적은 자기 자신의 것에 대한 이름표이며 동시에 다른 이가 그로부터 자신이 배제된다는 것을 인정하는 표적이기도 하다는 것이다. 따라서 표적은 자기 소유에 대한 자기 승인과 동시에 타자 승인

87) 이 계기들은 i) 점취(Besitznahme) ii) 사용(Gebrauch) iii) 양도(Veräußerung)이다.
88) 칸트가 말하는 경험적 감각적 점유가 헤겔에서는 '육체적 취득(die körperliche Ergreifung)'으로도 이해된다(R. Phil., § 5).
89) Hegel, 위의 책, § 5.
90) 같은 책, § 58. 헤겔에서 표지는 단순한 소유의 표적 이외의 모든 기호와 상징도 포함한다. 예를 들어 화폐, 깃발, 문장들도 표적에 속한다.

의 이중성을 내포하고 이로부터 시공을 벗어나는 소유의 지속성이 확보된다는 것이다. 이제 내가 일군 땅에 울타리를 치고 말뚝을 박아놓고 내가 지은 집에 내 이름을 써놓으면 내가 그것을 떠나거나 말거나 다른 이도 그것을 내 것으로 승인해야 한다. 이렇게 되면 내 경작지를 끌고 다니거나 내 집을 짊어지고 다닐 필요가 없어진다.

헤겔이 베를린 시대 『법철학』에서 다루는 소유의 두 번째와 세 번째 계기로서의 물건의 '사용'과 물건의 '양도'는 하이델베르크 시대를 포함하여 그 이전에는 법현상학적으로 다루지도 않았고 또 사유재산으로서의 소유 아래서 문제 삼은 것도 아니다. 따라서 이 부분은 헤겔 소유론의 새로운 면으로 생각해도 좋을 것 같다. 그러나 복잡한 경험적 사례들의 설명에는 언제나 로마 법전의 범례들이 동원된다. 이 부분을 전개하는 특유의 변증법적 논리 방식을 제외하고 그 근본이념을 통속적으로 간단히 이해하면 대체로 다음과 같다.[91] 어떤 물건을 내가 직접 내 것으로 하거나 노동을 통해 새로운 어떤 것을 만들어 나의 것으로 하는 근본적인 목적은 그 사물을 나의 욕구 충족을 위해 '사용'하는 것이다. 헤겔은 이 때문에 사용을 '소유의 실제적 측면'이며 또한 그 '현실성'이라고 한 것이다.[92] 말하자면 점취가 소유개념의 형식이라면 사용은 그 내용이라는 것이다.[93] 내 것으로 인정된 것을 내가 사용하는 것은 따라서 이성적이

91) 전개의 논리 방식은 사물에 대한 의지의 긍정, 부정, 무한판단의 형식으로 발전한다. 이 판단 범주의 논리적 이행관계와 인격의 자기완성의 법현상학적 이해관계는 일치한다. 여기서는 헤겔이 사용과 양도를 각기 부정판단과 무한판단에 대응하고 있다는 것만 재확인하고 넘어가려 한다. Hegel, 같은 책, § 53 참조.

92) 같은 책, § 59.

93) 물론 사용은 소유와는 다른 특성을 가지고 있다. 실제로 어떤 물건을 빌려서 사용하거나 얻어서 사용하거나 혹은 물건의 성격에 따라 일부만 사용하거나 전부 사용하거나 등등의 무수한 실증적 사례들로부터 소유와 사용 간의 무수한 관계들이 생겨난다. 여기서는 단지 소유와 사용의 일치, 다시 말해 내 것을 내가 사용하는 경우만을 문제 삼는다.

다. 그러나 그것이 나의 소유인 한 나는 그것의 사용을 그만둘 수도 있다. 즉 더 이상 쓰지 않고 버릴 수도 있고 남에게 선물로 줄 수도 있고 빌려줄 수도 있다. 이 모든 상황의 자율권을 소유주로서 나는 가지고 있다. 물건에 대한 양도(Veräußerung)는 물권으로부터 인격의 자율로 되돌아온 상황이다.[94] 나의 소유의 모든 것을 나는 타인에게 양도할 수 있다. 헤겔이 소유의 폐기, 즉 양도를 소유의 경계로 설정한 중요한 이유는 이렇다. 즉 인간이 어떤 물건을 자기 자신의 직접적 욕구를 위해 사용하는 데 시원적 근원이 있음에도 불구하고 근대 시민사회의 시대적 상황은 오히려 반대로 시장에서의 교환을 위해 물건을 만들어내고 형성하고 상징화한다. 이제 인간은 자기가 사용하기 위해 노동하고 점유하는 것이 아니라 그것을 시장에 내다 팔기 위해서 형성하고 상징화(예를 들어 화폐의 발명)한다. 노동과 소유의 이 같은 분리를 헤겔은 시민사회의 근본원리로 설정하면서 추상법에서 그 존재론적 기원을 탐구하고 있다.

94) Hegel, 위의 책, § 66 참조.

4
소유와 사유

소유의 법적 문제에 대한 논의들이 생계 문제와 관련하여 새로이 시작된 것은 근대 자연법이론에서부터이다. 그로티우스 이래 특히 영국의 자연권론자들은 소유를 물권적으로 이해하기보다는 차라리 하늘로부터 받은 최고 주권의 실현을 위한 수단으로 이해한다. 사적 소유를 원리로 하는 시장의 이념형을 가지고 그 실현을 설명하려 한 대표적인 철학자는 아마 홉스일 것이다. 당시의 시대 상황은 산업혁명의 기본 조건들을 이미 갖추고 있었고[95] 어떤 식으로든 임금노동에 종사하는 이는 영국 인구의 절반을 넘고 있었다.[96] 이 같은 자기 시대의 관찰에서 홉스는 인간

95) 토인비는 산업혁명의 시점을 1760년경으로 잡았으나 네프는 16세기 중엽까지 년대를 올려 잡는다. 이에 대해 J. U. Nef, *Economic History Review*, 1934, reprinted in E. M. Carus-Wilson, *Essays on Economic History*, vol. I, 105쪽.
96) Claphan, *Concise Economic History of Britain*, Cambridge, 1949, 212쪽 이하 참조.

의 생의 근본 목표가 소유와 그 축적에 있으며, 이 소유는 자유경쟁적 시장경제를 구성한다고 생각한다. 그는 소유의 배타적 성격을 분석하기보다 소유의 축적을 통한 부의 위력에 경탄과 박수를 보내고 이 부와 재산의 보호가 국가의 근본 목표임을 분명히 한다. 본격적 산업혁명의 전개와 더불어 심각하게 소유의 부정적 특징들이 나타남에도 불구하고 홉스의 이 같은 생각은 로크를 통해 더욱 강화된다. 로크는 인간의 사회화의 결정적 원인은 '재산의 보호'에 있다고 단언한다.[97] 따라서 그에 의하면 국가 혹은 사회보다 앞서는 것은 개인의 재산권이며 이 권리는 정부의 존재보다 앞에 있다.

프랑스혁명의 불꽃놀이가 한바탕 난장판을 이룬 몇 년 후 그러니까 헤겔이 대학을 졸업하고 가정교사 노릇을 막 시작하려던 1793년 소유권의 보호는 프랑스 헌법의 중심으로 자리 잡게 된다. 모든 시민은 누구에 의해서도 자신의 사유재산을 침해받지 않을 권리가 있으며 그것을 자신의 자유에 따라 처분할 수 있다는 생각은 결국 프랑스혁명의 근본이념으로 도장 찍히게 된 것이다. 소유의 문제가 정치적 헌법 혹은 시장경제의 메커니즘을 결정하는 주권적 요소로부터 물권(Sachenrecht)에 대한 법적 요소로 바뀐 것은 아마 칸트의 공헌일는지도 모른다. 그는 소유를 자연법적으로 기초된 인격의 물권으로 포착한다. 이와 더불어 물권에 대한 제어되지 않는 사적 사용(Privatgebrauch)을 사유의 본질로 이해한다. 그에 있어 소유는 인격의 권리이며 삶의 원리이다. 이 같은 칸트의 소유이론의 근본이념은 헤겔에게 그대로 이어진다.

헤겔에서 새로운 점이 있다면 '물권'이면서 동시에 '인격권'인 소유를 변증법이라는 방법적 도구와 체계라는 개념진화론적 도구를 사용하여 거의 완벽하게 시민사회의 근본원리로 확립한다는 점일 것이다. 여기서

97) J. Locke, *Two Treatises of Government*, Cambridge 1960, 124쪽 참조.

헤겔이 전개한 시민사회란 역사의 흐름에서 몇 가지 조건이 주어지면 생겨나고 그런 조건이 사라지면 없어지는 사회구성체의 한 형태가 아니라 인륜사 진보의 배후이며 골격을 이루는 본질이며 동시에 생명체이다. 이 때문에 그는 소유를 사유와 동일시하고 소유가 가지는 부정적 성격을 인간의 삶의 개별성과 보편성 사이의 존재론적 · 논리적 구조로 단정 짓는다. 말하자면 사유(私有)는 부정성을 본질로 하는 인간의 운명인 것이다.

제2장

헤겔 법철학의 지평에서 본 인륜의 기본원리로서의 '가정'

1

인륜 체계의 초석으로서 가정

가정은 탄생과 성장뿐 아니라 그 가꿈의 노동과 해체가 시작되고 끝나는 곳이라는 점에서 삶의 전체성의 현실적 진원지라 할 수 있을 것이다. 인간의 삶의 실제적 내용을 결정하는 탄생과 성장, 노동과 죽음은 그 일차적 모습에서 형이상학적인 것이 아니라 생물학적인 것이며 동시에 사회적인 것이다. 살아 있는 어떤 것이든 삶의 구체적 과정이 생명체를 매개로 한다는 점에서 생물이라는 동일 범주에 속하고, 이 점에서 인간의 삶 또한 예외일 수 없지만, 다른 생명체가 자연법칙의 굴레를 벗어나지 않으나 인간의 삶은 단순한 자연법칙이 아니라 인간 삶의 인륜적 특수 모습을 구성한다는 점에서 다른 생명체와 판이하게 구분된다.

헤겔의 법철학은 인간의 고유한 삶과 그 권리가 어떻게 인륜을 구성하고 또 인륜 속에서 실현되는지 해명하는 것을 과제로 하고 있다. 거기에서 인륜의 토대는 가정이며 이 가정의 개념 위에 제도로서 시민사회와 국가가 축조되고 역으로 사회와 국가의 인륜적 체계 내에서 가정은 그 실존적 존재의 권리를 확립한다. 다시 말해 가정은 인륜의 전 체계의 개념적 중심이면서 동시에 그 개념(概念) 운동의 이론적 · 실천적 추진력이다. 필자는 이상의 전제 아래서 가정이 어떻게 구성되고 인륜화하며 우리의 삶에 어떤 의미를 가지는지에 대한 고전적 이해의 전형인 헤겔 사상을 재조명하려 한다.

2
가정의 설립과 그 인륜적 원리

1. 남녀의 사랑과 가정의 설립, 그리고 그 지속의 원리

역사적 또는 일상적 경험으로 볼 때 한 남자와 한 여자의 만남과 합일, 그리고 그들이 함께 가정을 세우는 데는 통일된 어떤 원칙이 없는 것처럼 생각될 수도 있다. 더구나 가정에 초점을 맞출 때 한 남자와 한 여자의 결합체로서가 아닌 경우, 이를테면 일부다처나 그 반대의 경우도 특정 문화 속에서 얼마든지 볼 수가 있다. 본인이 원하지 않는 상대와의 결혼은 물론, 상대 또는 그 가문의 부와 위세를 이용하기 위한 결혼 역시 흔히 있는 일이다. 게다가 남녀의 만남이나 교제가 언제나 결혼이라는 목적의식을 가지고 시작되는 것이 아닌 것처럼, 반드시 사랑으로 이루어지는 것도 아니다. 특정 문화 속에서 사랑이라 불리는 행위가 다른 문화의 눈에는 성 충동이나 성욕으로 보이거나 정신착란으로 해석되기조차 하며, 심지어는 같은 문화와 같은 사회 안에서도 계층에 따라 남녀관계에 대해 서로 다른 표상을 갖는 것이 요즈음의 현상이다. 이와 같은 문화인류학적 경험적 관점에서의 다양성이나 거기에서 파생되는 이해의 혼란에 비해 다른 일반적 동물들에게 나타나는 암수관계는 질서 정연하며 기계적이다. 그들에게 암수의 만남은 교미와 수태, 그리고 번식이라는 일정한 본능적 목적 속에서 이루어지며 종에 따라 서로 다른 특성을 가지고 진행된다 해도 이 생의 운동은 작위적이거나 의식적이 아니라 생리적이며 맹목적 · 기계적 운동이며, 따라서 사랑에 의한 것은 아니다. 이 운동의 결과로 동물들은 그들의 종을 끊임없이 지속시킬 수 있는 것이다.[1)]

인간을 이성적 동물로 정의한 이래, 인간의 동물성이 요즘처럼 강조된 적이 없지만, 헤겔은 이 동물성을 지양할 때에만 정신의 개념이 등장하고 정신의 개념이 나타나는 데에서만 인간성이 산출될 수 있다고 이해한다.[2)] 동물성을 지양한다는 것은 인간이 가진 동물적 특징을 모조리 제거하거나 부정한다는 것이 아니라 그 특징들을 이성으로 승화시켜 정신화 · 문화화한다는 말이다. 인간에게 있는 동물적 특징은 그가 가진 영혼이나 정신 대신 육체의 생물적 특징을 열거하는 것으로 충분하게 드러난다. 눈, 코, 귀, 입과 내장 기관, 또 그것을 묶어놓은 자루 같은 몸

1) 아리스토텔레스는 이 생명 지속의 원리에 의한 결합을 '생래적 충동(innewohnender Trieb)'으로 이해한다. Aristoteles, *Politik*, übers. v. E. Rolfes, in: *Aristoteles philosophische Schrieften*, Bd.4, Hamburg 1995, Kap.2, 1252a. Vgl., Kant, *Muthmaßlicher Anfang der Menschengeschichte*, AA, Bd.VIII, 112쪽과 J. G. Herder, *Ideen zur Philosophie der Geschichte der Menschheit*, Leipzig 1784, dritter Satz 참조.

2) 정신의 탄생은 교육을 통해 미성숙의 자녀들을 독립적 인격으로 만드는 것이다. Enzy III, §521. Hegel, *Jenaer Systementwürfe* III, GW, Bd. 8, 172쪽. 그러나 칸트는 그 당시의 사회가 이미 일상인들을 죽을 때까지 미성년으로 살도록 길들인다고 경고한다. Kant, *Beantwortung der Frage: Was ist Aufklärung?*, AA, Bd. VIII, 35쪽 이하 참조.

통, 생물적 삶을 위해 죽을 때까지 먹고 일하고 잠자고 쉬는 것, 종족 보존을 위해 자연으로 이해되기도 하는 신이 붙여준 생식기와 그것의 본능적 성 교환, 늙고 병들어 죽으면 그 자손들이 자기와 동일한 동물적 궤적을 그리는 것, 이것이 육체적 동물성의 특징이며 감정이나 지능이 이것을 위해서만 쓰일 때 동물성은 더욱 강화된다. 아마 인간의 동물성을 순화시키는 가장 선명하고도 기초적인 정신성은 사랑일 것이다. 왜냐하면 인간과 동물, 영혼과 육체를 갈라놓으면서 동시에 합일시키는 지표가 바로 이로부터 나타나기 때문이다. 그렇다면 사랑이란 무엇인가?

오늘날처럼 사랑이라는 말이 오염된 시대도 없다. 플라톤에 의해 사랑에 대한 고전적 의미와 형이상학적 가치가 부여된 이래 그 이념은 종교뿐 아니라 실천철학의 출발점이면서 또 그 목적지로 이해되면서 근세에 이른다.[3] 근세적 전통을 비판적으로 수용한 헤겔은 사랑의 감성적 측면뿐 아니라 그 인륜적 특징을 강조하고 이 특징을 가정 설립의 이념적 기초로 설정함으로써 사랑의 개념에 대해 새로운 해석의 장을 제시한다. 그는 먼저 사랑의 원초적 뿌리가 '결핍의 감정'이며 따라서 이 결핍과 모자람을 채우려는 목마름 또는 욕망이라는 플라톤적 해석에서부터 시작한다.[4] 목마름 또는 욕망은 자기 자신 속에 없는 어떤 대상을 가지고 싶어 하는 의지 또는 의식으로, 언제나 그 근원은 그 주체 자신 속에 자리 잡고 있으며 바로 이 때문에 헤겔은 이 욕망을 '자기의식'의 입구로 파악한다.[5] 의식은 욕망과 더불어 작동되므로 욕망은 의식을 움직이는 일종의 동력이며 추진력이다. 물리적 대상을 아는 힘이 의식이 자리

3) 이에 대해서는 Platon, Symposion, in: *Logos, Eros, Mythos*, hrsg. v. Ernst R. Lehmann-Leander, Wiesbaden/Berlin 1960을 참조.

4) 이 사상은 플라톤에서 이어받은 것이다. Platon, Phaidros, in: *Platon Sämtliche Werke*, Bd. II, Hamburg 1988, 45쪽 이하, Hegel, *Jenaer Systementwürfe* I, 301쪽 이하, Hegel, *Systementwürfe* III, 166, 177쪽 이하 참조.

5) Hegel, *Phänomenologie des Geistes*, Hamburg 1952(=PhG), 135쪽.

잡은 인식적이며 지성적인 욕망이라면, 자아를 대상화하고 또 그것을 이론적으로 인식할 뿐 아니라 실천적으로 객관화하는 힘은 자아 속에 자리 잡은 욕망으로서의 자기의식이다.

욕망은 살아 있음과 살아감의 첫 번째 징표이다. 살아 있지 않은 것은 욕망이 없으며 욕망 없는 것치고 살아 있는 것 또한 있을 수 없다. 욕망을 끊으라는 표현이 욕망을 적절히 가지라는 의미의 문학적 강조가 아니라 진정한 주장이라면 죽으라는 뜻이고, 이것을 누구에게 강요한다면 그것은 직접적 살인이다. 욕망의 소멸은 의식의 소멸이고 의식의 소멸은 죽음을 초래하기 때문이다. 그러나 육체적 욕망은 그 충족과 더불어 완전히 사라지는 것이 아니라 사라지면서 새로 생겨나기를 죽는 날까지 반복한다. 한 개체의 죽음이란 그 개인의 실존에만 소속된 것이지, 그가 속한 보편적 유에 이르는 것은 아니며 따라서 유적 생은 영원히 지속한다.[6] 이 생의 지속의 원리가 곧 사랑이다.[7]

인간에게 사랑은 원초적 욕망이라는 점에서 생의 원리요, 타자 인식의 원리이다.[8] 인식은 그 대상이 물리적이든 심리적이든 객관적 대상을 아는 것이며 안다는 것은 자기가 아는 것이며 그 내용은 자기의 것이다.[9] 게다가 앎의 본질은 보편적 진리이며 따라서 나는 앎과 더불어 진

....

6) Hegel, *Systementwüfe* I, 243쪽.

7) Hegel, *System der Sittlichkeit*, Hamburg 1967, 17쪽 이하. Begierde는 동물적이나 Liebe는 인간적이다. *Jenaer Systementwürfe* III, 203쪽. 그러나 헤겔에서 Begierde, Bedürfnis, Trieb 등의 용어 규정이 언제나 일관된 것은 아니다. 이 용어들의 연구에 관해서는, K. Kozu, *Das Bedürfnis der Philosophie–Ein Überblick über die Entwicklung des Begriffskomplexes "Bedürfnis", "Trieb", "Streben" und "Begierde"*, Bonn 1988, 참조.

8) Hegel, *Entwürfe über Religion und Liebe*, TA, Bd.1, F/a. M. 1971, 246, 394쪽.

9) 인격(Person)은 이 인식과 실천의 통일적 주체이다. Ludwig Siep, Vernunftrecht und Rechtsgeschichte, in: *G. W. F. Hegel, Grundlinien der Philosophie des Rechts*, Berlin 1997(=RP), 11쪽 참조.

리의 보편성을 자기의 것으로 하는 셈이다. 자기의식으로서의 욕망은 자아 자신을 대상으로 한 인식을 산출하며 이것은 생의 지속이라는 이념을 인식의 목적으로 삼고 있다. 헤겔 『법철학』에서 사랑이 남녀 간의 사랑에 극단적으로 제한되는 것은 이처럼 앎의 형이상학적 구조를 고려한 때문으로 해석된다.[10)]

남자와 여자는 각자 인간이라는 보편성을 가지면서 여성 또는 남성이라는 서로 다른 특수성을 가진 개체이며 이 둘 사이에 어떤 욕망도 없는 한 관계는 생겨나지 않고 관계가 없는 한 인식도 일어나지 않는다. 이 둘 사이를 연결해주는 고리는 서로를 알려고 하는 인식적 관심과 욕망에서 생겨난다.[11)] 이 관심과 욕망은 객관적 대상으로 마주선 타자 속에서 자기 자신의 보편성을 직관하고 그 직관을 자신의 내면 속에서 인식으로 확립한다. 이 인식은 자신의 인격의 독립적 주체성이 단지 형식적이라는 것, 따라서 내용 없는 공허한 자아의 결핍을 느끼도록 한다. 타자 속에 있는 자신의 보편성과 자신 속에 있는 자신의 특수성의 결핍 감정의 인식은 타자를 자기화하고 자신을 타자화하는 이중 운동 속에서 통일되고, 이 통일 속에서 보편적으로 실현된다.

사랑이란 참으로 묘해서 오성으로는 풀 수 없는 모순 덩어리이다.[12)] 하나의 인격은 독립적이어야 하는데 사랑의 감정 속에서는 이 독립적 인격을 바라지 않는다는 것이 하나의 모순이며, 자기의 장 속에서는 자

10) "…… 사랑은 국가에서는 이미 더 이상 존재하지 않는다. 왜냐하면 국가에서 통일은 법률로 의식되고 그 내용은 이성적이어야 하고 나는 그 내용을 알아야 하기 때문이다"(RP, §158 Zusatz).

11) A. Wildt, *Autonomie und Anerkennung–Hegels Moralitätskritik im Lichte seiner Fichte–Rezeption*, Stuttgart 1982, 353, 355쪽.

12) Hegel, *System der Sittlichkeit*, Hamburg 1967, 17쪽, Vgl. Hegel, *Schriften und Entwürfe, 1799–1803*, hrsg. v. M. Baum u. K. R. Meist, GW, Bd.5, Düsseldorf 1998, 289쪽.

기 자신이 본질임에도 불구하고 타자 속에 그 보편성을 본다는 것이 또 다른 모순이다. 따라서 "사랑은 오성이 풀 수 없는 가장 엄청난 모순(der ungeheuerste Widerspruch)이며" 또한 비밀이다.[13] 이처럼 '자아=자아'라는 자기의식의 근본 규정이 '자아=타자'로 전도되고 그럼에도 '자아=자아'와 '타자=타자'의 형식적 동일성이 바로 이 전도 속에서 회복되는 것에서 헤겔은 사랑 속에 감추어진 '모순의 출현과 동시에 그 몰락'을 파악하고 '모순의 해소로서' 사랑에서 '인륜적 하나 됨'을 파악한다.[14] 인륜적 하나됨이란 자아와 타자의 동일성이 원초적 욕망에 머물러 있는 것이 아니라 그 욕망을 지양한 보편 의지의 산출을 목적으로 하고, 또 그것을 실현하는 이성적 통일을 의미한다.[15] 단순화하여 말하자면 진정한 사랑은 남자는 여자 속에서, 여자는 남자 속에서 성적 본성이 아니라 인간의 본성을 직관하고 인식하는 데 그치지 않고 그 인식을 실천적 삶 속에 실현시켜 결혼하여 가정을 세우는 것뿐 아니라 그 가정의 자연스런 해소에 도달하기까지 지속하는 일련의 생의 체계를 완성하는 데 있는 것이다.

2. 계약으로서의 결혼

아마도 인류사의 시작은 계약과 계약 결혼에서 시작되었을는지 모른

13) RP, §158 Zusatz.
14) 같은 곳.
15) 헤겔의 인륜개념에 대해서는, J. Ritter, Moralität und Sittlichkeit–Zu Hegels Auseinandersetzung mit der Kantischen Ethik, in: *Materialien zu Hegels Rechtsphilosophie*, Bd. 2, hrsg. v. M. Riedel, F/a. M. 1975, 217~244쪽. W. Kuhlmann (hrsg.), *Moralität und Sittlichkeit–Das Problem Hegels und die Diskursethik*, F/a. M. 1986 참조.

다. 자신이 가진 것을 다른 이가 갖지 않고 다른 이가 가진 것을 자기 자신이 갖지 않았으면서 서로 상대방이 가진 것을 가지고 싶을 때 '교환'이 시작되고, 이 교환의 내용이 점차 복잡해지면서 교환의 체계 전체인 '계약'이 된다. 원시 모계사회에서조차 남자가 육체적 노동력을 제공하는 조건으로 여자의 주거지에 함께 사는 경우나 여자가 성을 제공하는 조건으로 남자와 함께 사는 경우가 있었고, 이것은 일종의 계약인 것이다. 고대사회에서 자녀들은 가정 또는 가문의 가장권이나 부권에 속하는 물건으로 취급되어 자녀들의 의사와 상관없이 사고팔기도 하고 남에게 주기도 하고 버리기도 하고 다른 가문의 자녀와 혼인을 시키기도 하였다고 사가(史家)들이 말하는 것은 우스갯소리가 아니라 역사적 사실인 것이다. 심지어 오늘날에도 이 같은 사례들이 얼마든지 있음을 문화 인류학자들은 알려주고 있다.[16] 고도로 발달된 사회조차 상대방이 가진 재산과 권세나 사회적인 지위가 결혼의 주요한 조건이 되기도 하고 자신의 정치적 · 경제적 목적 달성의 수단으로 결혼을 이용하기도 하는데, 이는 계약 자체의 본성조차 망각한 비열하고도 파렴치한 짓이다. 왜냐하면 계약은 일반적으로 각 인격의 평등과 소유의 등가(같은 값)를 요구하기 때문이다. 이 점을 분명하게 하기 위해 간단하게 계약의 본질을 밝혀보자.

인간은 근본적으로 소유 존재이며 이것을 인식적으로 알고 실천적으로 수행하는 시점에서 비로소 인간으로 되는 것이며 법적 인격성을 가지는 것이다.[17] 내가 내 영혼과 육체를 가지고(소유하고) 있고 따라서 나

16) 이에 대해 헤겔 자신은 이렇게 말한다. "여성이 경시되는 민족들에서는 부모가 개인들의 의견을 물어보지도 않고 임의대로 자식의 혼인을 결정하고 그들 또한 그 결정을 기꺼워하게 된다. 왜냐하면 감성의 특수성이 아직 어떤 요구를 주장할 만큼 발달해 있지 않기 때문이다. 처녀에게는 남편만 생기면 좋고 남자에게는 처만 생기면 되는 것이다"(RP, §162 Zusatz).

는 내 마음과 몸의 소유권을 가지며 내 몸과 마음이 욕구하고 바라는 것을 내 스스로의 노동과 활동을 통해 충족할 수 있다는 사실을 알고 그것을 이행하는 데서 비로소 인간은 '이성'을 가진 '인격'이 되는 것이다.[18] 그러나 도대체 누가 제 몸과 영혼의 소유자가 아니란 말인가? 관념론 철학, 특히 헤겔의 사상에서는 단순히 생물적 생명을 가지고 있다는 사실만으로 제 몸과 제 영혼의 소유자라 할 수는 없다. 가축과 마찬가지로 노예는 비록 살아 있어도 자기 자신이 자기 자신의 소유가 아니라 영육이 모두 주인의 것이므로 소유권을 갖지 않는다.[19] 다른 동물들 또한 죽는 순간까지 제 몸을 끌고 다님에도 불구하고 단지 본능에 따라 그렇게 하는 것이므로 진정한 의미의 자신의 소유권자는 아니다. 참된 소유권자는 자신의 영혼과 육체를 자유의지를 가지고 관리하고 생을 본능이 아니라 이성에 의해 경작하는 자이다. 이때 그는 자신의 생이 단순한 자연의 의무가 아니라 정신의 권한이며 그 의무라고 인식하게 된다.[20] 이 인식과 더불어 그는 자기 영육 밖의 물건을 정당한 노동을 통해 소유권의 영역으로 편입시킬 물권으로서의 소유권을 합리적으로 확보하게 되는 것이다.[21] 여기서 영육 밖의 물건이 반드시 자연물로서의 동산이나 부동산만을 뜻하는 것은 아니고 개인적으로 가지고 있는 일종의 정신적 힘

17) 헤겔의 소유와 인격의 관계에 대해서는 J. Ritter, Person und Eigentum, 55~72쪽, M. Quante, "Die Persönlichkeit des Willens" als Prinzip des abstrakten Rechts. Eine Analyse der begriffslogischen Struktur der §§34~40 von 'Hegels Grundlinien der Philosophie des Rechts', 73~94쪽, in: *G. W. F. Hegel, Grundlinien der Philosophie des Rechts*, hrsg. v. L. Siep, Berlin 1997. 아리스토텔레스는 소유와 부의 한계는 '정해진 일도 알려진 일도 없다'는 솔론(Solon)의 시구를 긍정적으로 인용한다. Aristoteles, *Politik*, 1256b, 1257a.

18) RP, §41.

19) 양도해서는 안 되는 권리인 양심, 자율, 인격 등등의 기본권이 바로 이 근원적 자기 소유권이다. Aristoteles, *Politik*, 1254a–1255b, Hegel, PhG, 141~151쪽.

20) 바로 이 때문에 자살은 부당한 것이다. 자살의 부당성에 대해서는 RP, §70 Zusatz.

으로서 재능, 지식, 기술 등등도 포함되는데, 이러한 것들이 법철학적으로 물권에 포함되는 것은 그것을 다른 것과 바꿀 수 있는 대상으로 사물화하기 때문이다.

헤겔에게서 '계약'은 최소한 둘 이상의 자유 인격에 의한 공동 의지를 필요로 한다는 면에서 직접적인 소유권보다 높은 단계의 '이성'으로 평가된다.[22] 다시 말해 개인들이 계약관계에 들어가는 것은 욕구나 그 대상에 대한 효용성 및 유용성의 의식이고 이것이 비록 의지로서만 있다 해도 오히려 '자유로운 인격성의 현실적 현존재의 이념'으로서 '이성'인 것이다.[23] 직접적 소유권에 있어서 어떤 사물에 대한 자신의 표시, 노동 등이 일차적 토대라면 계약은 자기 이외에 또 다른 사람을 필요로 하며 이 둘이 일정한 합의에 도달할 뿐 아니라 그것을 이행할 때에 완성된다는 점에서 보편의지의 즉자적 현실태인 '공통의지(gemeinsamer Wille)'의 직접적이고도 현실적 출현의 장이다.

계약의 첫 번째 조건이 계약 당사자들이 서로 자유 인격이며 소유권자임을 인정하는 것이라면, 두 번째 조건은 그 대상이 물질적인 것이든 정신적인 것이든 상관없이 대상화된 또는 물화(物化)된 사물이라는 것이다.[24] 바꿔 말해 어떤 것이든 물화되어 사물로 취급되고 평가될 때 비로소 그것은 계약의 대상이 되는 것이다. 나의 주인으로서 나 자신은 내가 가진 사물이나 재능(숙련, 기술, 지식)을 물건화하여 남에게 줄 수도 있

....

21) 모든 소유권은 만인의 만인에 대한 계약에 토대를 두고 있다. *Fichtes Werke*, Leipzig 1908, Bd II, 217쪽.

22) 인격의 자유는 주체 안에 있는 '의식의 사실(Tatsache des Bewußtseins)'로 부터 기원한다. Hegel, *Vorlesungen über Rechtsphilosophie 1820*, ed. K. H. Ilting, Bd. 2, Stuttgart/Bad Cannstatt 1974, §4. K. H. Ilting, Rechtsphilosophie als Phänomenologie des Bewußtseins der Freiheit, in: *Hegels Philosophie des Rechts*, hrsg. v. Dieter Henrich u. Rolf-Peter Horstmann, Stuttgart 1982, 234쪽.

23) RP, §71 참조.

고(증여 계약) 남의 물건과 바꿀 수도 있고(교환 계약) 팔려고 내놓을 수도(거래) 있다.[25] 그러나 어떤 것이든 계약은 '임의 또는 자의(Willkür)'에서 시작되어 그 자의의 지양인 합의와 합의 이행으로 끝이 나며 그러지 않을 경우는 계약이 깨져버린다.[26]

아마도 독일 관념론 철학자들 중에서 칸트만큼 결혼을 계약으로 이해하고 그 체계 속에서 법철학적으로 연역한 철학자도 드물 것이다. 그는 1797년의 『인륜의 형이상학』에서 이미 헤겔의 계약개념의 기본 골격인 주체의 자유 인격성, 소유물의 물화 사상을 선취하고 그 토대 위에서 결혼을 파악한다. 그는 결혼에 도달하는 과정이나 원리가 사랑이냐 아니냐 하는 것을 문제시하지 않으며, 따라서 이 문제는 법철학의 영역도 아니다. 다시 말해 법철학에서 문제 되는 것은 남녀가 사랑을 했는지가 아니라 계약적인 약속을 했는가에 있으며, 그 계약은 물권(dingliches Recht)에 속하면서 동시에 인격권(personliches Recht)에 속한다고 전제하고 있다.[27] 인격권은 물권의 내면이므로 소유권으로 환원되고 그 소유

....

24) K. H. Ilting, Rechtsphilosophie als Phänomenologie des Bewußtseins der Freiheit, 235쪽과 L. Siep, Intersubjektivität, Recht und Staat, in: *Hegels 'Grundlinien der Philosophie des Rechts' in Hegels Philosophie des Rechts*, Stuttgart 1982, 266쪽 이하. 헤겔 철학의 중심 개념 중 하나인 물화는 비대상적인 것이 대상화된다는(Vergegenständlichung), 비사물적인 것이 사물화된다는(Versachlichung), 비물성적인 것이 물성화된다는(Verdinglichung) 세 종류가 있는데, 첫째 것은 인식적 지평에서, 셋째 것은 존재론과 인식론 양쪽 지평에서 쓰이는 용어라면, 둘째 것은 실천철학, 특히 법철학에서 중요성을 가진다. 가령 나의 지식을 다른 이에게 팔 경우 그 대상이 사물은 아니나 사물로 현실화하는 것으로, 상상력이 사물은 아니나 예술작품으로 나타나는 등의 예를 물화라 할 수 있다.

25) 계약의 종류에 관해서는 RP, §80 참조. Kant, *Metaphysik der Sitten*, 1797, hrsg. v. K. Vorländer, Hamburg 1966, (=MdS), §31 참조. 증여 계약(Schenkungsvertrag)이 형식적 계약이라면, 교환 계약(Tauschvertrag)은 실질적 계약이다(RP, §31 참조). 사람이 가진 모든 소유물은 교환 계약이 가능하다. Aristotels, *Politik*, 1257a.

26) Avineri, Shl, *Hegels Theorie des modernen Staates*, F/a. M. 1972, 168쪽 참조.

27) MdS, §20~22 참조.

권은 가족권의 본질이다. 그런데 가족권은 결혼한 부부의 권리가 주춧돌이 되고 부부의 일차적 특징은 성적 공동체(Geschlechtsgemeinschaft/commercium sexuale)에 있다. "어떤 사람이 다른 사람의 생식기와 능력을 교환적으로 사용하되, 그로 인해 같은 종인 사람이 태어날 수 있으면 그것은 성의 자연적 사용이지만, 가령 사람에게서 동성(同性) 간이거나 다른 종의 동물들 간이거나 동물과 인간 사이의 사용이라면 이것은 비자연적 사용"이다.[28] 물론 성의 비자연적 교호 사용은 "입에 담기조차 어려운 자연법칙의 위반"이라는 점에서 자연에 대한 범죄라 할 수 있다.[29] 하여간 자연적 성적 공동체는 "동물적 자연(vaga libido, venus vulgivaga, fornicatio)"에 의해 생기거나 "법(Gesetz)"에 의해 생겨나는데, 이 법에 의해 생겨나는 성적 공동체가 곧 "부부(matrimonium)"요, 이 부부는 "기력이 다할 때까지(lebenswierig) 각자의 성적 특징들에 대한 교호적 점유로 서로 다른 이성(異性)의 두 인격의 연결"인 합일체이다.[30]

칸트에서 결혼은 이성 간의 단순한 동물적 결합이 아니라 법칙과 법에 의한 계약이며 거기에는 자식을 낳고 키운다는 "자연의 목적(Zweck der Natur)" 이 내재하고 이 목적은 남녀 양성이 서로에게 끌리는 성애를 심어놓은 것이다.[31] 물론 이 목적이 의식적으로 당사자들의 전면에 나타나는 것은 아니나, 바로 이 목적 때문에 남녀가 "서로 상대방의 성을 교호적으로 사용" 함에 재미와 '쾌락'이 수반되고 전제된다고 하더라도 그

28) Kant, *Metaphysische Anfangsgründe der Rechtslehre, 1797*, neu hrsg. v. Ludwig Bernd, Hamburg 1986(=MAR), §24.

29) MdS, §24.

30) MdS, §24, §27. M. Theunissen, Die verdrängte Intersubjektivität in Hegels Philosophie des Rechts, in: *Hegels Philosophie des Rechts*, hrsg. v. Dieter Henrich u. Rolf-Peter Horstmann, Stuttgart 1982, 322쪽 참조.

31) MdS, §24.

냥 임의나 장난이 아니라 "인간성의 법칙을 통한 필연적 계약"이 되는 것이다.[32] 그러므로 남녀가 서로 몸을 섞어 상대의 성을 사용해 향락을 즐기려면 '반드시' 먼저 결혼을 해야 하는 것이 순리요, "권리의 순수 이성의 법규(Rechtsgesetz der reinen Vernunft)"에 따르는 것이다.[33]

순전히 성적 쾌락과 향락만을 위한 교접은 계약이 아니므로 결혼을 필요로 하지 않으며 일시적으로 성을 사고파는 행위는 물건 대 돈의 교환 계약이므로 역시 결혼을 요구하지 않는다. 계약의 특수 형태로서 결혼을 전제하는 남녀관계는 물물교환이면서 동시에 전 인격의 교환이며 각자 자기 성의 소유자로서 평등한 인격권을 토대로 한다. 이 평등이 손상되는 어떤 경우도 진정한 의미의 결혼일 수 없으며, 따라서 손상된 인권의 회복을 위한 일정한 '완력(Gewalt)'조차 정당화된다.[34] 결혼 계약이 일부일처제의 특수 형태를 띠는 것은 물권적 소유권과 인권적 소유권의 동등성과 평등성을 그 속에 함축하기 때문이다.[35]

3. 인륜으로서 결혼

남녀가 서로 상대방의 성기를 계약권적으로 사용하는 것이 성 공동체로서 부부라는 것이고, 이때 서로 타자의 성을 이용하는 것이 성에 대한 자연적 사용이며 이를 통해 쾌락과 향락을 추구하고 그 행위에서 인간은 '스스로를 물건으로 물화해버린다'는 것, 그리고 이 물화는 '한쪽 인

32) MdS, §24, §27.
33) MdS, §24.
34) MdS, §25.
35) 이 때문에 일부다처나 일처다부제는 권리의 동등성의 개념에 어긋난다. MdS, §26.

격이 다른 쪽 인격을 물건으로 사용하듯 다른 쪽 인격 또한 상대 인격을 물건으로 사용하면서' 향락을 얻는 조건 아래서 진행된다는 것, 그러나 이 같은 물화와 성의 교환이 실은 인격의 회복이라는 것, 이것이 칸트가 보는 계약으로서 결혼관이다. 그러나 헤겔은 계약개념에 결혼을 포섭시킬 수 없다고 단언한다.[36] 왜냐하면 계약은 비록 결혼에서와 유사하게 당사자 간의 자립적 인격성이 전제되고 또 임의에서 시작하여 공동의지를 산출하는 체계를 가지나 계약의 대상은 철저하게 '외면적 물건'이고 또 외면적 물건으로 내놓을 수 있는 것이어야 하나 결혼은 그렇지 않기 때문이다.[37]

헤겔이 결혼은 결코 계약이 아니라고 강조하는 것은 그 시작이 임의적인 독립된 두 인격체의 만남이더라도 사랑이라는 인식의 원리를 바탕에 깔아야 하기 때문이다.[38] 그는 부부를 단순한 성 공동체로 보지 않고 '직접적 인륜관계(unmittelbares sittliches Verhältnis)'로, 따라서 원초적으로는 '자연적 생명 활동(natürliche Lebendigkeit)'을 그 내적 목적으로 함축하고 있다고 생각한다.[39] 이 활동은 물론 인류의 유적 과정으로의

···············

36) RP, §75. Avineri, 위의 책, 168쪽과 E. Gans, *Naturrecht und Universalrechtsgeschichte*, hrsg. v. M. Riedel, Stuttgart 1981, 75쪽 참조.

37) 헤겔 자신은 결혼과 계약은 그 뿌리에서부터 다르다고 강조하지만, 필자가 보기에 자립적 인격성의 평등관계와 임의성은 결혼이나 계약개념에 공통적이다. RPhil, §161~163을 참조하면 이 점은 더욱 분명해진다. 그렇다면 RP, §75의 간스(E. Gans)의 Zusatz가 헤겔 본래의 사상과 어긋나며 따라서 간스의 오해라고 주장한 호프마이스터의 견해는 재고되어야 한다. 참고로 이 견해와 관련된 부분을 옮기면 이러하다. "그러나 계약에서는 양쪽 다 인격이며 또한 소유자로 머물러 있으려는 두 개의 동일한 의지가 있다. 따라서 계약은 인격의 자의성에서 시작하고 이 같은 출발점에서 혼인 역시 계약과 공통적이다."

38) 결혼의 시작은 계약이라고 할 수 있지만, 그 계약은 계약의 입장을 넘어서는 것이다. 다시 말해 결혼은 계약을 지양하려는 계약이다. RP, §163, Avineri, 위의 책, 168쪽 이하. 이 때문에 결혼은 실정법적 제도에 앞서 '사회의 도덕적 유대'라 할 수 있다. A. Wildt, *Autonomie und Anerkennung–Hegels Moralitätskritik im Lichte seiner Fichte–Rezeption*, Stuttgart 1982, 107쪽 이하.

생의 지속을 실현하는 도정에 일치하며[40] 그 내면적 추진력으로 사랑이 자리한다. 바로 이 점에서 사랑은 결코 성욕이나 육욕과 근본적으로 다른 정신적 · 인륜적 성격이 있는 것이다. 그러나 사랑의 즉자적 모습은 감정이요, 감정은 우연적이고 충동적인 것과 쉽게 결합하는 성질을 가지지만, 인륜은 이런 것들을 지양하고 승화하고 멀리하는 데에서 나타나는 이성적 형태이다. 만일 결혼이 사랑을 토대로 한 자연적 · 인륜적 공동체라면, 이때 사랑은 더 이상 설익은 감정 덩어리가 아니라 '권리적으로 인륜적 사랑(rechtlich sittliche Liebe)'이어야 하며[41] 또 사랑이 인륜적이려면 결혼과 무관한 성적 욕망과 쾌락의 도구일 수는 없다. 이처럼 인륜적 사랑만이 남녀 쌍방 간의 변하기 쉽고 깨지기 쉬운 감정으로서의 주관성을 극복하여 결혼에 도달하고 또 그 공동체를 자연스런 해체에 이르기까지 함께 지속시킬 수 있는 것이다.

그러나 어느 시대에나 사랑 지상주의자들이 있기 마련이고, 특히 헤겔 시대에 낭만주의자들은 이 사랑 지상주의를 이론화하고 예술화하는 데 최선을 다한 이들이다. 그들은 사랑의 영원성은 혼인에 의해 파괴되고 사랑의 아름다움은 결혼에 의해 사그라진다고 강조한다. 그들은 오직 사랑만이 생의 영원을 이끌 수 있는 실체이며 이 성스러운 감정에 이성이니 인륜이니 하는 의식을 개입시키면 '사랑의 가치는 사라진다'고 믿고, 결혼식이나 잔치 혹은 결혼 체결 자체를 불필요한 허례로 간주한다.[42] 객체에 대한 무근거의 절대성을 가지는 주체는 절대자유의 원천이

39) RP, §161. M. Theunissen, Die verdrängte Intersubjektivität in Hegels Philosophie des Rechts, 332쪽 이하.

40) Hegel, Enzy §167 이하 참조.

41) RP, §161 Zusatz.

42) Fr. Schlegel, *Lucinde*. RP, §164 Zusatz. Fr. Schleiermacher, *Vertraute Briefe über Friedrich Schlegels 'Lucinde'*, Maginarie, München 1985 참조.

며 이 자유는 사랑을 통해 실현될 뿐 일정한 사회 · 문화적 고정관념과 결합되어 있는 결혼 제도와 그 의식은 사랑을 위해서도 자유를 위해서도 장애물일 뿐이라고 그들은 생각한다. 하지만 그들이 주장한 사랑이라는 것을 자세히 보면 무조건적 방만한 남녀 성관계로 압축되어 있고, 따라서 헤겔에게 그들의 사랑은 성욕과 육욕 이상이 아닌 것이다. 이 비판을 토대로 헤겔은 다시 남녀관계를 재정립한다.

남자와 여자라는 성의 '자연적 규정성' 속에는 이미 그들의 이성적 본성에 따라 지성과 인륜적 특징을 가지고 있다. 남성의 자연성이 강인함이라면 여성의 자연성은 연약함이라고 할 수 있겠는데, 이 강인함 속에 분별력과 분석력이 있다면 연약함 속에는 통일력과 종합력이 있다.[43] 이 때문에 남성성에게는 개별성과 보편성이 갈라져 있고, 여성성 속에는 이것들이 하나로 종합되어 있다. 또한 남성은 분열태의 정신적 특징, 다시 말해서 '대자적으로 존재하는 인격적 독립성과 자유로운 보편성의 인식과 의지로 갈라지는 정신적 특징'을 가지며 이 분열태는 또한 '개념적 사고의 자기의식과 객관적 궁극 목적의 의지'의 이분화이기도 하다.[44] 이에 비해 여성은 '통일에서 자기 자신을 보존하는 정신적 특징'을 가지며 그리하여 '실체적인 것을 구체적 개별성과 감성의 형식에서 인식하고 의지하는 정신력'을 갖는다.[45] 남성이 사회적이고 외향적인 데 반해 여성이 가정적이고 내성적인 것은 이 때문이다. 다시 말해 남성은 자신을 가정과 사회 둘로 나누고 그 실체적 본성을 사회생활 속에서 찾

43) RP, §165.
44) RP, §166. 헤겔의 남성관과 여성관에 대해서는, H.-Chr. Lucas, Die Schwester im Schatten-Bemerkungen zu Hegels Schwester Christiane, in: *"O Fürstin der Heimath! Glückliches Stutgard"*, hrsg. v. Chr. Jamme u. O. Pöggeler, Stuttgart 1988, 289쪽 이하 참조.
45) 같은 곳. 남성은 동물의 특징에, 여성은 식물의 특징에 상응한다. RP, §166 Zusatz.

는다. 남성이 학문이나 국가 업무, 군인 혹은 그 밖의 다양한 직업적 사회생활에서 성취감을 얻는다면, 여성은 수동적이고 주관적 성향을 가지고 가정이라는 하나의 통일장 속에서 '공경심(Pietät)'의 미덕으로 자신의 실체적 본성을 나타낸다.[46)]

일찍이 헤겔은 1807년에 출간한 『정신현상학』에서 남성과 여성이라는 자연성이 가진 정신적 특징을 묘사한 적이 있는데, 거기서도 역시 남성은 개별성과 보편성의 분열태를 그 특징으로 가지면서도 보편성을 이론적 정신의 대상으로 삼고 그 현존재인 사회와 국가를 보편성의 개념으로 파악하면서 동시에 자신의 의지로 실현하려 한다고 설명한다. 반면에 여성은 보편성과 개체성을 사랑이라는 주관적 감정 속에 하나로 통합된 모습으로 가지고 있으면서 이 통일태를 이론적 포착의 대상이 아니라 실천적 실현의 대상으로 삼는다. 따라서 남성 또는 남성적인 것은 투쟁과 법적인 것을 본성으로 하는 인륜적 '인간의 법칙'이고, 여성 또는 여성적인 것은 화해와 조화를 본성으로 하는 '하늘의 법칙'으로 이해된다.[47)] 하늘의 법칙 내지 여성의 법칙과 그 핵심인 '공경심'은 그러나 단지 '감성적이고 주관적인 실체성의 법칙'이어서 '아직은 완전히 실현되지 않은 내면성의 법규'일 따름이다.[48)] 하지만 이 법규야말로 '옛날의

---

46) PhG, 325쪽. RP, §166. Pietät는 경건심, 외경심, 효심, 믿음성, 순결심 등의 의미이다.

47) PhG, 318쪽 참조. 그 대표적인 예로 헤겔은 「안티고네」의 신화를 들고 있다. 안티고네의 오라비인 폴리네이케스가 인접국의 도움으로 테베의 왕 크레온을 제거하려다 도리어 잡혀 죽게 되자 왕은 그 시체를 길바닥에 버려두도록 명령하여 짐승들의 먹이가 되게 했다. 그러나 당시 습속은 죽은 자는 죄가 없으며 시체를 매장하는 것은 그가 속한 가족이 행해야 하는 신성한 의무 중 하나였고, 이에 따라 안티고네는 인륜적 국법을 어기고 오라비를 장사 지내게 되어 사형당하게 된다. 죽은 자를 매장하는 것은 인간이 아니라 신의 법칙이며 따라서 인간이 그것을 어길 수 없다는 것이 안티고네의 입장이었다. 헤겔은 당시의 국법을 인간이 정한 법규로 '남성적 법칙'으로, 신법은 신이 정한 법규로 '여성적 법칙'으로 상징화한다. 유사한 이해가 RP, §166에서 다시 등장한다.

신들의 법칙'이며 '지하 세계의 법규'요 명부의 법규이며 '언제 어디서 나타났는지 아무도 알 수 없는 영원한 법칙'이다.[49] 소포클레스의 「안티고네」에서 크레온과 안티고네의 대립은 국법과 가족법, 인간법과 신법의 화해하기 어려운 갈등을 함축하므로 '최고의 인륜적 대립'이며 따라서 '최고의 비극적 대립'이며 최고의 남성적인 것과 여성적인 것의 대립이다.[50] 이처럼 남성과 여성은 단순한 자연적 · 생리적 성차(性差)나 특성으로만 구분되는 것이 아니라 그로부터 그려지는 정신계의 영역의 차이와 그 통일의 이념성을 형성한다는 점에서 인륜적 목표점을 가지고 있다.[51] 남녀 결합체인 부부가 다만 성을 주고받는 쾌락의 성 공동체나 물건 교환과 같은 조건을 가진 특수 계약 체계가 아니라 사회의 구성원으로서 의무와 권리를 수행하는 정신적 인격체라고 헤겔이 강조하는 이유가 바로 여기에 있다.[52]

그러나 남녀의 만남이 곧바로 인륜으로서의 결혼을 목표로 하는 것도 아니고 또 결혼이 승화된 사랑의 열매인 것만은 아니라는 것이 현대에 더욱 설득력을 가질는지 모를 일이다. 만남의 시작은 생활의 무수한 경험들 중 하나처럼 우연적이고 자의적이며 작위적이기도 하고 비작위적이기도 한 것이다. 하지만 어떤 식의 만남이든 사랑에 돌입하면 그것을 인식 원리로 하여 결혼을 목표로 하는 것이어야 한다.[53] 말하자면 부부됨의 주관적 출발점이 우연과 임의라면 그 객관적 출발점은 두 인격이 하나의 인격으로 합일하려는 '자유로운 운동'이며 이 합일에서 각 인격

....

48) PhG, 318쪽, RP, §166.

49) RP, 같은 곳.

50) PhG, 311, 336쪽, Hegel, *Ästhtik II*, 60쪽.

51) 헤겔에게서 인륜은 인식적 의미에서는 이성과 같은 말이다. M. Haller, *System und Gesellschaft–Krise und Kritik der Politischen Philosophie Hegels*, Stuttgart 1981, 38쪽.

52) A. Wildt, *Autonomie und Anerkennung*, 356쪽.

은 비로소 자신의 이기적인 좁은 껍질에서 '해방'된다.[54] 이 합일인 결혼은 인간의 '객관적 규정'인 '인륜적 의무'의 관문이며 이 속에서 사랑이나 신뢰는 각자의 삶과 인격 전체를 인륜적 실체의 목적으로 통일한다.[55] 이 공동체에서 비로소 배고픔과 목마름, 성애와 그 감정 등의 '자연적 충동'은 그 다음 날이면 어김없이 또 다시 나타나거나 채워지면 사라져버리는 기계적 '자연 계기의 양상(Modalität eines Naturmoments)'으로 몰락하지만, 동시에 믿음과 신뢰, 사랑과 같은 '정신적 인연'이 권리를 얻고 실체적인 것으로 되어 정열의 우연성이나 일시적 쾌락과 즐김의 우연성을 초극하여 그 우위에 자리 잡게 된다.[56] 이 때문에 결코 결혼은 계약일 수 없으며 단순한 성 공동체일 수 없다.

남녀가 사랑으로 부부가 되고 결혼으로 가정을 꾸리는 일련의 체계를 일컬어 '인륜적 정신'이라 하며 이 정신은 고대부터 신격화되어 숭배된 Penaten과 그 의미에서 같은 것으로 헤겔은 이해한다. Penaten은 고대 로마에서 가정신 또는 가옥신으로 안으로는 사랑과 신뢰, 밖으로는 재물과 안전을 통해 가정과 가족 구성원들을 보호하는 기능을 가지고 있

53) 이것은 '타자 속에서 자기 자신의 발견'이며 또한 '타자 속에서 자기 자신의 직관'이다. L. Siep, *Anerkennung als Prinzip der praktischen Philosophie–Untersuchung zu Hegels Jenaer Philosophie des Geistes*, Freiburg/München 1979, 56, 123쪽. Vgl., B. Tuschling, *Habermas–Die 'offene' und die 'abstrakte' Gesellschaft. Habermas und die Konzeption von Vergesellschaftung der Klassische–bürgerlichen Rechts–und Staatsphilosophie*, Berlin 1978, 103쪽.

54) RP, §162.

55) *Ästhetik* II, 59쪽. RPhil, §162. 혼인이 내연관계나 축첩과 같은 비혼인 관계와 다른 점은, 후자에서는 자연 충동(성욕, 성애)이 드러내놓고 전면에 나타나지만 혼인에서는 이것이 억제되어 뒤쪽에 자리하게 된다는 점에 있다. 때문에 비혼인 사이의 창피함(Schamgefühl)이 있을 수밖에 없는 짐승 같은 짓들(성교)이 혼인 부부 사이에서는 수치스럽지 않은 것이다. *RP*, §163 Zusatz.

56) Hegel, *Ästhetik I*, 135쪽. RP, §163.

다. 이것은 우리나라의 조상신과 조왕신, 칠성신 등을 합친 것과 비슷한 성격을 가지는 것으로 그에 대한 제사와 헌신은 가장에서 장자로 이어지는 관습을 가지고 있다. 때문에 각 가정마다 서로 다른 Penaten을 가지지만 공경심과 외경심(Pietät)으로 모셔지고 그에 의해 가정의 안녕과 행복이 유지된다고 각기 믿는다. 헤겔은 이것이 이신적 또는 미신적 의미의 가족 수호신이라기보다 정신적 의미의 신성한 인륜적 실체로 이해한다.[57] 실체에 대한 이 공경심은 부모에 대한 자식의 효심, 연장자 또는 어른에 대한 청년들의 존경심, 국가에 대한 국민들의 충성심으로 확대되어 가정은 물론 사회와 국가의 기본 덕목으로 정착하게 된다. 헤겔은 이것을 인륜적 정신의 고전적 모습으로 평가한다.

당사자들이 의식하든 안 하든 혼인 또는 결혼의 목적은 인륜적 목적이며 이 목적은 그 밖의 다른 어떤 요소보다 우위에 있는 신성한 것이므로, 정열이나 성애가 사랑의 중요한 육체적 요소임에도 불구하고 이것이 결혼을 교란시키거나 어지럽혀서는 안 된다.[58] 그럼에도 불구하고 세속적으로 부부 사이는 참으로 깨어지기 쉬운 유리 같은 원초적 감정이 자리 잡고 있기 때문에 절대적인 것은 아니며, 여기에 이혼의 계기가 숨겨져 있는 것이다. 요컨대 결혼과 부부관계가 붕괴되어서 안 되는 것은 그 개념 자체의 본성이 그런 것이지 살아가는 구체적 인간사에서 그러한 것은 아니라는 것이다.[59] 여기서 헤겔은 개념과 현상 사이의 괴리가 실제 결혼 상황에 있을 수 있다는 것을 분명히 한다.

남녀가 부부됨을 잔치를 통해 만천하에 공개해야 하는 것은 그 안에

57) 고대 로마인들이 여신 베스타(Vesta)나 라르(Lares) 또는 페나테스(Penaten)를 가정 수호신으로 믿었다는 것은 가정 안에 신성한 어떤 것이 있다는 것을 올바르게 알고 있었다는 증거이다. Hegel, 『Augusburg 신앙고백 교부 300년제 강령』, Hoffmeister 판, Berlin 저작집, 47쪽 참조.

58) RP, §163.

바로 인륜적 목적이 선언되기 때문이다. 이 선언은 눈치를 보아가며 언제 변경해도 그만인 유아적 주체의 주관적 약속이 아니라 한번 언표하고 나면 더 이상 되돌릴 수 없는 법적 약정(Stipulation)과 유사한 특징을 가진다.[60] 이 언표적 약정은 본시 로마법에서 계약의 네 가지 형태 중 하나로 언어 계약의 대표적인 것으로서 일반적으로 문답 계약이라 불리는 것이다. 이 계약은 어떤 일정한 장소에서 입회인 배석하에 채권자가 "당신은 나에게 XX를 갚을 것을 약속합니까?"라고 물으면 채무자가 "나는 약속합니다"라고 대답하는 것으로 계약이 성립되며 이것은 법적 효력을 가진다. 이 약정을 통해 계약이 실체성을 가지는 것과 마찬가지로[61] 결혼식을 통해 말로 혼인과 부부됨을 선언하는 것은 혼인 체계의 실체성을 현실화하는 것이다. 이것은 부부가 단지 성 교환의 동물성이 아니라 자녀를 낳아 잘 키우고 또 서로의 완성을 위해 봉사하며 죽을 때까지 가정을 지키며 국가와 사회 발전에 기여하겠다는 신성한 인륜적 실체에 대한 약속이며 따라서 이 약속은 파기할 수 없는 것이다.[62] 이 때문에 결혼식은 결코 의례나 허식이 아니며 인륜적인 것의 정립을 위해 '정신적인 것 가운데 가장 정신적인 현존재(geistigstes Dasein des Geistigen)인

59) 헤겔은 이혼에 대해 "그들의 마음이 무정함으로써만 이혼은 허용된다"는 성경의 말을 인용한다. 이 원전은 신약성서 마태복음 제19장 3절에서 9절에 있다. 바리새인이 "어떤 경우에 남편이 그 아내를 내어버리는 것이 옳으나이까?" 물었을 때 예수는 "하느님이 짝지어주신 것을 사람이 나누지 못할지니라"고 대답한다. 다시 바리새인이 "그렇다면 어찌하여 모세는 이혼 증서를 주어서 내어버리라 명하였나이까?" 하고 묻는다. 이에 대해 예수는 "모세가 너의 마음의 무정함으로 인하여 아내 내어버림을 허락하였거니와 본래는 그렇지 아니하니라. ……"고 답한다. 그 밖에 마가복음 제10장 제5절도 참고할 것.

60) Stipulation에 대해서는 RP, §78, §79, 현승종 · 조규창, 『로마법』, 법문사, 1996, 703쪽 참조.

61) RP, §79 참조.

62) 이 때문에 결혼식은 '신성(神性)에 대한 예배 의식(Sacrament)'의 일종이라고 할 수 있다. Eduard Gans, *Naturrecht und Universalrechtsgeschichte*, 76쪽.

언어(Sprache)'로 선언하는 것이다.[63] 이 선언 때문에 자연적 생명 활동의 감성적 계기가 인륜적 계기로 전환하고 믿음과 사랑의 정신성이 전면으로 나타나게 된다. 그렇지 않고 결혼식을 단지 외적 형식으로 보는 이들에게 남는 것은 쓸모없는 인습의 껍데기와 망각밖에는 없다.

4. 노동과 가족 재산

육체 없는 영혼이나 영혼 없는 육체를 살아 있는 것이라 할 수 없듯이 소유 없는 가정이나 사랑 없는 가정을 인륜적인 것이라 할 수 없다.[64] 가정의 내면적 통일의 이념이 사랑이라면 소유는 하나의 인격으로서 가정의 '외면적 실재'의 고향이다. 이 때문에 가족 재산이 없으면 가정이 실재적인 현존을 지속할 수가 없는 것이다.[65] 헤겔에게서 '소유(Eigentum)'가 인간을 둘러싸고 있는 일체의 조건들을 추상하고 남는 잔여로서, 원자적 개인의 추상적 인격의 물건에 대한 배타적 관계에 대한 개념이라면, 자산(Vermögen)은 이 소유권을 통해 획득된 구체적 물질로 공동체 또는 그 구성원의 소유물의 내용이라고 할 수 있다.[66] 하여간에 인격이란 도덕이나 종교에서 완성되는 것이 아니라 법적 소유권에서 완성되듯이 가정 또한 믿음과 사랑의 이념에서 완성되는 것이 아니라 법적 자산권

63) RP, §164.

64) 소유 없이 인격 없고 인격 없이 권리 없으며, 권리 없는 인륜 또한 불가능하다. Theodor I. Oizerman, Zur Frage einer positiven Bewegung der Widersprüche der Rechtsphilosophie Hegels, in: *Hegels Philosophie des Rechts*, 279와 비교.

65) Aristoteles, *Politik*, Kap. 4, 1253b. Eduard Gans, 앞의 책, 78쪽.

66) Eigentum 개념에 대해서는 RP, §41~71 참조. 헤겔은 여기서 가족 재산은 공유라는 아리스토텔레스의 이론을 받아들이고 있다. Aristoteles, *Politik*, 1257a.

에서 완성된다. 속된 말로 빵만으로 살 수 없다지만 사랑만 가지고도 살 수 없는 것이요, 좀 더 과장하자면 빵이 있거나 그것을 구할 능력이 있을 때야 비로소 사랑할 수 있는 것이다. 점잖은 말로 가정은 '보편적이고 지속적 인격으로 무언가 확실하고 계속적인 점유 규정을 가진 욕구'로 나타난다.[67] 한 나라의 창설이 개개인의 소유권의 확립에서 유래되듯 확고한 한 가정의 창설 또한 가족 재산 확보 능력과 연결된 것은 어쩌면 인간사에서 당연한 일일 것이다.

칸트는 법철학의 형이상학적 기초에 대한 논의에서 소유권으로서 물권은 인격권(persönliches Recht)일 수밖에 없으며 인격권은 소유물에 대한 사용 및 처분권 이외에 아무것도 아니라고 단언한다.[68] 여기서 인격권은 더 이상 순수 추상이 아니라 모든 사물에 대한 '인간성의 권리(Recht der Menschheit)'이며 이 권리의 원칙에 따라 '남자는 처를 취득하고 여자는 남편을 취득하고 부부는 아이를 취득하고 가족은 고용인을 취득하는 것'이다.[69] 이 권리는 가족 생계와 생활에 필수적인 가족 자산 취득의 권리로 확대된다. 부부 자신과 자연 목적에 의해 생겨난 새 생명이 먹고 배우며 그들이 생활하고 그들이 속한 사회의 구성원으로 살아가는 것이 생존권이라면 이것은 기본적으로 소유권이며 그것을 통한 가족 자산의 확보이다.[70] 칸트의 이 같은 사상은 헤겔에게 그대로 이어진다.

헤겔은 칸트의 사상뿐 아니라 게르만 로마법의 가족권과 가장권의 기본 골격을 비판적으로 체계화한다. 그는 먼저 가정 전체가 '하나의 인

67) RP, §170.
68) MAR, §22 참조.
69) MAR, §22, 23.
70) MAR, §28. 이 생존권에서 특히 강조되는 것은 자녀 양육권인데 이것은 실상 권리이자 의무이다. MAR, §28, §29 참조.

격'으로 대표되어 타인과 관계해야 하며 그 대표는 일반적으로 '가장으로서 남편'이라는 것을 강조한다.[71] 가장으로서 남편은 '가정 밖에 나가서 소득을 얻고 가정 구성원 모두의 욕구를 배려하며 가족 재산을 분배하고 관리하는 책임'을 가진다.[72] 물론 가족 재산은 가정 내의 '공동 소유'이므로 구성원 중 특정인의 것이 아니라 모두의 것이요, 따라서 가족 모두가 그에 대한 권리를 가지지만 분배를 책임진 가장의 권한과 가족권이 충돌하는 경우가 있다.[73] 그 이유는 '인륜적 심술(sittliche Gesinnung)'이 가정 안에서는 아직 직접적인 것이고 또 이 직접적인 것은 감정에 얽혀 있어 우연과 특수에 좌우될 수 있기 때문이다.[74] 인륜적 심술이란 도덕적 심술 또는 주관적 양심에 대립되는 객관적 양심을 말한다. 도덕적 심술인 주관적 양심은 단지 의지 활동의 형식적 측면이어서 실제적 내용의 현존은 가지고 있지 못하지만, '진정한 양심'으로서 인륜적 심술은 '즉자대자적으로 선한 것을 의지하고 바라는 마음가짐'으로 '모든 확고한 원칙'을 가진 심성이며 '실체에 대한 지(知)', 다시 말해 '모든 개인적인 이익 및 관심과 전체적인 이익 및 관심의 동일성에 대한 앎'을 전제한다.[75] 그러나 이 인륜적 심술이 가정에서는 아직 개화하지 않은 직접태로 있어서 감정적 우연과 특수한 개성의 요소가 섞여

71) 이것은 로마법, 게르만법에서 칸트, 헤겔로 이어지는 전형적인 생각이다. 아리스토텔레스에서 가장은 남편으로 그 처와 자식의 주인으로 이해된다. Aristoteles, *Politik*, 1259b 참조.

72) RP, §171.

73) RP, §171.

74) 같은 곳. "가정은 정신의 직접적 실체성으로 정신 속에 있는 감성적 통일, 즉 사랑을 자기규정으로 가지며 따라서 가정적 심술은 정신의 개별성의 자기의식을 즉자대자적으로 존재하는 본질성으로 통일시키므로 개체들은 독립된 인격으로서가 아니라 그 구성원으로 존재하는 것이다." RPhil, §158. 여기서 Gesinnung은 영어의 disposition과 유사한 말로 '심적 경향', '의향'의 뜻이다. 일반적으로 행동 또는 사고의 방향과 목표가 녹아 있는 심적 경향성 또는 정신 상태이다.

75) RP, §137, Enzy, §515.

있고 또 이 때문에 가족 재산을 나누어 씀에 분쟁의 소지가 있을 수 있다는 것이다.

3
가정, 시민사회, 국가

새로운 가정의 탄생에는 매우 다양한 요소들이 작용하므로 성인 남녀의 결혼을 단지 독립적 인격성을 가진 두 개인의 결합으로만 이해해서는 안 된다. 이 두 개인은 각자의 '혈통 또는 가문(Stämme oder Häuser)'에서 나온 이들이기 때문에, 그들의 결혼은 양가(兩家)의 연결을 의미한다. 가문에 관련된 한 부부는 자신이 속한 가문의 혈족이고 그 구성원과 '혈연관계(Blutverwandschaft)'에 있지만 새로운 가정에 관련된 한 부부는 그들이 만든 공동체와 '인륜적 관계'에 있다.[76] 따라서 결혼을 통한 양가의 연결은 혈연관계와 인륜관계의 형식적 통일의 기초인 셈이다. 이 통일은 시민사회에서 각 개인들이 자신들의 이해관계에 따라 행동함에도 불구하고 그것을 소화할 수 있는 인륜적 위력의 토대가 된

76) RP, §172. 가문 또는 혈통은 자연적 혈통을 토대로 이루어진 가족과 씨족을, 가정 또는 가족은 부부에 의해 설립된 생활 공동체를 말한다.

다.[77] 그러나 다른 편에서 이 인륜관계는 그것이 아직 직접적이어서 양가의 소유권과 부부의 소유권이 배타적으로 뒤얽혀 이것이 다시 개념적 의미의 부부 공동 재산제를 부분적으로 파기하는 계기가 포함되어 있고 이 때문에 '부부 재산 약정(Ehepakten)'이 생겨난다.[78] 이것은 특히 여자가 결혼 전에 모아두었거나 부모로부터 받은 재산에 대해 고유 재산권 행사를 할 수 있도록 한 약정을 말한다. 다시 말해 부부 재산 약정(또는 부부 재산 계약이라고도 함)은 일반적으로 부부간의 재산관계를 정하는 약정으로 부부 재산 공동제의 하위 개념이라 할 수 있다. 그 당시 '프로이센 일반 국법'에서 '법정 재산에 관한 법률'에서 부부는 원칙적으로 재산 공동제이나 '부부 재산 약정'에 따라 동산만의 공동, 소득만의 공동, 혹은 별산제(別産制)를 택할 수 있도록 정해놓았으며, 이에 따라 처(여자)는 자기 재산의 일부 또는 전부를 유보 재산(留保財産)으로 소유할 수 있고 스스로 관리할 수 있었다. 헤겔은 이에 대해 부부 재산은 근원적 공동 소유로 못 박지만 당시의 실정법인 부부 재산 약정의 효용성을 완전 부정하지는 않고 있다.[79]

누구나 본인의 의사와 상관없는 운명적 요소들을 가지고 있다. 태어남에서 남자, 여자의 성의 선택을 스스로 자유롭게 한 사람 없듯이 자신을 둘러싼 자연적 또는 문화적 배경을 자유의지로 선택하고 태어남이 또한 없다. 어떤 이는 평생 놀고먹어도 되는 유산을 상속받고 어떤 이는 평생 쉬지 않고 일해도 갚을 수 없는 빚을 상속받는다. 재능에도 직업에도 차이가 있어 어떤 이는 한 달을 일한 것으로 평생을 살 수 있는데 어떤 이는 평생 일한 것으로 자기 자신도 만족스럽게 살지 못하는 것이 이

77) A. Wildt, *Autonomie und Anerkennung*, 109쪽.
78) RP, §172.
79) RP, §172. F. Rosenzweig, *Hegel und seiner Staat*, Bd. 2, 1962, 114쪽 참조.

세상의 실존적 불평등이다. 이 실존적 불평등이 제도적 불평등으로 고착될 때 그 사회가 붕괴되는 것은 어쩌면 자연스러운 일일지도 모른다. 이 모든 불평등의 상황적 원인들에도 불구하고 가족 자산의 확보의 인륜적 방식은 '노동'이다.

『법철학』의 체계에서 노동은 가족 재산의 확보의 단순한 수단적 차원을 넘어 시민사회의 존재론적 기원으로 간주된다. 시민사회는 이기적 개인들의 욕망과 그 충족의 거대한 그물이므로 여기서 즉자적으로 이들을 통합시킬 수 있는 것은 오직 그들의 욕망에 맞는 동일한 이해관계뿐이다.[80] 이 때문에 헤겔은 시민사회를 개별성과 보편성의 분열태로 보고 있다.[81] '추상적 권리'로서 소유권의 주체인 인격은 순수 추상적 인격이어서 소유의 의지적 원인으로서 욕구와 욕망이 그로부터 배제되어 있듯이 그 충족의 수단으로서 노동 또한 배제되어 있다. '가정'에서는 욕망이 대내적으로는 사랑으로 승화되므로 그 주체인 인격은 하나로 통일되고 그로부터 역시 노동은 배제되어 있다. 노동이 주제화되는 곳은 '가정'이 하나의 인격으로 대외적으로 다른 가정에 대표되는 곳으로 이 장소는 인륜성의 대자태인 '시민사회'로 명명되는 곳이다. 이 장소는 말하자면 각 가정을 대표하는 각 인격들이 자신들의 욕구 만족을 목적으로 관계를 맺게 되는 대외적 가정 또는 가정 밖의 세계이며 헤겔이 시민사회라고 부르는 것은 바로 이것이다.[82]

시민사회에서 '각자는 오직 자기 자신의 목적이며 타인은 그에게 단

---

80) 욕망의 본성은 무한하며 사람들이 그 무한한 욕망 충족을 위해 활동하는 곳이 바로 사회이다. Aristoteles, *Politik*, 1267a 참조. 헤겔의 시민사회의 개념사(概念史)에 대해서는, M. Riedel, *Studien zu Hegels Rechtsphilosophie*, F/a. M. 1969, 135~166쪽 참조.

81) M. Riedel, 위의 책, 131쪽.

82) B. Liebrucks, Recht, Moralität und Sittlichkeit bei Hegel, in: *Materialien zu Hegels Rechtsphilosophie*, hrsg. v. M. Riedel, Bd.2, F/a. M. 1975, 70쪽 이하.

지 무(Nichts)일 뿐이다.'[83] 하지만 각자는 타인과 관계함이 없이는 자기 목적을 달성할 수 없을 뿐 아니라 한순간도 살 수 없다. 결국 각자는 타인을 자기 목적 달성을 위해 수단으로 사용할 수밖에 없으며 타인에게도 사정은 마찬가지다. 이처럼 시민사회는 각자의 특수 목적을 위해 상관관계에 돌입하고 그것을 통해 자신의 만족뿐 아니라 타인의 만족도 가져오는 상호적 욕망 충족의 체계이다. 이기적 인간관계가 상호 의존관계이고 '주관적 이기심이 변증법적 운동에 의해 상호 매개작용으로 전환'하므로 각자가 자기 자신을 위해 노동하고 얻고 생산하고 향유하는 것이 타인을 위해 노동하고 얻고 생산하고 향유하는 것이 된다.[84] 이와 같은 만인의 만인에 대한 의존관계인 '의존의 전면적 상호 얽힘' 속에 내재하는 필연적인 것이 각자 모두에게 '보편적 지속적 자산(allgemeines bleibendes Vermögen)'이며 '각자는 자기의 교육과 숙련도를 가지고 이 자산에 참여하여 그 분배를 받아 생계 보장의 가능성'을 가지게 된다.[85]

한 사회 내에서 개인의 생계 보장의 가능성은 그 사회가 얼마나 다양한 이해관계의 중첩망을 가지며 개인들이 얼마나 부지런하고 성실한가에 의해 증대되는 것이 아니라, 국가가 얼마나 안정적이고 확고한 체제를 가지며 개인들이 얼마만큼 그 체제를 믿고 자신의 직업에 충실할 수 있느냐에 따라 증대된다. 따라서 이 같은 국가 체제의 정립이 『법철학』의 기본 과제요, 객관정신의 자기 현현의 길이다.

....

83) Rechtsphilosophie, §182 Zusatz. 이것은 자연 상태이다. 그러나 진정한 자연 상태는 국법이 정지된 곳이다. N. Bobbio, Hegel und die Naturrechtslehre, in: *Mateialien zu Hegels Rechtsphilosophie*, 99쪽.

84) Rechtsphilosophie, §199. M. Riedel, *System und Geschichte–Studien zum historischen Standort von Hegels Philosophie*, F/a. M. 1973, 117쪽 참조.

85) Rechtsphilosophie, §199.

약어표

참고 문헌

논문 발표지

찾아보기

약어표

1. 전집

AA=*Kants Werke*, Akademie Textausgabe, Berlin 1968.

AT=*Oeuvres de Descartes*, Publiés par Ch. Adam & P. Tannery, Paris 1973ff.

AW=*Aristoteles Werke*, hrsg. von E. Grumbach, Berlin 1986.

FW=*Fichtes Werke*, hrsg. von Immanuel Hermann Fichte, Berlin 1971.

GW=G. F. W, Hegel, *Gesammelte Werke*, in Verbindung mit der Deutschen Forschungsgemeinschaft, hrsg. von der Rheinisch-Westfälischen Akademie der Wissenschaften, Hamburg 1968 ff.

HGW=M. Heidegger, *Gesamtausgabe*, hrsg. von I. Görland, F/a. M. 1980.

KGS=*Kant's Gesammelte Schriften*, hrsg. von der Königlich Preußischen Akademie der Wissenschaften, Berlin 1910ff.

TA=G. F. W. Hegel, *Theorie Werkausgabe in zwanzig Bänden*, Redaktion von E. Moldenhauer und K. M. Michel, F/a. M. 1969ff.

LW=*G. W. Leibniz Werke*, hrsg. von W. Engelhardt und H. H. Holz, Darmstadt 1985.

SAW=F. W. J. Schelling, Ausgewählte Werke, Wissenschaftliche Buchgesellschaft, Darmstadt 1983.

2. 저작

Ästhetik I, II, III= G. F. W. Hegel, *Vorlesungen über die Ästhetik, 3 Bände*, TA, Bd.13, 14, 15, F/a. M. 1970.

Differenzschrift=G. F. W. Hegel, *Differenz des Fichte'schen und Schelling'schen Systems der Philosophie*, 1801, GW, Bd. 4, Hamburg 1968.

B. Enzyklopädie=G. F. W. Hegel, *Enzyklopädie der philosophischen Wissenschaften*, 1830, hrsg. v. F. Nicolin u. O. Pöggeler, Hamburg-Bahrenfeld 1959.

Enzy I, Enzy II, Enzy III=G. F. W. Hegel, *Enzyklopädie der philosophischen Wissenschaften im Grundriße*, Bd.3, TA, Bd. 8, 9, 10, F/a. M. 1975.

Glauben und Wissen=G. F. W. Hegel, *Glauben und Wissen oder die Reflexionsphilosophie der Subjektivität in der Vollstäntigkeit ihrer Formen, als Kantische, Jacobische und Fichtesche Philosophie*, 1802, GW, Bd. 4, Hamburg 1968.

H. Enzy=G. F. W. Hegel, *Enzyklopädie*, 1817, GW, Bd.13, Hamburg.

LI, LII=G. F. W. Hegel, *Wissenschaft der Logik*, hrsg. von F. Hogemann &W. Jaeschke, 2Bde., 1812-1816, GW, Bd.11,12, Hamburg 1978.

Naturrechtsaufsatz=G. F. W. Hegel, *Über die wissenschaftlichen Behandlungsarten des Naturrechts, seine Stelle in der praktischen Philosophie, und sein Verhältnis zu den positiven Rechtswissenschaften*, 1802, GW, Bd. 4.

PhG=G. F. W. Hegel, *Phänomenologie des Geistes*, hrsg. von J. Hoffmeister, Hamburg 1952, 1956, GW, Bd.3.

RP=G. F. W. Hegel, *Grundlinien der Philosophie des Rechts oder Naturrechts und Staatwissenschsaft im Grundrisse*, 1821. TW, Bd. 7, F/a. M. 1982.

SdS=G. F. W. Hegel, *System der Sittlichkeit*, 1802/1803, hrsg. von G.

Lasson, Hamburg 1923, 1967.

MdS=I. Kant, *Metaphysik der Sitten*, hrsg. von Karl Vorländer, Hamburg 1966.

GS=I. Kant, *Gedanken von der wahren Schätzungen der lebendigen Kräfte und Beurteilung der Beweise, deren sich Herr von Leibniz und andere Mechaniker in dieser Streitsache bedient haben, nebst einigen vorhergehenden Betrachtungen, welche die Kraft der Körper überhaupt betreffen*, 1747, KGS, Berlin 1900ff .

AN= I. Kant, *Allgemeine Naturgeschichte und Theorie des Himmels oder Versuch von der Verfassung und dem mechanischen Ursprunge des ganze Weltgebäudes, nach Newtonischen Grundsätzen abgehandelt*, 1755, KGS, Bd. 1, Berlin 1900ff.

KrV=I. Kant, *Kritik der reinen Vernunft* (1. Aufl. 1781/ 2. Aufl. 1787), in KGS, Bd. 3, 4, Berlin 1911.

MAR=I., Kant, *Metaphysische Anfangsgründe der Rechtsphiloso-phie–Metaphysik der Sitten, Erster Teil*, neu hrsg. von L. Bernd, Hamburg 1986.

Ethica=B. Spinoza, *Ethica Ordine geometrico demonstrata*, Stuttgart 1977, 1980.

참고 문헌

1. 일차 문헌

최명관, 「데카르트의 중심사상」, 『방법서설, 성찰, 데카르트 연구』, 서광사, 1987.

Curley, E. M., 『데카르트와 회의주의』, 문성학 옮김, 고려원, 1993.

Achenwall, *Ius Naturae in usum auditorum*, Göttingen 1950.

Aristoteles, *Analytica Posteriora*, 2Bde, AW, Bd.3, 4, hrsg. von E. Grumbach 1993.

____, *Kategorien*, AW, Bd. 1, hrsg. von E. Grumbach, Berlin 1986.

____, *Metaphysica*, Oxford 1957, (dt) *Metaphysik. Schriften zur Ersten Philosophie*, übers. und hrsg. von Franz F. Schwarz, Stuttgart 1970.

____, *Nikomachische Ethik*, 3Bd., in: Aristoteles Philosophischen Schriften, Bd. 6, über. von Eugen Rolfes, Hamburg 1995.

____, *Politik*, Bd. 4, in: Aristoteles Philosophischen Schriften, Bd. 6, über. von E. Rolfes, Hamburg 1995.

____, *The Complete Works of Aristotle*, ed. by J. Barnes, Princeton University Press 1984ff.

Descartes R., *Discours de la Methode*, Französisch-deutsche Parallelausgabe, übers. und hrsg. von L. Gäbe, Hamburg 1964.

____, *Meditation über die Grundlagen der Philosophie*, übers. und hrsg. von L. Gäbe, Hamburg 1959.

____, *Oeuvres de Descartes*, Publiés par Ch. Adam & P. Tannery, Paris: Vrin, 1973ff. (=AT)

____, *Ouevres philosophiques de Descartes* III, ed. by F. Alquié, Paris: Garnier, 1963ff.

Fichte, I. H., *Zur Rechts- und Sittenslehre* I, FW, Bd. III, Berlin 1971.

Fichte, J. G., *Grundlage der gesammelten Wissenschaftslehre*, 1794, FW, Bd. 1, hrsg. v. I. H. Fichte, Berlin 1971.

____, *Grundlage des Naturrechts nach Prinzipien der Wissenschaftslehre*, FW, Bd. III, Berlin 1971.

____, *Über den Begriff der Wissenschaftslehre*, 1794, FW, Bd. 1, hrsg. v. I. H. Fichte, Berlin 1971.

Hegel. G. F. W., *Berliner Schriften*, 1822-1831, TA, Bd. 11, F/a. M. 1971.

____, *Briefe von und an Hegel*, 1785-1812, hrsg. v. J. Hoffmeister, Bd. 1, Hamburg 1952.

____, *Differenz des Fichte'schen und Schelling'schen Systems der Philosophie*, 1801, GW, Bd.4, Hamburg 1968 (=Differenzschrift).

____, *Entwürfe über Religion und Liebe*, TA, Bd.1, F/a. M. 1971.

____, *Enzyklopädie*, 1817 (=H. Enzy).

____, *Enzyklopädie der philosophischen Wissenschaften*, 1831, 3Bde, TA, Bd. 8, 9, 10, F/a. M. 1970ff (=B. Enzy).

____, *Enzyklopädie der philosophischen Wissenschaften*, 1830, hrsg. v. F. Nicolin u. O. Pöggeler, Hamburg-Bahrenfeld 1959 (=Enzyklopädie).

____, *Frühe politische Systeme*, hrsg. von G. Göhler, F/a. M. 1974.

____, *Glauben und Wissen oder die Reflexionsphilosophie der Subjektivität, in der Vollständigkeit ihrer Formen, als Kantische, Jacobische und Fichtesche Philosophie*, 1802, GW, Bd. 4, Hamburg 1968 (=Glauben und Wissen).

____, *Grundlinien der Philosophie des Rechts*, hrsg. v. Ludwig Siep, Berlin 1997.

____, *Grundlinien der Philosophie des Rechts oder Naturrechts und Staatwissenschsaft im Grundrisse*, 1821, F/a. M. 1982 (=RP).

____, *Hegels theologische Jugendschriften*, hrsg. v. H. Nohl, Tübingen 1907.

____, *Hegels, Schriften und Entwürfe, 1799–1803*, hrsg. v. M. Baum u. K. R. Meist, GW, Bd.5, Düsseldorf 1998.

____, *Jenaer Realphilosophie, Vorlesungsmanuskripte zur Philosophie der Natur und des Geistes von 1805–1806*, hrsg. v. J. Hoffmeister, Hamburg 1969.

____, *Jenaer kritische Schriften*, GW, Bd.4, Hamburg 1968.

____, *Jenaer Systementwürfe* I, II, III, GW, Bd. 6–9, Hamburg 1975.

____, *Jenenser Logik, Metaphysik und Naturphilosophie*, GW, Bd. 7, 1804/05, Hamburg 1967.

____, *Logik, Metaphysik, Naturphilosophie*, 1804/1805, GW, Bd. 7, Hamburg 1971.

____, *Phänomenologie des Geistes*, GW, Bd.9, Hamburg 1980.

____, *Philosophische Propädeutik – Gymnasialreden und Gutachten – Heidelberger Schriften von 1817*, TA, Bd. 4, F/a. M. 1970 (=Philosophische Propädeutik).

____, *Rechtsphilosophie*, 4 Bd., ed. von K. H. Ilting, Stuttgart-Bad Cannstatt 1973ff.

____, *System der Sittlichkeit*, 1802/1803, hrsg. von G. Lasson, Hamburg 1923 (= SdS).

____, *Über die wissenschaftlichen Behandlungsarten des Naturrechts, seine Stelle in der praktischen Philosophie, und sein Verhältnis zu den positiven Rechtswissenschaften*, 1802 (=Naturrechtsaufsatz), GW, Bd. 4, Hamburg 1968.

____, *Verhältnis des Skeptizismus zur Philosophie, Darstellung seiner verschiedenen Modificationen, und Vergleichung des neuesten mit dem alten*, 1802, GW, Bd. 4, Hamburg 1968 (=Skeptizismusaufsatz).

____, *Verhältnis des Skeptizismus zur Philosophie. Darstellung seiner verschiedenen Modificationen und Vergleichung des neuesten mit dem alten*, 1802/03, TA, Bd. 2, F/a. M. 1971.
____, *Vorlesungen über die Geschichte der Philosophie*, TA, Bd. 18, F/a. M. 1979.
____, *Vorlesungen über die Philosophie der Religion*, 3Bde. TA, Bd. 16, 17, 18, F/a. M. 1975.
____, *Vorlesungen über Platon*, hrsg. und eingeleitet von J-L V-Baron, F/a. M. 1979.
____, *Vorlesungen über Rechtsphilosophie 1820*, ed. K. H. Ilting, Bd. 2, Stuttgart – Bad Cannstatt 1974.
____, *Wer denkt abstrakt?*, TA, Bd. 2, F/a. M. 1971.
____, *Wissenschaft der Logik*, 1Bd., Die Subjektive Logik. 2Bd., (1812/1813), Die objektive Logik, GW, Bd. 11, 12, Hamburg 1978 (= LI, LII).
____, *Zum Organischen und zur Philosophie des Geistes*, 1803/1804, GW, Bd. 6, Hamburg 1975.
Herodotus, *Historien*, hrsg./bearg./übers. von Josef Felix, Düsseldorf 2004.
Kant, I., *Beantwortung der Frage: Was ist Aufklärung?*, AA, Bd. VIII.
____, *Erste Einteilung in die Kritik der Urteilskraft*, Hamburg 1977.
____, *Grundlegung zur Metaphysik der Sitten*, Hamburg 1969.
____, *Idee zu einer allgemeinen Geschichte in weltbürgerlicher Absicht*, 1784, KGS, Bd. 2, Berlin 1922.
____, *Kritik der reinen Vernunft*, Hamburg 1956.
____, *Kritik der reinen Vernunft* (1. Aufl. 1781/2. Aufl. 1787), in KGS, Bd. 3, 4, Berlin 1911 (= KrV).
____, *Kritik der praktischen Vernunft*, Hamburg 1963 (=KpV).
____, *Kritik der Urteilskraft*, 1799, Hamburg 1924 (=KU).
____, *Metaphysik der Sitten*. Hamburg 1922 (=MS).
____, *Metaphysische Anfangsgründen der Rechtslehre*, Hamburg

1986.

____, *Metaphysicae cum geometria iunctae usus in philosophia naturali, cuius specimen I. continent monadologiam physicam*, 1756, KGS, Bd.1, Berlin 1900ff.

____, *Mutmaßlicher Anfang der Menschengeschichte*, 1786, AA, Bd. VIII, Berlin 1912ff.

____, *Allgemeine Naturgeschichte und Theorie des Himmels oder Versuch von der Verfassung und dem mechanischen Ursprunge des ganzen Weltgebäudes, nach Newtonischen Grundsätzen abgehandelt*, 1755, KGS, Bd.1, Berlin 1900ff. (=AN).

____, *Prolegomena*, AA, IV.

____, *Versuch den Begriff der negativen Grössen in die Weltweisheit einzuführen*, 1763, KGS, Bd. 2, Berlin 1920.

Leibniz, G. W, *Kleine Schriften zur Metaphysik*, LW, Bd.1, Darmstadt 1985(=LWI).

____, *Metaphysische Abhandlung*, in: *Kleine Schriften zur Metaphysik*, LW. Bd.1, hrsg. v. W. v. Engelhardt u. H. H. Holz, Darmstadt 1985.

____, *Monadologie*, 15, 19, LW, Bd.1, Darmstadt 1985.

____, *Neue Abhandlungen über den menschlichen Verstand*, LW. Bd. 1/2. Darmstadt 1985.

____, *Philosophische Schriften*, 7Bde., hrsg. v. H. H. Holz, Darmstadt 1985ff.

____, *Schriften zur Logik und zur Philosophischen Grundlegung von Mathematik und Naturwissenschaft*, LW, Bd. IV, Darmstadt 1992.

Marx, W., *Hegels 'Phänomenologie des Geistes' – Die Bestimmung ihrer Idee* in: *"Vorrede" und "Einleitung"*, F/a. M. 1981.

Newton, I., *Philosophiae naturalis principia mathematica*, Darmstadt 1963.

Platon, *Phaidros*, in: *Platon Sämtliche Werke*, Bd. II, Hamburg 1988.
____, *Politeia*, in: *Platons Werke*, Deutsche Übersetzung von F. Schleiermacher, Darmstadt 1971.
____, *Symposion*, in: *Logos, Eros, Mythos*, hrsg. v. Ernst R. Lehmann-Leander, Wiesbaden/Berlin 1960.
Schelling, F. W. J., *Darstellung meines Systems der Philosophie*, Schriften von 1801-1804, SAW, Bd. 3, Darmstadt 1988.
____, *Erster Entwürf eines Systems der Naturphilosophie*, SAW, Bd. 7, Darmstadt 1982, 1988.
____, *Fernere Darstellungen aus dem System der Philosophie*, 1802, SAW, Bd. 3, Darmstadt 1988.
____, *Neue Deduktion des Naturrechts*, SW, Bd. 1/3, hrsg. v. H. Buchner, W. G. Jcobs u. A. Pieper, Stuttgart 1982.
____, *System des transzendentalen Idealismus*, 1800, SAW, Bd. 7, Darmstadt 1988, Hamburg 1957.
____, *Vom Ich als Prinzip der Philosophie oder über das Unbedingte im menschlichen Wissen*, SAW, Bd. 1/2.
Spinoza, B., *Ethica*, (dt) Die Ethik, lateinisch/deutsch, übers. von Jacob Stern, Stuttgart 1977.
____, *Ethica, Ordine geometrico demonstrata*, Stuttgart 1980 (=Ethica).

2. 이차 문헌

현승종 · 조규창, 『로마법』, 법문사, 1996.
____, 『게르만법』, 박영사, 1994.
윤병태, 「안다는 것의 의식적 구조」, 『청년기 헤겔철학』, 용의숲, 2007.
Avineri, Shl., *Hegels Theorie des modernen Staates*, F/a. M. 1972.
Baum, M. u. Meist, K. R.(hrsg), *Hegel, Schriften und Entwürfe, 1799-1803*, GW, Bd. 5, Düsseldorf 1998.
Beyer, W. R., *Zwischen Phänomenologie und Logik*, F/a. M. 1955.
Bergmann, S. und Schäfer, C., *Lehrbuch der Experimentalphysik*,

Bern 1970.

Bobbio, N., Hegel und die Naturrechtslehre, in: *Mateialien zu Hegels Rechtsphilosophie*, F/a. M. 1974.

Brandt, R., *Eigentumstheorien von Grotius bis Kant*, Stuttgart–Bad Cannstatt 1974.

Buchner, H., Philosophie und Religion im einzigen Ganzen des Lebens, *Zu Hegels "Systemfragment von 1800"*, in: *All–Einheit*, hrsg. v. D. Henrich, Stuttgart 1985.

Busche, H., *Das Leben der Lebendigen. Hegels politisch–religiöse Begründung der Philosophie freier Verbundenheit in seinen frühen Manuskriften*, Bonn 1987 (=Das Leben der Lebendigen).

Claphan, *Concise Economic Hostory of Britain*, Cambridge 1949.

Claesges, U., *Darstellung des erscheinenden Wissens*, Bonn 1982.

Cramer, K., Gedanken über Spinozas Lehre von der All–Einheit, in: *All–Einheit*, hrsg. v. D. Henrich, Stuttgart 1985. Beiheft. 18, Bonn 1978.

Düsing, K., *Das Problem der Subjektivität in Hegels Logik*, Bonn 1984.

____, Die Idee des Lebens in Hegels Logik, in: *Hegels Philosophie der Natur*, hrsg. R.–P. Hostmann, Stuttgart 1986.

____, Naturteleologie und Metaphysik bei Kant und Hegel, in: *Hegel und die "Kritik der Urteilskraft"*, hrsg. v. H. F. Fulda, u. R. P. Hostmann, Stuttgart 1990.

Einstein, A. und Infel, L., *Die Evolution der Physik*, Hamburg 1956.

Eley, L., *Hegels Wissenschaft der Logik*, München 1976.

Fanchini, R., Die Logik der Philosophie bei Hegel, Croce, Lask und Weil, in: *Die Logik der Philosophie bei Hegel*, Stuttgart 1985.

Flach, W., Die dreifache Stellung des Denkens zur Objektivität, *Hegel–Studien*, Beiheft 18, Bonn 1978.

Függe, J., *Die sittlichen Grundlagen des Denkens, Hegels existentielle Erkenntnisgewinnung*, Hamburg 1953.

Fulda, H. F., "Zur Logik der Phänomenologie von 1807", in: *Materialien zu Hegels 'Phänomenologie des Geistes'*, hrsg. v. H. F. Fulda und D. Henrich, F/a. M. 1973.

____, *Das Problem einer Einleitung in Hegels Wissenschaft der Logik*, F/a. M. 1965.

____, *Vorbegriff und Begriff von Philosophie bei Hegel*, in: *Hegels Logik der Philosophie*, hrsg. v. D. Henrich u. R. P. Horstmann, Stuttgart 1984. Beck, Lasalle 1969.

Furth, P.(hrsg.), *Arbeit und Reflexion zur materialistischen Theorie der Dialektik – Perspektiven der Hegelschen 〈Logik〉*, Köln 1980.

Gans, E., *Naturrecht und Universalrechtsgeschichte*, hrsg. v. M. Riedel, Stuttgart 1981.

Gey, P., *Der Begriff des Eigentums bei Karl Marx*, F/a. M. 1980.

Hager, A., *Subjektivität und Sein. Das Hegelschen System als ein geschichtliches Studium der Durchsicht auf Sein*, Freiburg/München 1974.

Haller, M., *System und Gesellschaft–Krise und Kritik der Politischen Philosophie Hegels*, Stuttgart 1981.

Hansen, F. P., *G. W. F. Hegel: "Wissenschaft der Logik". Ein Kommentar*, Würzburg 1997.

Hartmann E. v., *Die dialektische Methode*, Berlin 1868.

Haym R., *Hegel und seine Zeit*, Berlin 1857.

Heidegger, M., *Der Satz vom Grund*, Tübingen 1957.

____, *Identität und Differenz*, Tübingen 1957.

____, *Neue Forschungen über Logik*, HGW, Bd. 1. F/a. M. 1980.

____, *Nietzsche* I, II, Tübingen 1961.

____, *Was heißt denken?*, HGW, Bd. 7, F/a. M. 1980.

Heinrichs, J., *Die Logik der 'Phänomenologie des Geistes'*, Bonn 1974.

Henrich, D., Hegels Logik der Reflexion, in: *Hegel–Studien* Beiheft, 18, Bonn 1978.

____, "Kant und Hegel, Versuch der Verreinigung ihrer Grundgedanken", in: *Selbstvehältnisse-Gedanken und Auslegungen zu den Grundlagen der klassischen deutschen Philosophie*, Stuttgart 1982.

____, u. Horstmann, R. P.(hrsg.), *Hegels Philosophie des Rechts*, Sttutgart 1982.

Herder, J. G., *Ideen zur Philosophie der Geschichte der Menschheit*, Leipzig 1784.

Höffe,O, *Kategorische Rechtsprinzipien*, F/a. M. 1995.

Horstmann P.-R., "Jenaer Systemkonzeptionen", in: *Hegel*, hrsg. von O. Pöggeler, Freiburg/München 1970.

____, "Ontologischer Monismus und Selbstbewußtsein", in: *All-Einheit*, hrsg. v. D. Henrich, Stuttgart 1985.

____, "Problem der Wandlung in Hegels frühe Logik 1801-1803/1804", in: *Hegel-Studien* 7.

____, hrsg. *Seminar: Dialektik in der Philosophie Hegels*, F/a. M. 1978.

Ilber Chr., *Metaphysik absoluter Relationaltät*, Berlin/N. Y. 1990.

Ilting, K., H., Rechtsphilosophie als Phänomenologie des Bewußtseins der Freiheit, in: *Hegels Philosophie des Rechts*, hrsg. v. Dieter Henrich u. Rolf-Peter Horstmann, Stuttgart 1982.

Kaulbach, F., *Immanuel Kant*, Berlin 1969.

____, Wahrheit und Perspektive bei Kant, Hegel und Nietzsche, in: *Philosophie des Perspektivismus*, 1 Teil, Tübingen 1990.

Kopper, J., *Reflexion und Determination, Ergänzungshefte im Aufträge der Kant-Gesellschaft in Verbindung mit Ingeborg Heidemann*, hrsg. von G. Funke und J. Kopper, Berlin/New York 1977.

Kozu, K., *Das Bedürfnis der Philosophie. Ein Überblick über die Entwicklung des Begriffskomplexes "Bedürfnis"*, "Trieb", *"Streben" und "Begierde" bei Hegel*, Bonn 1988.

Kroner, R., *Von Kant bis Hegel*, 2Bde, Tübingen 1977.

Kuhlmann W.(hrsg.), *Moralität und Sittlichkeit – Das Problem Hegels und die Diskursethik*, F/a. M. 1986.

Kurt, M. u. Baum, M., Durch Philosophie Leben lernen. Hegels Konzeption der Philosophie nach den neu aufgefundenen Jenaer Manuskripten, in: *Hegel-Studien* 12, Bonn 1977.

Lefèvre, W., Kants "Von der Amphibolie der Reflexionsbegriffe", in: *Arbeit und Reflexion zur materialistischen Theorie der Dialektik-Perspektiven der Hegelschen 〈Logik〉*, hrsg. v. P. Furth, Köln 1980.

Lehmann, G., Kants Besitzlehre, in: *Abhandlungen der deutschen Akademie der Wissenschaften zu Berlin, Klasse für Philosophie, Geschichte, Staats-,Rechts-und Wirtschaftswissenschaften, Jahrgang*, 1956, Nr. 1, Berlin 1956.

Liebrucks, B., Der menschliche Begriff. Sprachliche Genesis der Logik, logische Genesis der Sprache, in: *Sprache und Bewußtsein*, Bd. 6./1, F. a. M./ Bern 1974.

____, Die erste Revolution der Denkungsart. Kant: Kritik der reinen Vernunft, in: *Sprache und Bewußtsein*, Bd. 4, F/a. M. – Bern 1968.

____, Hegel: Wissenschaft der Logik. Das Wesen, in: *Sprache und Bewußsein*, Bd. 6/2, F. a. M./ Bern 1974.

____, Recht, Moralität und Sittlichkeit bei Hegel, in: *Materialien zu Hegels Rechtsphilosophie*, hrsg. v. M. Riedel, Bd. 2, F/a. M. 1975.

Locke, J., *Herrn Johann Lockens Versuch vom Menschlichen Verstande*, übers, H. Engelhart, Altenburg 1757.

____, *Two Treatises of Government*, Cambridge 1960.

Lohs, P., "Der Grund der Bewegung des Begriffs", in: *Hegel-Studien Beiheft 18*, Bonn 1978.

Lucas, H. – Chr., "Die Schwester im Schatten-Bemerkungen zu Hegels

Schwester Christiane", in: *O Fürstin der Heimath! Glückliches Stutgard*, hrsg. v. Ch. Jamme u. O. Pöggeler, Stuttgart 1988.

Lüfferfeld, W., *Kants Dialektik der Erfahrung–Zur antinomischen Struktur der endlichen Erkenntnis*, Meisenheim a. G. 1977.

Marx, W., *Hegels Phänomenologie des Geistes–Die Bestimmung ihrer Idee in 'Vorrede' und 'Einleitung'*, F/a. M. 1971, 1981.

Mathieu, W., Dialectica transcendentale elemente finita in Kant, in: *Philosofia 10*, Turin 1959.

Müller, G. E., *Hegel, Denkgeschichte eines Lebendigen*, Bern/München 1959.

Nef, J. U., *Economic History Review*, 1934, reprinted in E. M. Carus-Wilson, *Essays on Economic History*, vol. I.

Nohl, H.(hrsg.), *Hegels theologische Jungendschriften*, Tübingen 1907.

Oizerman,Th. I., Zur Frage einer positiven Bewegung der Widersprüche der Rechtsphilosophie Hegels, in: *Hegels Philosophie des Rechts*, Stuttgart 1986.

Pöggeler, O., Die Komposition der Phänomenologie des Geistes, in: *Materialien zu Hegels 'Phänomenologie des Geistes'*, hrsg. v. H. F. Fulda und D. Henrich, F/a. M. 1973,1979.

____, *Hegels Idee einer Phänomenologie des Geistes*, Feiburg/München, 1973,1974.

Portales, G., *Hegels frühe Idee der Philosophie. Zum Verhältnis von Politik, Religion, Geschichte und Philosophie in seinen Manuskriften von 1785 bis 1800*, Stuttgart-Bad Cannstatt 1994.

Purs J., *The working Class Movement in the Czenchlands*, Historica X, 1965.

Riedel, M., (hrsg), *Materialien zu Hegels Rechtsphilosophie*, F. a. M. 1975.

____, *System und Geschichte–Studien zum historischen Standort von Hegels Philosophie*, F. a. M. 1973.

____ , *Studien zu Hegels Rechtsphilosophie*, F. a. M. 1969.

____ , *Theorie und Praxis im Denken Hegels. Interpretation zu den Grundstellungen der neuzeitlichen Subjektivität*, F. a. M. /Berlin/Wien 1976 (=Theorie und Praxis).

Ritter, J., "Moralität und Sittlichkeit–Zu Hegels Auseinandersetzung mit der Kantischen Ethik", in: *Materialien zu Hegels Rechtsphilosophie*, Bd.2, hrsg. v. M. Riedel, F/a. M. 1975.

Rosenkranz, K., *Apologie Hegels gegen Dr. R. Haym*, Berlin 1857.

Rosenzweig, F., *Hegel und seiner Staat*, Bd. 2, München 1920, 1962.

Röttges, H., *Dialektik und Skeptizismus – Die Rolle des Skeptizismus für Genese, Selbstverständnis und Kritik der Dialektik*, F/a. M. 1987.

Russell B., *A History of western Philosophy*, George Allen & Unwin LTD, London 1975.

Saage, R., *Eigentum, Staat und Gesellschaft bei Immanuel Kant*, Stuttgart/Berlin/Köln/Mainz 1973.

Schlegel, Fr., *Lucinde*, München 1985.

Schmidt, H., *Hegel als Denker der Individualität*, Meisenheim a. G. 1957.

Schmidt, J., *G. W. F. Hegel: "Wissenscaft der Logik – Die Lehre vom Wesen"*, Paderborn/München/Wien/Zürich 1997.

Schnädelbach H., "Zum Verhältnis von Logik und Gesellschaftstheorie bei Hegel", in: *Aktualität und Folgen der Philosophie Hegels*, hrsg. v. O. Negt, F/a. M. 1971.

Siep, L., *Anerkennung als Prinzip der praktischen Philosophie – Untersuchung zu Hegels Jenaer Philosophie des Geistes*, Freiburg/München 1979.

____ , "Der Kampf um Anerkennung", in: *Hegel-Studien*, Bd. 9, Bonn 1974.

____ , (hrsg.), *G. W. F. Hegel, Grundlinien der Philosophie des Rechts*,

Berlin 1997.

____, "Intersubjektivität, Recht und Staat in Hegels 'Grundlinien der Philosophie des Rechts", in: *Hegels Philosophie des Rechts*, Stuttgart 1986.

Theunissen, M., Die verdrängte Intersubjektivität in Hegels Philosophie des Rechts, in: *Hegels Philosophie des Rechts*, hrsg. v. Dieter Henrich u. Rolf–Peter Horstmann, Stuttgart 1982.

____, *Sein und Schein–Die kritische Funktion der Hegelschen Logik*, F/a. M. 1980.

Topitsch, E., *Logik der Sozialwissenschaften*, Köln 1965.

Trendelenburg A., *Logische Untersuchungen*, Bd. 1, Berlin 1840.

Tuschling, B., *Habermas–Die 'offene' und die 'abstrakte' Gesellschaft*, Berlin 1978.

Vaihinger,H., *Kommentar zu Kants Kritik der reinen Vernunft*, 2Bde, hrsg. v, R. Schmidt, Stuttgart/Berlin/Leibzig 1922.

Wetzel, M., "Darstellung und Dialektik in Hegels Logik", in: *Hegel–Studien* Beiheft 18, *Die Wissenschaft der Logik und die Logik der Reflexion*, hrsg. v. D. Henrich, Bonn 1978.

Wild, Chr., *Philosophische Skepsis*, Königstein 1980.

Wildt, A., *Autonomie und Anerkennung–Hegels Moralitätskritik im Lichte seiner Fichte–Rezeption*, Stuttgart 1982.

Wolff, M., *Der Begriff des Widerspruchs–Eine Studie zur Dialektik Kants und Hegels*, Königstein 1981.

Yoon, B. T., *Studien zu Hegels Theorie des Selbstbewußtseins in der Jenaer Zeit*, Diss. Göttingen 1992(=Selbstbewußtseins).

논문 발표지

I. 관념론 철학의 뿌리_데카르트, 베이컨

1. 「데카르트에서 이성의 힘과 철학한다는 것의 의미」, 『역사와 이성』, 김형석교수 팔순기념 논문집, 철학과 현실사, 2000. 11.
2. 「근대철학의 뿌리-데카르트와 베이컨」, 『헤겔연구』 9, 한길사, 2000. 12.

II. 관념론 철학의 정초_칸트

1. 「칸트의 반성개념과 그 의미의 확장성」, 『인문과학』, 제74집, 연세대학교 인문과학연구소, 1996. 6.
2. 「『순수이성비판』의 근본이념과 선험적 종합판단 - 초판과 재판의 머리말을 중심으로」, 『인문과학』, 75집, 연세대학교 인문과학연구소, 1996. 6.

III. 관념론 철학의 완성_헤겔

1. 「헤겔 논리학의 이념」, 『헤겔연구』 12, 철학과 현실사, 2002. 12.
2. 「헤겔의 『논리학』에 나타난 가상개념의 구조와 그 체계」, 『철학』 66집, 한국철학회, 2001, 봄.
3. 「헤겔의 『논리학』에 나타난 '구별'개념의 구조와 체계」, 『헤겔연구』 7, 청아출판사, 1997, 2.
4. 「헤겔의 반성규정과 모순 I-헤겔의 대논리학을 중심으로」, 『철학』 50, 한국철학회, 1997, 봄.
5. 「삶의 이념과 현실-헤겔의 『논리학』을 중심으로」, 『철학』 58, 한국철학회, 1999, 봄.

IV. 관념론 철학의 실천이념적 토대_헤겔

1. 「헤겔의 소유개념」,『헤겔연구』 6, 청아출판사, 1995. 12.
2. 「헤겔 법철학의 지평에서 본 인륜의 기본원리로서의 가정」,『헤겔연구』 11, 철학과 현실사, 2002. 6.

찾아보기

ㄷ

ㄹ

ㅁ

ㅇ

ㅊ

ㅋ

ㅌ

ㅍ

ㅎ

지은이 윤병태

연세대학교 철학과 졸업.
독일 마르부르크대학교 졸업, 괴팅겐대학교 철학박사.
저서 『삶의 논리』, 『개념논리학』, 『청년기 헤겔철학』 외 논문 다수.
현재 연세대학교 철학과 교수.

칸트 그리고 헤겔

초판 1쇄 발행 2007년 12월 20일
초판 3쇄 발행 2011년 2월 15일

지은이 윤병태
펴낸이 강영선
펴낸곳 도서출판 용의 숲
주소 서울시 마포구 서교동 361-9 3F
전화번호 02-338-5113
팩시밀리 031-914-5113
휴대폰 011-9177-8210
E-mail dragonpc@hanmail.net
출판등록 2004년 3월 29일 제 313-2004-00078호

주문처 한국출판협동조합
전화 070-7119-1741 | 팩스 031-944-8234~6

ISBN 978-89-93703-16-0 93160